JN120199

一般社団法人 **金融検定協会 認定**

資産査定2級
検定試験模擬問題集
24年度試験版

■ 金融検定協会 編

銀行研修社

は　じ　め　に

　金融機関に対してリスク管理態勢の強化・資産査定の厳格化を求めてきた「金融検査マニュアル」は、めまぐるしく変遷する企業の経営環境を背景に改定が繰り返されてきました。そして、09年の貸出条件緩和債権の卒業基準の要件緩和、さらには「中小企業金融円滑化法」の施行は、金融機関に中小企業の資金調達の円滑化を要請し、同法終了後は本格的な事業再生による資産の良質化が求められてきました。2019年12月、これまでの実務のベースともなってきた金融検査マニュアルが廃止され、新たに「検査マニュアル廃止後の融資に関する検査・監督の考え方と進め方」が公表されました。このように資産査定をめぐる環境が大きく変化する中、一般社団法人金融検定協会が実施している「資産査定検定試験」は、自己資産査定の正確性を内外にアピールできる資格として、注目を集めています。

　「資産査定3級試験」は、与信関連資産の資産査定に関する基本的な知識を問う出題ですが、「資産査定2級試験」の出題は、より広範な資産の査定に関する知識とともに、資産査定及び償却・引当の実務に関する知識が問われています。この試験の合格のためには、営業店における査定ではあまり実施することのない与信関連資産以外の資産の査定や、償却・引当、不良資産の開示についての知識を確認する必要があります。

　また、実際の試験では、実態貸借対照表の作成やDCF法による引当金の計算事例など、難度の高い問題も出題されています。本模擬問題集ではこれらの問題にも十分対応しています。

　本問題集は、「資産査定2級試験」で要求される基礎解説を掲載するとともに、過去の検定試験問題と模擬問題を収載し、これに正解と詳細な解説を加えたものです。本問題集および関連通信教育講座等を参考に効率的な学習をされ、「資産査定2級試験」合格と、その成果を日々の業務に活かされることを願ってやみません。

2024年3月

一般社団法人　金融検定協会

Contents

第4章　資本性借入金

第5章　金融検査マニュアル廃止による自己査定と償却・引当への影響

資料

※問題右上の回数は、金融検定試験の出題回を指す。なお、第75回は2021年
11月開催、第77回は2022年5月開催、第78回は2022年11月開催、第80回
は2023年5月開催、第81回は2023年11月開催。

信用リスク・資産査定管理態勢の整備

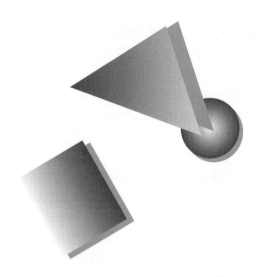

第1章

～学習の手引き（第1章）～

テーマ	80回	81回
１．金融機関の信用リスク管理の重要性		
２．金融検査結果事例における問題の所在		
（1）信用リスク管理におけるチェックポイント	○	○
（2）資産査定管理におけるチェックポイント	○	○
３．金融検査評定制度		
（1）金融検査評定制度施行の背景		
（2）評定制度の意義		
（3）評定制度の枠組み		
（4）行政対応とのリンク		
（5）金融検査と評定制度の関係		

１．金融機関の信用リスク管理の重要性

・信用リスクとは、信用供与先の財務状況の悪化等により、資産（オフ・バランス資産を含む）の価値が減少ないし消失して損失を蒙るリスクであり、信用リスク管理を適切に実施することは金融機関にとって極めて重要である。

・この分野は直接出題されたことはないが、２．以下を理解する前提として重要である。

２．金融検査結果事例における問題の所在

・近年公表された金融検査結果事例集（10年7月までは「金融検査指摘事例集」）から金融機関が抱える問題の所在を把握するため、旧金融検査マニュアルのリスク管理等編から信用リスク管理態勢および資産査定管理態勢について、同マニュアル上の主なチェック項目を理解しておきたい。

・「信用リスク管理」に関する出題が、毎回2～3問程度出題されている。

・「資産査定管理」に関する出題が、毎回1～2問出題されている。

・旧金融検査マニュアル「信用リスク管理態勢の確認検査用チェックリスト」、同「資産査定管理態勢の確認検査用チェックリスト」からの出題が多く、十

分な学習が望まれる。また、『金融検査結果事例集』に収載された事例を素材にした出題も少なくない。

3．金融検査評定制度

・金融検査の結果について指摘事項の記載に加え段階評価を示すことで、金融機関自身の経営改善に向けての動機付けを企図するとともに、金融機関と検査官の双方向の議論の充実を目的とした制度である。

・従来、この分野からは毎回、1〜2問程度の出題があった。

・金融検査評定制度に関する基本事項に、『金融検査評定制度に関するQ＆A』を絡めた出題が多かった。

第1節
金融機関の信用リスク管理の重要性

　信用リスクとは、信用供与先の財務状況の悪化等により、資産（オフ・バランス資産を含む）の価値が減少ないし消失して損失を被るリスクであり、貸出業務を主な業務とする銀行をはじめとする預金等受入金融機関においては最も重要なリスクの一つであることから、信用リスク管理を適切に実施することは金融機関にとって極めて重要である。

　過去の金融危機の状況から、一旦金融機関の信用リスクが顕在化し、それが巨額であった場合、短期で解消することは困難であり、金融機関の経営に深刻な影響を与えるということが明らかになった。また、この状況は、金融機関の貸出が不動産業などの特定の業種や、特定の大口先に集中していたことに起因していたことから、信用集中リスクの重要性や危険性が改めて認識されることとなった。そして、このような事態の再発を防止するためには、例えば、必要以上の信用集中リスクを回避するためのモニタリングの実施など信用リスク管理強化の重要性が認識された。よって、金融機関におけるリスク管理は、信用リスク管理の重要性を十分認識して実施されなければならない。

　また、自己査定は、適切な償却・引当を実施するための準備であるだけでなく、信用リスク管理の手段の一つでもある。金融機関が信用リスク管理で整備する信用格付は、債務者区分と整合していなければならない。これは金融機関毎に整備される信用格付を、全ての金融機関共通の債務者区分という枠組みに整合させることであり、信用リスク管理において最も重要な事項である。債務者区分あるいは信用格付が悪化した債務者に対しては適時に対応しなければならない。このように自己査定は信用リスク管理における重要な手段でもあり、自己査定をより深く理解するためには、信用リスク管理に関する十分な知識と自己査定との関連性の知識が前提となる。

　一方で、償却・引当の準備作業としての自己査定は信用リスク管理の結果を示しているともいえる。信用リスクを回避するためには、結果が出てからでは遅い。多額の損失の発生を回避するためには、大口先への信用リスクの集中を

避けることや、モニタリング手法を整備することなど、決算時のみでなく、日常の業務における信用リスク管理が必要となる。

　ここでは、金融機関の信用リスク管理を理解する上で重要となる、3つのポイントを説明する。

　第1に、金融機関の融資は信用リスクを取ることによって収益を獲得する業務である。そのため、信用リスク管理はリスクを回避することだけが目的ではなく、リスクとリターンの関係を最適化し、収益目標を達成することが必要である。

　第2に、信用リスクは金融機関の規模や事業により、その信用リスクの所在、信用リスクの種類・特性が異なるという特徴がある。そのため、各金融機関においては、単に高度で複雑な管理手法が一律に求められているのではなく、自金融機関の事業について深い理解や分析を実施し、その信用リスクの特性に見合った信用リスク管理手法を整備しなければならない。

　第3に、信用リスクは市場で客観的に観測できる指標だけから計測できるものではなく、特に個別与信管理においては、債務者の実態把握や将来の予測など、信用リスクの把握そのものに高度な判断を伴うことが多い。そのため、信用リスク管理においては、信用リスクを的確・適切に計測する手法を整備するとともに、高度な判断を実施するための知識・能力を育成しなければならない。

第2節
金融検査結果事例における問題の所在

　金融検査結果事例集（10年7月までは「金融検査指摘事例集」）は、金融庁が04年12月に公表した「金融改革プログラム」において、金融行政の透明性・予測可能性を更に向上させ、検査結果の金融機関へのフィードバック体制を充実させるため、また、05年3月に公表した「地域密着型金融の機能強化の推進に関するアクションプログラム」において、金融機関の自己責任原則に基づく内部管理態勢の強化等を促す観点などから、検査において多くの金融機関に共通してみられる指摘事例について情報提供をするために、05年より作成・公表

されているものである。

　以下では、近年公表された同事例集から金融機関が抱える問題の所在を把握するため、旧金融検査マニュアルのリスク管理等編から信用リスク管理態勢及び資産査定管理態勢について同マニュアル上の主なチェック項目を記載した。

　金融検査マニュアルは廃止されたものの、以下のチェックポイントは実務上参考になるものである。

█ 1.　信用リスク管理におけるチェックポイント

(1)　経営陣による信用リスク管理態勢の整備・確立状況

ⅰ）ポイント

　　信用リスクとは、信用供与先の財務状況の悪化等により、資産の価値が減少ないし消失し、金融機関が損失を被るリスクである。金融機関における信用リスク管理態勢の整備・確立は、金融機関の業務の健全性及び適切性の観点から極めて重要であり、経営陣には、これらの態勢の整備・確立を自ら率先して行う役割と責任がある。経営陣が、a.　方針の策定（Plan）、b.　内部規程・組織体制の整備（Do）、c.　評価・改善態勢の整備（Check & Action）をそれぞれ適切に行っているかを検査官が確認するためのチェック項目となっている。

ⅱ）方針の策定

　1.【取締役の役割・責任】

　　取締役は、信用リスク管理を軽視することが戦略目標の達成に重大な影響を与えることを十分に認識し、信用リスク管理を重視する。特に担当取締役は、信用リスクの所在、信用リスクの種類・特性及び信用リスクの特定・評価・モニタリング・コントロール等の手法並びに信用リスク管理の重要性を十分に理解し、この理解に基づき当該金融機関の信用リスク管理の状況を的確に認識し、適正な信用リスク管理態勢の整備・確立に向けて、方針及び具体的な方策を検討する。

　2.【融資部門等の戦略目標の整備・周知】

　　取締役会は、金融機関全体の戦略目標と整合的な融資部門等の戦略目標を策定し、組織内に周知させる。

3．【信用リスク管理方針の整備・周知】

　取締役会は、信用リスク管理方針を定め、組織全体に周知させる。例えば、信用リスク管理に関する担当取締役及び取締役会等の役割・責任等については明確に記載する。

4．【方針策定プロセスの見直し】

　取締役会は、信用リスク管理の状況に関する報告・調査結果等を踏まえ、方針策定のプロセスの有効性を検証し、適時に見直す。

ⅲ）内部規程・組織体制の整備

1．【内部規程の整備・周知】

　取締役会等は、信用リスク管理方針に則り、信用リスク管理規程を信用リスク管理部門の管理者に策定させ、組織内に周知させる。また、信用リスク管理規程についてリーガル・チェック等を経て、信用リスク管理方針に合致することを確認した上で承認する。

2．【信用リスク管理部門の態勢整備】

　　a．取締役会等は、信用リスク管理方針及び信用リスク管理規程に則り、信用リスク管理部門を設置し、適切な役割を担わせる態勢を整備する。

　　b．取締役会は、信用リスク管理部門に当該部門を統括するのに必要な知識と経験を有する管理者を配置し、当該管理者に対し管理業務の遂行に必要な権限を与えて管理させる。

　　c．取締役会等は、信用リスク管理部門に、その業務の遂行に必要な知識と経験を有する人員を適切な規模で配置し、当該人員に対し業務の遂行に必要な権限を与える。

　　d．取締役会等は、信用リスク管理部門について営業推進部門等からの独立性を確保し、牽制機能が発揮される態勢を整備する。

3．【営業推進部門等における信用リスク管理態勢の整備】

　　a．取締役会等は、管理すべき信用リスクの存在する部門（営業推進部門等）に対し、遵守すべき内部規程・業務細則等を周知させ、遵守させる態勢を整備する。

　　b．取締役会等は、管理者又は信用リスク管理部門を通じ、営業推進部門等において、信用リスク管理の実効性を確保する態勢を整備する。

4．【取締役会等への報告・承認態勢の整備】

　取締役会等は、報告事項及び承認事項を適切に設定した上で、管理者に、定期的に又は必要に応じて随時、取締役会等に対し状況を報告させ、又は承認を求めさせる態勢を整備する。

5．【監査役への報告態勢の整備】

　取締役会は、監査役へ直接報告されるべき事項を特定した場合には、報告事項を適切に設定した上で管理者から直接報告を行わせる態勢を整備する。

6．【内部監査実施要領及び内部監査計画の策定】

　取締役会等は、内部監査部門に、信用リスク管理について監査すべき事項を適切に特定させ、内部監査の実施対象となる項目及び実施手順を定めた要領並びに内部監査計画を策定させた上で承認する。

7．【内部規程・組織体制の整備プロセスの見直し】

　取締役会等は、定期的に又は必要に応じて随時、信用リスク管理の状況に関する報告・調査結果等を踏まえ、内部規程・組織体制の整備プロセスの有効性を検証し、適時に見直す。

ⅳ）評価・改善活動

　1．分析・評価

　　a．【信用リスク管理の分析・評価】

　　　取締役会等は、監査役監査、内部監査及び外部監査の結果、各種調査結果並びに各部門からの報告等全ての信用リスク管理の状況に関する情報に基づき、信用リスク管理の状況を的確に分析し、信用リスク管理の実効性の評価を行った上で、態勢上の弱点、問題点等改善すべき点の有無及びその内容を適切に検討するとともに、その原因を適切に検証する。

　　b．【分析・評価プロセスの見直し】

　　　取締役会等は、定期的に又は必要に応じて随時、信用リスク管理の状況に関する報告・調査結果等を踏まえ、分析・評価のプロセスの有効性を検証し、適時に見直す。

　2．改善活動

　　a．【改善の実施】

第
1
章

　　取締役会等は、分析・評価及び検証の結果に基づき、必要に応じて改
善計画を策定しこれを実施する等の方法により、適時適切に当該問題点
及び態勢上の弱点の改善を実施する態勢を整備する。
　ｂ．【改善活動の進捗状況】
　　取締役会等は、改善の実施について、その進捗状況を定期的に又は必
要に応じて随時、検証し、適時適切にフォローアップを図る態勢を整備
する。
　ｃ．【改善プロセスの見直し】
　　取締役会等は、定期的に又は必要に応じて随時、信用リスク管理の状
況に関する報告・調査結果等を踏まえ、改善プロセスの有効性を検証し、
適時に見直す。

(2) 管理者による信用リスク管理態勢の整備・確立状況

　ｉ）ポイント
　　管理者及び信用リスク管理部門（審査部門・与信管理部門・問題債権の管
理部門）が果たすべき役割と負うべき責任について検査官が検証するための
チェック項目となっている。
　ⅱ）管理者の役割・責任
　１．【信用リスク管理規程の整備・周知】
　　管理者は、信用リスクの所在、信用リスクの種類・特性及び信用リスク
管理手法を十分に理解し、信用リスク管理方針に沿って、信用リスクの特
定、評価及びモニタリングの方法を決定し、これに基づいた信用リスクの
コントロール及び削減に関する取決めを明確に定めた信用リスク管理規程
を策定し、取締役会等の承認を受けた上で、組織内に周知する。
　２．【信用リスク管理規程の内容】
　　信用リスク管理規程の内容は、業務の規模・特性及びリスク・プロファ
イルに応じ、信用リスクの管理に必要な取決めを網羅し、適切に規定する。
　３．【管理者による組織体制の整備】
　　ａ．管理者は、信用リスク管理方針及び信用リスク管理規程に基づき、
　　　信用リスク管理部門の態勢を整備し、牽制機能を発揮させるための施
　　　策を実施する。

b．管理者は、統合的リスク管理に影響を与える態勢上の弱点・問題点等を把握した場合、統合的リスク管理部門へ速やかに報告する態勢を整備する。

　　c．管理者は、統合的リスク管理方針等に定める新規商品等に関し、統合的リスク管理部門の要請を受けた場合、事前に内在する信用リスクを特定し、統合的リスク管理部門に報告する態勢を整備する。

　　d．管理者は、業務の規模・特性及びリスク・プロファイルに見合った信頼度の高い信用リスク管理システムを整備する。

　　e．管理者は、金融円滑化管理責任者と適切に連携し、新規融資や貸付条件の変更等の相談・申込みへの対応のうち、金融円滑化の趣旨に照らして、不適切又は不適切なおそれのあるものについて、適時適切に情報を収集し、金融円滑化管理責任者に報告する態勢を整備する。

　　f．管理者は、信用リスク管理を実効的に行う能力を向上させるための研修・教育態勢を整備し、専門性を持った人材の育成を行う。

　　g．管理者は、定期的に又は必要に応じて随時、取締役会等が設定した報告事項を報告する態勢を整備する。

4．【信用リスク管理規程及び組織体制の見直し】

　管理者は、継続的に信用リスク管理部門の職務の執行状況に関するモニタリングを実施する。また、必要に応じて信用リスク管理規程及び組織体制の見直しを行い、又は取締役会等に対し改善のための提言を行う。

iii）信用リスク管理部門の役割・責任

1．【審査部門の役割・責任】

　　a．審査部門は、営業推進部門等の影響を受けない体制とする。

　　b．審査部門は、与信先の財務状況、資金使途、返済財源等を的確に把握するとともに、与信案件のリスク特性を踏まえて適切な審査及び管理を行う。

　　c．審査部門は、営業推進部門等において、審査部門の指示が適切に実行されているか検証する。

　　d．審査部門は、営業推進部門等に対して、健全な事業を営む融資先の技術力・販売力・成長性等や事業そのものの採算性・将来性を重視し、

担保や個人保証に依存しすぎないように周知徹底を図る。

　　e．審査部門は、金融円滑化管理責任者と適切に連携し、新規融資や貸付条件の変更等の相談・申込みへの対応のうち、金融円滑化の趣旨に照らして、不適切又は不適切なおそれのあるものについて、適時適切に情報を収集し、金融円滑化管理責任者に報告する。

2．【与信管理部門の役割・責任】

　　a．与信管理部門は、与信先の業況推移等の状況等について、金融機関と連結対象子会社及び持分法適用会社とを、法令等に抵触しない範囲で、一体として管理する機能と権限を有し、貸出金のみならず信用リスクを有する資産及びオフ・バランス項目について、統合的に管理する。

　　b．与信管理部門は、直面する信用リスクを洗い出し、洗い出したリスク・プロファイルを踏まえ、管理対象とするリスクを特定する。

　　c．与信管理部門は、クレジット・リミットの設定や与信集中リスクの管理等を通じて、信用リスクを適切にコントロールする。

　　d．与信管理部門は、与信ポートフォリオの状況を適切に把握・管理するとともにポートフォリオの状況を定期的に取締役会等に報告する。

　　e．与信管理部門は、新規商品等の取扱い、海外拠点・子会社での業務開始を行う場合には、信用リスクを特定する。

　　f．与信管理部門は、金融円滑化管理責任者と適切に連携し、新規融資や貸付条件の変更等の相談・申込みへの対応のうち金融円滑化の趣旨に照らして、不適切又は不適切なおそれのあるものについて、適時適切に情報を収集し、同管理責任者に報告する。

　　g．与信管理部門は、信用格付の正確性や与信先の管理などの与信管理の適切性について検証するとともに、その検証結果を取締役会等に報告する。

3．【問題債権の管理部門の役割・責任】

　　a．問題債権の管理部門は、問題債権が金融機関の経営の健全性に与える影響を認識し、信用リスク管理規程に基づき、問題債権として管理が必要な債権を早期に把握する態勢を整備する。

ｂ．問題債権の管理部門は、信用リスク管理規程に基づき、問題先の経
　　　営状況等を適切に把握・管理し、必要に応じて再建計画の策定の指導
　　　や整理・回収を行う。

　　ｃ．問題債権の管理部門は、金融円滑化管理責任者と適切に連携し、新
　　　規融資や貸付条件の変更等の相談・申込みへの対応のうち、金融円滑
　　　化の趣旨に照らして、不適切又は不適切なおそれのあるものについて、
　　　適時適切に情報を収集し、同管理責任者に報告する。

　　ｄ．問題債権の管理部門は、問題債権の状況について取締役会等が定め
　　　た報告事項を報告するための態勢を整備する。

(3) 個別の問題点

ⅰ）ポイント

　信用リスク管理の実態に即した個別具体的な問題点を検査官が検証するた
めのチェック項目となっている。

ⅱ）【中小・零細企業等に対する経営相談・経営指導等を通じたリスク管理】

　１．中小・零細企業等である与信先については、その特色を踏まえてきめ
　　細かな与信管理等を行う。例えば以下のような対応を行う。

　　ａ．継続的な企業訪問等を通じて企業の技術力・販売力や経営者の資質
　　　等の定性的な情報を含む経営実態の十分な把握と債権管理に努める。

　　ｂ．きめ細かな経営相談、経営指導、経営改善計画の策定支援等を通じ
　　　て積極的に企業・事業再生に取り組む。

　　ｃ．ビジネスマッチングやＭ＆Ａに関する情報等、当該金融機関の情報
　　　機能やネットワークを活用した支援に取り組む。

　　ｄ．ライフサイクル（創業・新事業支援、経営改善支援、事業再生、事
　　　業承継）に応じた各段階においてきめ細かい支援に取り組む。

　　ｅ．事業を見極める融資手法をはじめ中小企業に適した資金供給手法の
　　　徹底に取り組む。

　２．中小・零細企業等に対する与信に関しては、総じて景気の影響を受け
　　やすく、一時的な要因により債務超過に陥りやすいといった中小・零細
　　企業等の経営・財務面の特性を踏まえ、与信先の経営実態を総合的に勘
　　案した信用格付け等の与信管理を行う。

3．スコアリング・モデルを用いたビジネスローン等について延滞が発生
した場合に、経営改善の方策に係る協議に応じることなく、機械的に債
権回収や債権売却を行わない。またビジネスローン等からの撤退に当た
っては、債務者の置かれた状況を斟酌し、必要に応じて代替的な資金供
給手段を検討する。

4．担保割れが生じた際に、合理的な理由なく、直ちに回収や金利の引上
げを行わない。

5．経営改善支援先については、経営改善計画の進捗状況を適切に把握し、
必要に応じて経営相談・経営指導等を行う等、経営改善に向けた働きか
けを行う。

6．手形貸付を含む、短期貸付の更新継続をしている貸出金について、更
なる借換えを行えば貸出条件緩和債権に該当する場合、安易に顧客の要
望を謝絶することなく、適切に経営改善計画等の策定支援等を行う。

7．債務者が大部で精緻な経営改善計画等を策定していないことを理由に、
貸付条件の変更等の申込みを謝絶しない。

iii）【債務者の実態把握に基づくリスク管理】

1．健全な事業を営む先、特に、中小・零細企業等に対する円滑な資金供
給の実行に向けた健全な審査態勢を整備する。

2．投機的不動産融資や過剰な財テク融資等の禁止、及び反社会的勢力に
対する資金供給の拒絶など、健全な審査態勢を整備する。

3．顧客からの新規融資や貸付条件の変更等の相談・申込みに対し、例え
ば、財務諸表等の表面的な計数や特定の業種であることのみに基づいて
判断する等、機械的・画一的な判断を行うのではなく、顧客の事情をき
め細かく把握した上で対応する。

4．顧客の技術力・成長性等や事業そのものの採算性・将来性を重視せず、
担保や個人保証に過度に依存した対応を行ってはならない。

5．当局が定める旧金融検査マニュアルや当局が行う金融検査を理由に新
規融資の謝絶や資金回収を行うなどの不適切な取扱いを行ってはならない。

6．貸付条件の変更等を行った債務者について、債務者の実態を十分に把
握した上で、適切な資金供給を行う。

iv）【問題債権の管理】

1. 問題債権の管理に当たっては、債務者の再生可能性を適切に見極め、再生可能な債務者については、極力、再生の方向で取り組む。その際、必要に応じて会社分割、DES（デット・エクイティ・スワップ）、DDS（デット・デット・スワップ）、企業再生ファンド等を活用した市場に評価される再建計画の策定に努め、私的整理ガイドラインに沿った整理や法的手続による速やかな対応を実施する態勢とする。

2. 延滞が発生した債務者について、延滞発生原因の把握・分析を行い、適時に相談・助言を行うなどにより延滞長期化の未然防止に取り組む。

3. 問題債権を売却・流動化（証券化）することによりオフ・バランス化する場合には、信用補完等により実質的に当該債権の信用リスクを負担し続けることなく、その信用リスクが明確に切り離されることを確認・検証できる態勢とする。また、問題債権の売却・流動化に当たっては、原債務者の保護に配慮し、債務者等を圧迫し又はその生活や業務の平穏を害するような者に対して譲渡しない態勢を整備する。

v）【信用格付】

信用リスクを的確に評価・計測するため、業務の規模・特性及びリスク・プロファイルに照らして適切な信用格付制度を整備する。格付区分は信用リスク管理の観点から有意かつ整合的なものとする。

vi）【クレジット・リミット】

1. 大口の与信や反復・継続的な与信を行う場合等においては、必要に応じて予めクレジット・リミットを設定する。具体的な設定や見直し等の管理は、取締役会等の承認を受けて定められた基準に従い、営業推進部門等から独立した与信管理部門が行う。

2. 与信管理部門は、クレジット・リミットを超えた際の与信管理部門への報告体制、権限、手続等を定めたクレジット・リミットに係る内部規程・業務細則等を策定し、当該規程等に従って適切にクレジット・リミットの管理を行う。

vii）【信用集中リスクの管理】

1. 金融機関の経営に対して大きな影響を及ぼす可能性のある大口与信先

については、合理的な基準により抽出・把握し、その信用状況や財務状況について個別かつ継続的にモニタリングを行い、個別に管理する。大口先の抽出・把握は、関連企業も含めた企業グループを総体的に対象とする。

2．取締役会等は、自ら大口与信先を的確に把握し、大口与信先の信用リスク管理を主体的に行う。

3．特定の業種、地域、商品等のリスク特性が相似した対象への与信については、信用リスクの分散化により、適切に管理する。

2．資産査定管理におけるチェックポイント

(1) 経営陣による資産査定管理体制の整備・確立状況

ⅰ）ポイント

　資産査定とは、金融機関の保有する資産を個別に検討して、回収の危険性又は価値の毀損の危険性の度合いに従って区分することであり、預金者の預金などがどの程度安全確実な資産に見合っているか、言い換えれば、資産の不良化によりどの程度の危険にさらされているかを判定するものである。金融機関自らが行う資産査定を自己査定といい、自己査定は、金融機関が信用リスクを管理するための手段であるとともに、適正な償却・引当を行うための準備作業である。また、償却・引当とは、自己査定結果に基づき、貸倒等の実態を踏まえ債権等の将来の予想損失額等を適時かつ適正に見積もることである。金融機関における資産査定管理態勢の整備・確立は、金融機関の業務の健全性及び適切性の観点から極めて重要であり、経営陣には、これらの態勢の整備・確立を自ら率先して行う役割と責任がある。経営陣が、a．内部規程・組織体制の整備（Do）、b．評価・改善態勢の整備（Check＆Action）をそれぞれ適切に行っているかを検査官が確認するためのチェック項目となっている。

ⅱ）内部規程・組織体制の整備

1．【基準の整備・周知】

　取締役会は、自己査定基準及び償却・引当基準を資産査定管理部門の管理者に策定させ、コンプライアンス統括部門及び内部監査部門等の意見を

踏まえた上で承認し、組織内に周知させる。

2. 【資産査定管理態勢の整備】

　取締役会等は、自己査定基準及び償却・引当基準に則り、資産査定管理部門の設置等、適切な役割を担わせる態勢を整備する。

　　a. 自己査定管理態勢について

　　　・取締役会等は、自己査定の実施について営業関連部門に対して十分な牽制機能が発揮され、自己査定を適切に実施する態勢を整備する。

　　　・取締役会は、自己査定管理部門に、当該部門を統括するのに必要な知識と経験を有する管理者を配置し、必要な権限を与えて管理させる。

　　　・取締役会等は、自己査定管理部門等に、その業務の遂行に必要な知識と経験を有する人員を適切な規模で配置し、必要な権限を与える。

　　　・取締役会等は、会計監査人の監査等において、自己査定の実施状況が事後的に検証できるよう十分な記録を保存させる。

　　b. 償却・引当管理態勢について

　　　・取締役会等は、償却・引当額の算定について、自己査定の実施部門及び決算関連部門に対して十分な牽制機能が発揮され、償却・引当額の算定を適切に実施する態勢を整備する。

　　　・取締役会は、償却・引当管理部門に、当該部門を統括するのに必要な知識と経験を有する管理者を配置し、必要な権限を与えて管理させる。

　　　・取締役会等は、償却・引当管理部門等に、その業務の遂行に必要な知識と経験を有する人員を適切な規模で配置し、必要な権限を与える。

　　　・取締役会等は、会計監査人の監査等において、償却・引当の実施状況が事後的に検証できるよう、各部門における資料等の十分な記録を保存させる。

3. 【第一次査定部門及び第二次査定部門における資産査定管理態勢の整備】

　取締役会等は、第一次査定部門及び第二次査定部門に、遵守すべき内部規程・業務細則等を周知し、遵守させる態勢を整備する。

4. 【取締役会及び取締役会等への報告・承認態勢の整備】

　取締役会及び取締役会等は、報告事項及び承認事項を適切に設定した上

で、定期的に又は必要に応じて随時、状況の報告を受け、又は承認を求め
させる態勢を整備する。

5．【監査役への報告態勢の整備】

　取締役会は、監査役へ直接報告されるべき事項を特定した場合には、報
告事項を適切に設定した上で、管理者から直接報告を行わせる態勢を整備
する。

6．【内部監査実施要領及び内部監査計画の策定】

　取締役会等は、内部監査部門に、資産査定管理について監査すべき事項
を適切に特定させ、内部監査実施要領並びに内部監査計画を策定させた上
で承認する。以下の項目については、内部監査実施要領又は内部監査計画
に明確に記載し、適切な監査を実施する態勢を整備する。

　　a．自己査定に係る内部監査実施要領

　　b．償却・引当に係る内部監査実施要領

7．【基準・組織体制の整備プロセスの見直し】

　取締役会等は、定期的に又は必要に応じて随時、資産査定管理の状況に
関する報告・調査結果等を踏まえ、自己査定基準及び償却・引当基準並び
に組織体制の整備プロセスの有効性を検証し、適時に見直す。

ⅲ）評価・改善活動

　1．分析・評価

　　a．【資産査定管理の分析・評価】

　　　取締役会等は、監査役監査、内部監査及び外部監査の結果、各種調査
　　結果並びに各部門からの報告等全ての資産査定管理の状況に関する情報
　　に基づき、資産査定管理の状況を的確に分析し、資産査定管理の実効性
　　の評価を行った上で、態勢上の弱点、問題点等改善すべき点の有無及び
　　その内容を適切に検討するとともに、その原因を適切に検証する。また、
　　必要な場合には、利害関係者以外の者によって構成された調査委員会等
　　を設置する等、その原因究明については万全を期す。

　　b．【分析・評価プロセスの見直し】

　　　取締役会等は、定期的に又は必要に応じて随時、資産査定管理の状況
　　に関する報告・調査結果等を踏まえ、分析・評価プロセスの有効性を検

証し、適時に見直す。

2．改善活動

a．【改善の実施】

　取締役会及び取締役会等は、上記ⅲ）1．の分析・評価及び検証の結果に基づき、必要に応じて改善計画を策定しこれを実施する等の方法により、適時適切に当該問題点及び態勢上の弱点の改善を実施する態勢を整備する。

b．【改善活動の進捗状況】

　取締役会等は、改善の実施について、その進捗状況を定期的に又は必要に応じて随時、検証し、適時適切にフォローアップを図る態勢を整備する。

c．【改善プロセスの見直し】

　取締役会等は、定期的に又は必要に応じて随時、資産査定管理の状況に関する報告・調査結果等を踏まえ、改善プロセスの有効性を検証し、適時に見直す。

(2) 管理者による資産査定管理態勢の整備・確立状況

ⅰ）ポイント

　管理者及び資産査定管理部門が果たすべき役割と負うべき責任について検査官が検証するためのチェック項目となっている。

ⅱ）管理者及び資産査定管理部門の役割・責任

1．【自己査定基準及び償却・引当基準の整備・周知】

　管理者は、資産査定管理の重要性を十分に理解したうえで自己査定基準及び償却・引当基準を策定する。自己査定基準及び償却・引当基準は、取締役会の承認を受けた上で、組織内に周知する。

2．【自己査定基準及び償却・引当基準の内容】

a．自己査定基準の検証

・自己査定基準は、関係法令、旧金融検査マニュアルのチェックリスト（別表1を含む）に定める枠組みに沿ったものとし、明確かつ妥当なものとする。また、自己査定基準には、自己査定の対象となる資産の範囲等について明確な記載をし、必要な手続きを網羅し、適

切に規定する。

　　なお、金融機関の自己査定基準の中の個別のルール（例えば、担保評価ルールや有価証券の簡易な査定ルール）を定めている場合、その内容が合理的・整合的で、当該枠組みとの相違が十分に説明可能なものとする。

・自己査定基準の基本的な考え方は一貫し、かつ継続的なものとする。また、自己査定基準の基本的な考え方を変更する場合には、合理的で正当な理由によるものとする。

　b．償却・引当基準の検証

・償却・引当基準は、関係法令、一般に公正妥当と認められる企業会計の基準及び旧金融検査マニュアルのチェックリスト（別表2を含む）に定める枠組みに沿ったものとなっており、明確かつ妥当なものとする。また、償却・引当基準には、償却・引当の対象となる資産の範囲等について明確な記載をし、必要な手続きを網羅し、適切に規定する。

　　なお、金融機関の償却・引当の個別のルール（例えば、信用格付に基づく引当率の算定ルール、業種別、地域別等の引当率の算定ルール）を定めている場合、発生の可能性が高い将来の特定の費用又は損失が適切に見積もられるなど、その内容は合理的・整合的で、当該枠組みとの相違は十分に説明可能なものとする。

・償却・引当基準の基本的な考え方は一貫し、かつ継続的なものとする。また、償却・引当基準の基本的な考え方を変更する場合には、合理的で正当な理由によるものとする。

3．【管理者による組織体制の整備】

　a．管理者は、自己査定基準及び償却・引当基準に基づき適切な自己査定及び償却・引当を行うため、自己査定及び償却・引当管理部門の態勢を整備し、牽制機能を発揮させるための施策を実施する。

　b．管理者は、自己査定及び償却・引当の実施の適正を確保するために、自己査定基準及び償却・引当基準にそれぞれ則り、具体的かつ合理的な内容の業務細則（自己査定マニュアル及び償却・引当マニュアル）

を策定する。

c．管理者は、自己査定及び償却・引当を適切かつ正確に行うため、信頼度の高いシステムを整備する。

d．管理者は、自己査定及び償却・引当を適切かつ正確に行う能力を向上させるための研修・教育態勢を整備し、専門性を持った人材の育成を行う。

e．管理者は、定期的に又は必要に応じて随時、取締役会及び取締役会等が設定した報告事項を報告する態勢を整備する。特に、経営に重大な影響を与える事案については、取締役会及び取締役会等に対し速やかに報告する態勢を整備する。

4．【基準及び組織体制の見直し】

管理者は、継続的に自己査定管理部門及び償却・引当管理部門の職務の執行状況に関するモニタリングを実施する。また、定期的に又は必要に応じて随時、自己査定管理態勢及び償却・引当管理態勢の実効性を検証し、必要に応じて自己査定基準及び償却・引当基準並びに組織体制の見直しを行い、又は取締役会等に対し改善のための提言を行う。

(3) 自己査定結果の正確性及び償却・引当結果の適切性

ⅰ）ポイント

自己査定結果の正確性及び償却・引当結果の適切性について検査官が検証するためのチェック項目となっている。

ⅱ）【自己査定結果の正確性】

1．旧金融検査マニュアルの別表1に掲げる方法により、実際の自己査定を自己査定基準に則って正確に行う。

2．自己査定結果が不適切又は不正確であると認められる場合には、問題の原因の把握・分析や必要な改善策の検討・実施を適時適切に行う。

3．第一次査定部門及び第二次査定部門等の自己査定実施部門に関し、必要な教育・指導を行う。

ⅲ）【償却・引当結果の適切性】

1．旧金融検査マニュアルの別表2に掲げる方法により、実際の償却・引当額の算定を償却・引当基準に則って適切に行う。

2．償却・引当結果が不適切又は不正確であると認められる場合には、問題の原因の把握・分析や必要な改善策の検討・実施を適時適切に行う。

3．償却・引当額の算定を行う部門等に対して、必要な教育・指導を行う。

第3節
金融検査評定制度

1．金融検査評定制度施行の背景

　金融改革プログラムにおいては、金融システムを巡る局面が「不良債権問題への緊急対応」から「将来の望ましい金融システムを目指す未来志向」へ転換しつつあるとした上で、望ましい金融システムを「官」の主導ではなく「民」の力により実現を目指すとした。

　その施策の一つとして、金融検査の結果について指摘事項の記載に加え段階評価を示すことで、金融機関自身の経営改善に向けての動機付けを企図するとともに、金融機関と検査官の双方向の議論の充実を目的とした制度として、05年7月に「預金等受入金融機関に係る検査評定制度」（以下、「金融検査評定制度」）が導入され（07年2月および08年10月に一部改正）、07年4月より本格施行されてきた。

　金融庁は、18年6月に「金融検査・監督の考え方と進め方（検査・監督基本方針）」を公表し、その中で旧金融検査マニュアルの廃止を打ち出すとともに、同基本方針案に係るパブリックコメントに対する回答において、「金融検査に関する基本指針」、「検査評定制度」の取扱いについても、同基本方針で示されている旧金融検査マニュアルの廃止の方向性と整合的なものとなるよう見直しを行っていく方針が示された。

　これを受けて、19年12月には旧金融検査マニュアルとともに金融検査評定及び金融検査評定に関するQ&Aも廃止された。

　なお、旧金融検査マニュアルの廃止を受けた金融検査評定制度の見直しに関してはまだ詳細が明らかになっていないことから、以下では従来の金融検査評定制度に関する説明を掲載することとする。

▎2. 評定制度の意義

①　金融検査の結果について、指摘事項の記載に加え段階評価を示すことで、金融機関自身の経営改善に向けての動機付けとするとともに、金融機関と検査官の双方向の議論を充実させる

②　その後の選択的行政対応に結びつけることで、動機付けの意味合いを高め、より効率的かつ実効的な検査を実施できるようにする

③　金融行政の透明性を高め、金融機関にとっての予見可能性の向上に資することが期待される

▎3. 評定制度の枠組み

(1) 基本的枠組み

　基本的枠組みは、旧金融検査マニュアルに沿ったものとし、評定項目は、「経営管理（ガバナンス）態勢－基本的要素－」「金融円滑化編」「法令等遵守態勢」「顧客保護等管理態勢」「統合的リスク管理態勢」「自己資本管理態勢」「信用リスク管理態勢」「資産査定管理態勢」「市場リスク管理態勢」「流動性リスク管理態勢」「オペレーショナルリスク管理態勢」の11項目であった。

(2) 評定段階

　A評価は、強固な管理態勢が経営陣により構築されている状態。

　B評価は、十分な管理態勢が経営陣により構築されている状態。

　C評価は、経営陣による管理態勢の構築が不十分で、改善の必要が認められる状態。

　D評価は、管理態勢に欠陥または重大な欠陥が認められる状態。

　4段階にしているのは、5段階等の奇数段階評価よりも甲乙が明確となり、経営改善への動機付けやメリハリのある行政対応に資すると考えられたためである。なお、ウエイト付けが困難、風評リスクのおそれがあることから、総合評価は当面は導入しないとされた。また、最終的な評定結果は、検査結果通知の一部として被検査金融機関に通知されるが、対外的には公表されなかった。

▎4. 行政対応とのリンク

(1) 検査とのリンク

　検査は、金融機関の規模や業況等を勘案し、必要に応じて適時適切に実施するものであるが、その際、評定結果もその後の検査の濃淡（検査頻度、検査範囲、検査深度）に反映された。例えば、検査頻度については、下記のようになる。

① 　低評価項目がない場合（例えばAとBしかなく、C以下の評価がない場合）⇒平均より長い検査周期

② 　低評価項目が少ない場合（例えば、A、B、C評価しかなく、かつ、C評価も2つ以下にとどまる場合）⇒平均的な検査周期

③ 　上記以外の場合⇒平均より短い検査周期

(2) 監督とのリンク

　検査において指摘事項があった場合の銀行法24条に基づく報告も踏まえた上で、監督上の対応を行う判断要素の一つとして用いる。

5. 金融検査と評定制度の関係

　評定制度の導入は、金融検査の本質を変化させるものではなく、あくまでも旧金融検査マニュアルに則った検査を行った上で、その結果に対して段階評価を行うというプロセスが加わるだけとされた。したがって、金融検査と評定制度はある意味では一体の関係と考えられ、07年2月の改正により、以下のような整合が図られた。

① 　評定項目数は当時のチェック項目数と同じ10とされた（現在は「金融円滑化編」が加わり11）

② 　検査マニュアルにおいては、経営陣等がいわゆるPDCAサイクルの観点から、内部管理態勢が有効に機能しているかどうかを検証することが明確化されたが、評定制度においても、経営陣による管理態勢の整備・確立状況、管理者による管理態勢の整備・確立状況について、PDCAの一連のプロセスのどこに問題があったのかを意識して評価を行うことを、評定における「基本的留意点」の中で明確化された

③ 　「評定段階及び着眼点（例）」については、「評定段階及び留意点等」とし、07年2月に改定された検査マニュアルにおいて明確化されたものや、評定制度試行期間における検査での検証を積み重ねた結果、定着化されたものについて削除された

第1問 （第81回）

　信用リスク管理態勢における取締役会等の役割・責任に関する次の記述について、最も不適切な選択肢を一つ選びなさい。

（1）取締役会等は、報告事項及び承認事項を適切に設定した上で、管理者に、定期的に又は必要に応じて随時、取締役会等に対し状況を報告させ、又は承認を求めさせる態勢を整備する必要がある。

（2）取締役会は、監査役へ直接報告されるべき事項を特定した場合には、報告事項を適切に設定した上で管理者から直接報告を行わせる態勢を整備する必要がある。このことは、監査役が自ら報告を求めることを妨げるものではなく、監査役の権限及び活動を何ら制限するものではないことに留意する。

（3）取締役会は、金融機関全体の戦略目標と整合的な融資部門等の戦略目標を策定し、組織内に周知させる必要がある。融資部門等の戦略目標の策定に当たっては、自己資本の状況を踏まえ、例えば、収益確保を優先するあまり信用リスク管理を軽視したものになっていないか、特に、短期的な信用リスクを軽視し、長期的な収益確保を優先した目標の設定や当該目標を反映した業績評価の設定を行っていないかに留意する。

（4）取締役会は、信用リスク管理に関する方針を定め、組織全体に周知させる必要がある。例えば、信用リスク管理に関する担当取締役及び取締役会等の役割・責任等について明確に記載される等、適切なものとなっているか、また、金融円滑化管理方針との整合性を確保しているかに留意する。

（5）取締役会等は、管理者又は信用リスク管理部門を通じ、営業推進部門等において、信用リスク管理の実効性を確保する態勢を整備している必要がある。

解答：P.44

第2問　　　　　　　　　　　　　　　　　　　　　　　（第81回）

　資産査定管理態勢における管理者の役割・責任に関する次の記述について、最も不適切な選択肢を一つ選びなさい。

（1）管理者は自己査定及び償却・引当を適切かつ正確に行う能力を向上させるための研修・教育態勢を整備し、専門性を持った人材の育成をしなければならない。

（2）資産査定管理部門の管理者は、定期的に又は必要に応じて随時、自己査定管理態勢及び償却・引当管理態勢の実効性を検証し、必要に応じて自己査定基準及び償却・引当基準並びに組織体制の見直しや取締役会等に対し改善のための提言を行わなければならない。

（3）資産査定管理部門は、営業関連部門に対して十分な牽制機能を発揮するため、他の業務と兼担する部署が担当することがないよう、独立した態様で設置する必要がある。

（4）金融機関の償却・引当の個別のルールを定めている場合、その内容は合理的・整合的で、償却・引当基準における枠組みとの相違が十分に説明可能なものとなっている必要があるとされている。

（5）自己査定基準の基本的な考え方を一貫し、かつ継続的なものとする必要がある。また、自己査定基準の基本的な考え方を変更する場合には、その変更は合理的で正当な理由によるものである必要がある。

解答：P.44

第3問　　　　　　　　　　　　　　　　　　　　　　　（第81回）

　金融検査結果事例集における信用リスク管理態勢に係る指摘事例に関する次の記述について、指摘事項として最も不適切な選択肢を一つ選びなさい。

（1）市場部門が、欧州向けエクスポージャーについて、保有銘柄の格付が高位であるとの理由から、経営会議に対して、信用リスク管理規程に基づ

く報告を行っていない。

（2）営業推進部門が、事業戦略上、住宅ローンが重要な位置づけとされているにもかかわらず、自動審査システムに蓄積されたデータを活用した基本的なリスク分析を行っていない。

（3）審査部門が、営業店に対して、債務者の資金繰りや返済財源の確認を適切に行うよう徹底していない。

（4）リスク統括部門が、総与信残高に占める不動産賃貸業に対する与信残高の割合が依然として大きい中で、営業店別や信用格付別での不動産賃貸業に対する与信残高や与信先数の分析など、不動産賃貸業に対する与信の実態についての詳細な分析を実施していない。

（5）リスク統括部門が、クレジット・リミットを超過する与信の実行を適時適切に防止していない。

解答：P.44

第4問

　金融検査結果事例集における信用リスク管理態勢に係る指摘事例に関する次の記述について、指摘事項として最も不適切な選択肢を一つ選びなさい。

（1）要注意先以下の与信先に対する個別の与信限度額の設定に当たって、与信先の収益や資金繰り状況を踏まえた検討を行っておらず、過大な与信限度額の設定を行っている。

（2）不動産業の与信残高構成比率等の上限引上げに当たり、同業種への与信集中が進むことにより生じるリスクを検討することなく、県内の他の金融機関と比較して突出したものではないことのみを理由として決定している。

（3）当座貸越について、使用実績額を基に信用リスク量を計測するにとどまり、空き枠を含む当座貸越枠全体や、推定される使用額等を基にした信用リスク量の計測を行っていないため、全体の信用リスク量を過少計上している。

（4）事業債、私募リートへの投資等リスク・カテゴリーをまたがる商品での

運用を増加させている。

（5）審査部門及び経営改善支援部門は、実質同一債務者の判断に当たり、資金の流れや代表者の支配力の程度等に応じた信用リスクの一体性の観点から判断することとしているが、資金貸借関係や事業の関連性がないことをもって、リスクの一体性を十分に検証することなく、子会社を実質同一債務者としていない。

解答：P.45

第5問　　　　　　　　　　　　　　　　　　　　　　　　　　　　（第81回）

　金融検査結果事例集における資産査定管理態勢に係る指摘事例に関する次の記述について、指摘事項として最も不適切な選択肢を一つ選びなさい。

（1）資産査定管理部門が、「自己査定マニュアル」において、正常先となる要償還年数を10年以内ではなく15年以内としている。

（2）資産査定管理部門が、営業店における不動産担保評価の再調査等の期限管理方法やその管理状況のモニタリング方法について、明確に定めていない。

（3）資産査定管理部門が、不動産の評価の妥当性の検証について、相対的に競争力が劣る物件や、賃料・稼働率等が下方トレンドにある物件について、こうしたネガティブな要素を不動産評価に反映させるための具体的な検証項目を定めていない。

（4）資産査定管理部門が、賃貸物件の不動産担保評価に当たり、「不動産担保評価マニュアル」において、敷金等の要返済財源を控除することとしていない。

（5）資産査定管理部門は、審査部門に対して、不良資産の判定に当たり、債務者の資産内容や企業グループ間の資金の流れを具体的に把握するよう指示していない。

解答：P.45

第6問 (第80回)

信用リスク管理態勢における取締役会等の役割・責任に関する次の記述について、最も不適切な選択肢を一つ選びなさい。

（1）取締役会等は、信用リスク管理方針及び信用リスク管理規程に則り、信用リスク管理部門を設置し、適切な役割を担わせる態勢を整備する必要がある。

（2）取締役会等は、管理すべき信用リスクの存在する部門に対し、遵守すべき内部規定・業務細則等を周知させ、遵守させる態勢を整備する必要がある。

（3）取締役会等は、管理者又は営業推進部門を通じ、信用リスク管理部門等において、信用リスク管理の実効性を確保する態勢を整備している必要がある。

（4）取締役会は、監査役へ直接報告されるべき事項を特定した場合には、報告事項を適切に設定した上で管理者から直接報告を行わせる態勢を整備する必要がある。このことは、監査役が自ら報告を求めることを妨げるものではなく、監査役の権限及び活動を何ら制限するものではないことに留意する。

（5）取締役会等は、内部監査部門に、信用リスク管理について監査すべき事項を適切に特定させ、内部監査の実施対象となる項目及び実施手順を定めた要領並びに内部監査計画を策定するよう指示する必要がある。

解答：P.45

第7問 (第80回)

資産査定管理態勢における管理者の役割・責任に関する次の記述について、最も不適切な選択肢を一つ選びなさい。

（1）償却・引当額の水準を検証する部門を定め、当該部門が償却・引当額の水準が信用リスクに見合ったものになっているかを検証するとともに、

取締役会に報告する必要がある。

（2）償却・引当基準は、関係法令、一般に公正妥当と認められる企業会計の基準に定める枠組みに沿ったものである必要がある。

（3）償却・引当基準は、内部監査部門の承認を受けた上で決定し、組織内に周知される必要があるとされている。

（4）管理者は、自己査定及び償却・引当の実施の適正を確保するために、自己査定基準及び償却・引当基準にそれぞれ則り、具体的かつ合理的な内容の業務細則を策定する必要がある。

（5）償却・引当基準の基本的な考え方を一貫し、かつ継続的なものとする必要がある。また、償却・引当基準の基本的な考え方を変更する場合には、その変更は合理的で正当な理由によるものである必要がある。

解答：P.46

第8問

（第80回）

金融検査結果事例集における信用リスク管理態勢に係る指摘事例に関する次の記述について、最も不適切な選択肢を一つ選びなさい。

（1）営業推進部門が、事業戦略上、住宅ローンが重要な位置づけとされているにもかかわらず、キャンペーン金利の導入等の積極的施策を行っていない。

（2）市場部門が、欧州向けエクスポージャーについて、保有銘柄の格付が高位であるとの理由から、経営会議に対して、信用リスク管理規程に基づく報告を行っていない。

（3）与信管理部門が、営業店に対して、業況不芳な大口与信先のモニタリング方法について十分な指導を行っていないことから、営業店において、試算表等の入手による足下の業況把握の取組など、適時適切な実態把握を行っていない。

（4）審査部門が、与信限度額の超過先について、超過是正に向けた今後の与信計画等の対応策を策定していない。

（5）リスク管理委員会が、与信限度額を設定するに当たり、信用格付、未保

全額及び与信限度額の当行の自己資本や期間損益に対する割合を勘案し
ていない。

解答：P.46

第9問　　　　　　　　　　　　　　　　　　　　　　　　　　（第80回）

　金融検査結果事例集における信用リスク管理態勢に係る指摘事例に関する次
の記述について、最も不適切な選択肢を一つ選びなさい。

（1）県外貸出を増加させている中、同貸出に内在する共通傾向や問題点に関
　　　する分析が不足しており、リスク管理委員会において、充実した信用リ
　　　スク管理に関する審議を行えていない。

（2）大口与信先に対する取引方針及び取引方針枠の設定に当たり、現状の与
　　　信残高に当面の資金需要を見込んで設定するなど、個社の特性を十分に
　　　把握・認識した上で適切に設定することとしていない。

（3）住宅ローンの生涯収益分析を試算する際のパラメータである経過年数別
　　　のデフォルト率について、データ蓄積までの間、外部データを使用する
　　　こととしているが、当行のデフォルトデータが蓄積された結果、当行と
　　　外部機関との経過年数別のデフォルト率の形状が異なっていることが明
　　　らかになっているにもかかわらず、同部門は、当該試算について、当行
　　　の実態に適したパラメータを使用する観点からの見直しを行っていない。

（4）営業店において、新規融資申込時に保証会社等から保証拒絶・減額され
　　　た事案について、融資を実行している。

（5）信用リスク管理部門が、営業店に、与信先の会計監査人の変更が把握さ
　　　れた場合にも、債務者格付を変更する必要がないかどうかを検討させる
　　　こととしていない。

解答：P.46

■ 第78回関連出題 ■

第10問　　　　　　　　　　　　　　　　　　　　　（第78回）

　信用格付に関する次の記述について、最も不適切な選択肢を一つ選びなさい。

（1）内部監査部門は「信用格付」の正確性を検証する必要がある。

（2）信用格付には延滞の発生、資金繰り悪化、業績の悪化、親会社支援の変化、大口販売先の倒産等の情報を適時適切に反映しなければならない。

（3）信用格付が、債務者の財務内容、信用格付業者の格付、信用調査機関の情報などに基づき、合理的な格付となっているか、信用格付と債務者区分の概念とが整合性のとれたものとなっているかを検証する必要がある。

（4）金融機関内部のデータに基づき信用格付を行っている場合は、当該データの信頼性及び標本数が十分であるかを検証する。当該データが不十分と認められる場合には、外部の信用調査機関等のデータをもって補完されているかを検証する。

（5）国際統一基準適用金融機関にあっては信用格付を行わず債務者区分を行って差し支えないが、信用格付を導入することが望ましい。

解答：P.47

第11問　　　　　　　　　　　　　　　　　　　　　（第78回）

　信用リスク管理態勢における信用リスク管理規定に関する次の記述について、最も不適切な選択肢を一つ選びなさい。

（1）管理者が策定する信用リスク管理規程には、信用リスク管理の管理対象とするリスクの特定に関する取決めを記載する必要がある。

（2）管理者が策定する信用リスク管理規程には、信用リスク評価方法に関する取決めを記載する必要がある。

（3）管理者が策定する信用リスク管理規程には、信用リスクのモニタリング方法に関する取決めを記載する必要がある。

（4）管理者が策定する信用リスク管理規程には、取締役会等に報告する態勢に関する取決めを記載する必要がある。

（5）管理者が策定する信用リスク管理規程には、特定取引に関する取決めを
記載する必要がある。

解答：P.47

第12問 （第78回）

　信用リスク管理態勢における審査部門の役割・責任に関する次の記述につい
て、**最も不適切な選択肢を一つ選びなさい。**

（1）審査部門の営業部門からの独立性を確保するため、審査部門の担当取締
　　役が営業推進部門の取締役を兼務することはできない。

（2）審査部門は、与信先の財務状況、資金使途、返済財源等を的確に把握し、
　　与信案件のリスク特性を踏まえた適切な審査及び管理を行わなければな
　　らない。

（3）審査部門は、シンジケート・ローンに参加する場合やプロジェクト・ファ
　　イナンスへ参加する場合等において、いわゆるコベナンツを用いる場
　　合には、これを適切に設定・管理しなければならない。

（4）審査部門は、健全な事業を営む融資先の技術力・販売力・成長性等を重
　　視し、担保や個人保証に依存しすぎないよう、営業推進部門への周知徹
　　底を図る必要がある。

（5）審査部門は、営業推進部門において、審査部門の指示が適切に実行され
　　ているか検証しなければならない。

解答：P.47

第13問 （第78回）

　資産査定管理態勢における自己査定基準等に関する次の記述について、**最も
不適切な選択肢を一つ選びなさい。**

（1）自己査定基準の制定及び改正は、自己査定を実施する部門のみならず、
　　監査部門及びコンプライアンス部門の意見を踏まえて行う必要がある。

（2）自己査定基準は、正式の行内手続を経て取締役会等により決定し、明文

化する必要がある。

（3）管理者は、極力保守的な自己査定及び償却・引当を行うように周知しなければならない。

（4）自己査定基準には、自己査定の運用に係る責任体制を明確に記載する必要がある。

（5）取締役会等は、定期的に又は必要に応じて随時、資産査定管理の状況に関する報告・調査結果等を踏まえ、自己査定基準及び償却・引当基準並びに組織体制の整備プロセスの有効性を検証し、適時に見直す必要がある。

解答：P.47

第14問

（第78回）

　金融検査結果事例集における資産査定管理態勢に係る指摘事項に関する次の記述について、最も不適切な選択肢を一つ選びなさい。

（1）審査部門が、経営改善計画の妥当性の検証に当たり、債務圧縮に向けた方策の実現可能性についての検証を十分に行っていない。

（2）営業店が一過性の赤字であるか否かの検証を十分に行っておらず、資産査定管理部門及び内部監査部門においてもこれを看過していることから、翌期の黒字化が見込めないにもかかわらず、債務者区分を正常先にとどめている。

（3）審査部門が、営業店に対し、実質同一債務者として一体で信用力を判断すべき債務者の判断基準を明示していない。

（4）親会社による支援を理由として、子会社の債務者区分をランクアップしている。

（5）不動産ノンリコースローンについて、ＬＴＶ算定における不動産鑑定評価の具体的な検証手法が定められていない。

解答：P.48

金融検査結果事例集における資産査定管理態勢に係る指摘事項に関する次の記述について、最も不適切な選択肢を一つ選びなさい。

（1）営業店が、反社会的勢力先に係る自己査定について、反社会的勢力への対応の所管部署であるコンプライアンス統括部門に確認しないまま、誤った認識に基づき、グレー先を自己査定の抽出対象としていない。

（2）審査部門が、営業店において、過去の当局検査や監査法人の指摘を踏まえて改正したマニュアルに沿って、適切に一次査定を実施しているかどうかを十分に検証していない。

（3）経年、エリア、立地等の面において相対的に競争力が劣る物件や、賃料・稼働率等が下方トレンドにある物件について、一般担保として評価している。

（4）ＬＢＯファイナンス案件における自己査定について、将来キャッシュ・フロー等に基づく企業価値を評価する手法や、当該評価の妥当性を適時適切に検証する方法について、規程で具体的に定めていない。

（5）過去に設定した貸倒引当金が十分な水準であったかどうかを事後的に貸倒実績額と比較して検証するバック・テスティングを実施していない。

解答：P.48

■ 第77回関連出題 ■

金融検査結果事例集に記載された指摘事項として、最も不適切な選択肢を一つ選びなさい。

（1）市場部門が、欧州向けエクスポージャーについて、保有銘柄の格付が高位であるとの理由から、経営会議に対して、信用リスク管理規程に基づく報告を行っていない。

（2）経営会議が、審査部門に対して、突発破綻した先の破綻原因や与信審査及び期中管理上の問題点を分析させ、債務者の実態把握に活用させるな

どの指示を行っていない。

（3）融資部門が、営業店に対して、融資の実行時や実行後における事業計画の検証や進捗管理のほか、試算表や工事明細一覧などの徴求により、債務者の実態を把握するよう適切な指導を行っていない。

（4）審査部門が、大口与信先の与信限度額の設定・変更を取締役会に付議するに当たり、各債務者の与信残高や資金需要を考慮するにとどまり、各債務者の信用リスクや企業規模等を勘案していない。

（5）リスク量の詳細な月次分析結果を、リスク管理委員会に報告するのみで、取締役会に毎月報告していない。

解答：P.48

第17問 （第77回）

金融検査結果事例集に記載された指摘事項として、最も不適切な選択肢を一つ選びなさい。

（1）信用リスク管理部門が、住宅ローンの借換案件に関するリスク分析を行っておらず、また、営業統括部門も、借換案件の取扱いが増加することに伴い、同ローンの審査基準を見直す必要がないかどうかについて検討していない。

（2）業種特性に応じた与信管理方法を十分に検討していない。

（3）コベナンツ条項に抵触した与信先に対する適時の企業審査や自己査定の見直しが行われていない。

（4）非上場大会社の中に、会計監査人が設置されていない先があるにもかかわらず、当該先について、法令違反の状態にあり、決算の信頼性にも疑義が生じ得ることを踏まえて、債務者格付の見直しを行う必要がないかどうかを検討していない。

（5）資産査定管理部門が、審査部門や営業店に対して、外部格付を重視した自己査定を行うよう指導してない。

解答：P.48

　中小・地域金融機関向けの早期警戒制度に関する次の記述について、最も不適切な選択肢を一つ選びなさい。

（1）早期警戒制度の措置は、自己資本比率改善措置、「持続可能な収益性と将来にわたる健全性」改善措置、安定性改善措置、資金繰り改善措置及び信用リスク改善措置である。

（2）信用リスク改善措置とは大口与信の集中状況等を基準として、信用リスクの管理態勢について改善が必要と認められる銀行に対して、その原因及び改善策等について、深度あるヒアリングを行い、必要な場合には報告を求めることを通じて、着実な改善を促す措置である。

（3）安定性改善措置とは有価証券の価格変動等による影響を基準として、市場リスク等の管理態勢について改善が必要と認められる金融機関等に対して、その原因及び改善策等について、深度あるヒアリングを行い、必要な場合には報告を求めることを通じて、着実な改善を促す措置である。

（4）資金繰り改善措置とは預金動向や流動性準備の水準を基準として、流動性リスクの管理態勢について改善が必要と認められる金融機関に対して、預金や流動性準備の状況について、頻度の高い報告を求めるとともに、原因及び改善策等について、深度あるヒアリングを行い、必要な場合には報告を求めることを通じて、着実な改善を促す措置である。

（5）「持続可能な収益性と将来にわたる健全性」改善措置とは持続可能な収益性や将来にわたる健全性について改善が必要と認められる銀行に対して、必要に応じ、報告徴求または検査を実施し、業務運営やガバナンスの発揮状況等について深度ある検証を行い、必要な業務改善を促す措置である。

解答：P.49

　信用格付に関する次の記述について、最も適切な選択肢を一つ選びなさい。

（1）「信用格付」は一定期間のデフォルト率の算定を想定しているため、当初に決定してから一定期間は見直さないことが望ましい。

（2）内部格付制度が整備されている場合には、債務者区分よりも細分化された内部信用格付区分毎に一般貸倒引当金を算定することも可能である。

（3）信用格付は倒産確率の可能性の違いを客観的に示すものであるため、原則として財務データのみで決定する。

（4）いずれの金融機関においても、自己査定の前提となる信用格付制度を整備しなければならない。

（5）信用格付は各金融機関のポートフォリオの状況を反映したものである必要があるため外部の信用調査機関等のデータをもって補完するなどの調整は望ましくない。

解答：P.49

第20問 （第77回）

自己資本比率規制に関する次の記述について、最も適切な選択肢を一つ選びなさい。

（1）自己資本比率規制で国内基準行に求められる自己資本比率は6％以上である。

（2）コア資本に係る基礎項目の額に、普通株式又は強制転換条項付優先株式に係る株主資本の額（社外流出予定額を除く。）は含まれない。

（3）コア資本に係る基礎項目の額に、普通株式又は強制転換条項付優先株式に係る新株予約権の額は含まれない。

（4）コア資本に係る基礎項目の額に、意図的に保有している他の金融機関等の対象資本調達手段の額は含まれる。

（5）コア資本に係る基礎項目の額に、一般貸倒引当金は含まれる（ただし、上限はある。）。

解答：P.50

第21問

　管理者による信用リスク管理態勢に関する次の記述について、最も不適切な選択肢を一つ選びなさい。

（1）管理者は、信用リスクの所在、信用リスクの種類・特性及び信用リスク管理手法を十分に理解し、信用リスク管理方針に沿って、信用リスクの特定、評価及びモニタリングの方法を決定し、これに基づいた信用リスクのコントロール及び削減に関する取決めを明確に定めた信用リスク管理規程を策定する必要がある。

（2）管理者が策定する信用リスク管理規程には、信用リスク管理部門の役割・責任及び組織に関する取決めを記載する必要がある。

（3）管理者が策定する信用リスク管理規程には、信用リスク管理の管理対象とするリスクの特定に関する取決めを記載する必要がある。

（4）管理者が策定する信用リスク管理規程には、信用リスク評価方法に関する取決めを記載する必要がある。

（5）管理者が策定する信用リスク管理規程には、特定取引（トレーディング）に関する取決めを記載する必要がある。

解答：P.50

第22問

　管理者による信用リスク管理態勢に関する次の記述について、最も不適切な選択肢を一つ選びなさい。

（1）管理者は、定期的に又は必要に応じて随時、信用リスク管理態勢の実効性を検証し、必要に応じて信用リスク管理規程及び組織体制の見直しを取締役会等に対し提言しなければならない。

（2）管理者は、信用リスク管理規程に従って適切に信用リスク管理を行い、内部監査についての責任を負わなければならない。

（3）管理者は、信用リスク管理方針及び信用リスク管理規程に基づき、適切

な信用リスク管理を行うため、信用リスク管理部門の態勢を整備し、牽制機能を発揮させるための施策を実施しなければならない。

（４）管理者は、統合的リスク管理方針等に定める新規商品等に関し、統合的リスク管理部門の要請を受けた場合、事前に内在する信用リスクを特定し、統合的リスク管理部門に報告する態勢を整備しなければならない。

（５）管理者は、信用リスク管理を実効的に行う能力を向上させるための研修・教育態勢を整備し、専門性を持った人材の育成を行わなければならない。

解答：P.50

第23問　　　　　　　　　　　　　　　　　　　　　　　（第75回）

　金融検査結果事例集に記載された指摘事項として、最も不適切な選択肢を一つ選びなさい。

（１）融資部門が、大口与信先に対する取引方針及び取引方針枠の設定に当たり、現状の与信残高に当面の資金需要を見込んで設定するなど、個社の特性を十分に把握・認識した上で適切に設定することとしていない。

（２）不動産業に対する与信残高構成比率等の上限を引き上げるに当たり、同業種への与信集中が進むことにより生じるリスクを検討していない。

（３）審査部門が、デフォルト事案の原因分析を行っているものの、当該事案が発生した与信管理上の問題点に係る調査・検証を行い、類似事案発生の未然防止を図るといった対応を行うには至っていない。

（４）大口与信限度額の設定に当たり、債務者の業況に着目した審議を行うにとどまり、当金融機関の経営体力を考慮した限度額設定の検討を行っていない

（５）債務者の保有する事業用資産（本社の土地・建物）に係る評価益について、実態バランスへの反映を行っていない。

解答：P.51

第1章　解答・解説

〔第1問〕

正　解：（3）　　　　　　　　　　　　　　　正答率：28.6%

（1）（2）（4）（5）旧金融検査マニュアルの記載のとおりである。よって、
正しい。
（3）特に、長期的な信用リスクを軽視し、短期的な収益確保を優先した目標
の設定や当該目標を反映した業績評価の設定を行っていないかに留意する。
よって、誤り。

〔第2問〕

正　解：（3）　　　　　　　　　　　　　　　正答率：82.4%

（1）（2）（4）（5）旧金融検査マニュアルの記載のとおりである。よって、
正しい。
（3）必ずしも独立させる必要はなく、当該金融機関の規模・特性等に応じ、
その態勢のあり方が十分に合理的で、かつ、機能的な側面から見て部門を
設置する場合と同様の機能を備えていれば足りる。よって、不適切。

〔第3問〕

正　解：（5）　　　　　　　　　　　　　　　正答率：45.0%

（1）（2）金融検査結果事例集に記載のとおりである。よって、正しい。
（3）事例集に記載のとおりである。資金繰りや返済原資の把握は融資の基本
であり、信用リスク管理の観点からも徹底することが必要である。よって、
正しい。
（4）事例集に記載のとおりである。
（5）クレジット・リミットは必ずしもハードリミットである必要はない。よ

って、誤り。

〔第4問〕

正　解：(4)　　　　　　　　　　　　　　　　　　　　　正答率：65.5%

(1)(2)(3)(5) 金融検査結果事例集に記載のとおりである。よって、正しい。

(4) ストレス・シナリオ等を用いてリスクを統合的に評価・計測する必要があるが、リスク・カテゴリーをまたがる商品での運用が増加すること自体は指摘事項とはならない。よって、誤り。

〔第5問〕

正　解：(1)　　　　　　　　　　　　　　　　　　　　　正答率：60.5%

(1) 旧金融検査マニュアルでは要償還年数の目安は定められておらず、原則として償還年数の目安が指摘事項となることはない。よって、誤り。

(2)〜(5) 金融検査結果事例集に記載のとおりである。よって、正しい。

〔第6問〕

正　解：(3)　　　　　　　　　　　　　　　　　　　　　正答率：41.2%

(1)(2)(4)(5) 旧金融検査マニュアル記載の通りである。よって、正しい。

(3) 取締役会等は、管理者又は信用リスク管理部門を通じ、営業推進部門等において、信用リスク管理の実効性を確保する態勢を整備している必要がある。よって、誤り。

〔第7問〕

正　解：（3）　　　　　　　　　　　　　　　　　　　　正答率：47.6%

（1）（4）（5）旧金融検査マニュアルに記載されたとおりである。よって、正しい。

（2）記載の通り償却・引当基準は、関係法令、一般に公正妥当と認められる企業会計の基準に定める枠組みに沿ったものである必要がある。よって、正しい。

（3）自己査定基準及び償却・引当基準は、取締役会の承認を受けた上で、組織内に周知される必要があるとされている。よって、誤り。

〔第8問〕

正　解：（1）　　　　　　　　　　　　　　　　　　　　正答率：86.7%

（1）該当する指摘事項はない。あくまでリスク管理上の問題点を指摘することにあり、営業施策についての指摘は原則として行われない。よって、誤り。

（2）～（5）金融検査結果事例集に記載のとおりである。よって、正しい。

〔第9問〕

正　解：（4）　　　　　　　　　　　　　　　　　　　　正答率：75.1%

（1）～（3）（5）金融検査結果事例集に記載のとおりである。よって、正しい。

（4）プロパーによる融資対応が可能か十分に検討した上で融資を実行することに問題は無く、融資実行自体が指摘事項とはならない。よって、誤り。

〔第10問〕

正　解：（5）　　　　　　　　　　　　　　　　正答率：63.3%

（1）～（4）旧金融検査マニュアルに記載のとおりである。よって、正しい。

（5）国際統一基準適用金融機関にあっては信用格付を行わなければならない。
　　よって、誤り。

〔第11問〕

正　解：（5）　　　　　　　　　　　　　　　　正答率：79.6%

（1）～（4）旧金融検査マニュアルの例示のとおりであり、正しい。

（5）市場リスク管理規程の記載例である。よって、誤り。

〔第12問〕

正　解：（1）　　　　　　　　　　　　　　　　正答率：79.3%

（1）審査部門の担当取締役が営業推進部門の取締役を兼務している場合には
　　適切な審査を行うための牽制機能を確保する必要があるが、兼務が禁止さ
　　れているわけではない。よって、誤り。

（2）～（5）旧金融検査マニュアルに記載のとおりである。よって、正しい。

〔第13問〕

正　解：（3）　　　　　　　　　　　　　　　　正答率：85.8%

（1）（2）（4）（5）旧金融検査マニュアルに記載のとおりである。よって、
　　正しい。

（3）極力保守的であることは要求されておらず、将来の予想損失額等を適時
　　かつ適正に見積もり、適切な自己査定及び償却・引当を行えば足りる。よ
　　って、誤り。

〔第14問〕

正　解：（4）　　　　　　　　　　　　　　　　　　正答率：65.1%

（1）（2）（3）（5）金融検査結果事例集に記載のとおりである。よって、正しい。

（4）親会社支援を加味することはすべてのケースで問題とされるわけではない。よって、誤り。

〔第15問〕

正　解：（3）　　　　　　　　　　　　　　　　　　正答率：66.2%

（1）（2）（4）（5）金融検査結果事例集に記載のとおりである。よって、正しい。

（3）ネガティブな要素を不動産評価に反映させれば、一般担保として評価して差し支えない。よって、誤り。

〔第16問〕

正　解：（5）　　　　　　　　　　　　　　　　　　正答率：65.8%

（1）（3）（4）金融検査結果事例集に記載のとおりである。よって、正しい。

（2）金融検査結果事例集に記載のとおりである。経営陣は、信用リスクの削減のための方策を指示することが望ましい。よって、正しい。

（5）金融検査結果事例集に記載はない。必ずしも毎月詳細な分析結果を報告する必要はない。よって、誤り。

〔第17問〕

正　解：（5）　　　　　　　　　　　　　　　　　　正答率：86.4%

（1）～（4）金融検査結果事例集に記載のとおりである。よって、正しい。

（5）金融検査結果事例集に記載はない。外部格付を考慮することは必要であ

るが、重視することを求めてはいない。よって、誤り。

〔第18問〕

正　解：（1）　　　　　　　　　　　　　　　　　正答率：17.3％

（1）早期警戒制度は自己資本比率に表されない収益性や流動性等、銀行経営の劣化をモニタリングするための監督体制である。早期警戒制度の発動基準は自己資本比率ではない。よって、誤り。
（2）中小・地域金融機関向けの総合的な監督指針Ⅱ－2－4－3に記載の通りである。よって、正しい。
（3）中小・地域金融機関向けの総合的な監督指針Ⅱ－2－5－3に記載の通りである。よって、正しい。
（4）中小・地域金融機関向けの総合的な監督指針Ⅱ－2－6－3に記載の通りである。よって、正しい。
（5）中小・地域金融機関向けの総合的な監督指針Ⅱ－2－3－3に記載の通りである。よって、正しい。

〔第19問〕

正　解：（2）　　　　　　　　　　　　　　　　　正答率：73.1％

（1）「信用格付」は債務者の業況及び今後の見通し、格付機関による当該債務者の格付の見直し、市場等における当該債務者の評価に基づき、定期的かつ必要に応じて見直す必要がある。よって、誤り。
（2）金融検査マニュアルに記載のとおりである。よって、正しい。
（3）信用格付は債務者の財務内容、信用格付業者による格付、信用調査機関の情報などに基づき、債務者の信用リスクの程度に応じて決定するものである。よって、誤り。
（4）国内基準適用金融機関にあっては、信用格付を導入することが望ましいが、信用格付を行わず自己査定を行ってもよい。よって、誤り。
（5）内部のデータの信頼性及び標本数が不十分と認められる場合には、外部

の信用調査機関等のデータをもって補完するなどの調整が必要である。よって、誤り。

〔第20問〕

正　解：（5）　　　　　　　　　　　　　　　　　　　正答率：55.8%

（1）4％以上である。よって、誤り。
（2）告示に定められており、コア資本に係る基礎項目の額に含まれる。よって、誤り。
（3）告示に定められており、コア資本に係る基礎項目の額に含まれる。よって、誤り。
（4）コア資本に係る調整項目に含まれる額である。よって、誤り。
（5）告示に定められたとおりであり、含まれる。よって、正しい。

〔第21問〕

正　解：（5）　　　　　　　　　　　　　　　　　　　正答率：80.5%

（1）～（4）旧金融検査マニュアルの記載のとおりである。よって、正しい。
（5）市場リスク管理規程の記載例である。よって、誤り。

〔第22問〕

正　解：（2）　　　　　　　　　　　　　　　　　　　正答率：87.1%

（1）（3）（4）（5）旧金融検査マニュアルに記載のとおりである。よって、正しい。
（2）管理者は、リスク管理についての責任を負うが内部監査については責任を負わない。よって、誤り。

〔第23問〕

正　解：（5）　　　　　　　　　　　　　　　　　正答率：32.2%

（1）～（4）金融検査結果事例集に記載のとおりである。よって、正しい。

（5）債務者の保有する事業用資産（本社の土地・建物）に係る評価益については、実態バランスへ必ずしも反映する必要はない。よって、誤り。

管理者による自己査定資料の確認

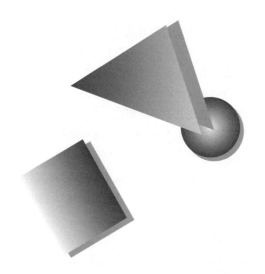

第2章

～学習の手引き（第2章）～

テーマ	80回	81回
１．管理者による自己査定資料の確認		
（１）貸出金調査表（ラインシート）の確認	○	○
（２）債務者概況表の確認		
（３）担保明細表の確認	○	○
（４）実態Ｂ／Ｓと実態Ｐ／Ｌの検証	○	○
（５）償還能力算定シートの確認	○	○
（６）その他の資料の確認	○	○
２．管理者による債務者区分判定		
（１）債務者区分判定のポイント	○	○
（２）債務者区分におけるチェックポイント	○	○

１．管理者による自己査定資料の確認

・営業店の担当者等が作成・提出した自己査定資料を管理者等が検証を行う場合を想定し、追加資料入手・作成の必要性や査定内容・結果の再検討の要否を判断する場合のチェックポイント及び注意点について、具体的に理解する。

・不動産担保の保全額などの計算問題が多く出題されている。

・Ｂ／Ｓから実態純資産を計算させる問題、代表者と一体査定する場合の実質自己資本額を計算させる問題が多く出題されている。

・償還能力算定シートの確認では、債務償還能力における「キャッシュ・フロー」の定義を問う出題や正常運転資金に関連して出題されている。

２．管理者による債務者区分判定

・自己査定における債務者の問題点およびそれに対応する債務者区分の目安について、概要を再確認しておきたい。

・赤字先等の債務者区分を問う出題が多い。

第1節
管理者による自己査定資料の確認

　自己査定資料は、自金融機関内のみならず自金融機関外に対して自己査定の結果を示すための資料であり、説明責任を果たすための媒体としての意義を有していることから、査定先の現状や判断の査定結果に至る過程、根拠等を記録した書類を完備しておくことは非常に重要である。

1. 貸出金調査表（ラインシート）の確認

　貸出金調査表は、債務者の現況や査定結果（債務者区分、資産分類額等）を取りまとめた資料であり、一連の自己査定資料の中で閲覧される頻度が最も高い。
　貸出金調査表を検証する場合の主要なポイントは、図表2-1のとおりである。

図表2-1　「貸出金調査表」のチェックポイント

項目	ポイント
1. 債務者区分 ①債務者区分の判定	●「形式基準」と「実態基準」が異なっている場合には、理由を確認 ⇒特に実態基準に基づく査定結果が形式基準のそれよりも上位である場合は、十分な根拠が明示されているか、説明資料が具備されているかを注意深く検討する。 ⇒実態による調整を加える場合の検討事項の例は以下のとおり。 ■将来の発展可能性（技術力、販売力等） ■事業環境、業種の特殊性 ■経営者の資質、後継者の有無および資質 ■代表者等の資産内容、収入状況、保証状況等 ■親会社等の支援実績、今後の支援見込み ■経営改善計画等の内容、進捗状況
2. 債務者の概要 ①創業日 ②業種	●業歴や保証人、関連貸出等の欄より、代表者は高齢か、また、後継者候補は存在するかを確認 ●（赤字を計上している場合）創業赤字かどうかを確認 ●一般的にいわれている問題業種に該当するかを確認 ●償還能力を判定する際、業種に見合った償還可能期間かを確認

項目	ポイント
③信用格付	●信用格付と債務者区分が整合的であるかを確認 ⇒旧金融検査マニュアルは、原則として信用格付に基づき債務者区分を行うことを求めていることから、整合性を確認する際、以下の点についても注意を要する。 ■財務指標による信用格付が高い債務者であっても、定性面で問題がある場合は要注意先以下となる場合もあること ■格付実施から自己査定までの債務者の状況変化を反映させるべきであること ■中小・零細企業においては、表面的に財務指標が悪くても、代表者家族の個人資産を合算した実態的な財務状況が良好であったり、その逆の場合もあるため、機械的・画一的に算出された指標を実態に近づけるような修正が必要であること
④外部格付	●外部格付があれば確認 ⇒一般的には、外部格付がB(B1)以下であれば要注意先に分類される。
⑤主力行	●メインの取引金融機関を確認 ⇒メインバンクのシェアの低下や交代等があった場合には、債務者の業況等悪化に伴うものか、資金繰りに懸念がないか等についても確認すること。
3．貸出明細 ①利率	●通常適用される金利（いわゆるガイドライン金利）と比較し、金利減免債権（貸出条件緩和事例の一つ）に該当するかを確認 ⇒ガイドライン金利を下回っている場合（信用リスク（保証状況や保全状況も考慮した信用リスク）に見合った金利が確保されていない場合）には、金利減免の可能性がある。 ⇒金利減免に該当すると判断された場合、要管理先以下に分類される。
②未収利息	●未収利息の額と元本や利率とを比較し、金利支払猶予債権（貸出条件緩和事例の一つ）に該当するかを確認 ⇒未収利息の額が不自然に大きい場合には、利払いが止まっている（猶予されている）可能性がある。 ⇒金利支払猶予に該当すると判断された場合、要管理先以下に分類される。
③資金使途、返済方法、最終回割賦金	●資金使途、返済方法、最終回割賦金等の情報から、元本返済猶予債権（貸出条件緩和事例の一つ）に該当するかを確認 ⇒元本返済猶予債権の具体例は以下のとおりである。 ■約定弁済額の減額 ■約定弁済額のしわ寄せ ■手貸（期日一括返済）から証貸（分割返済）への変更 ■短期同額継続（正常な運転資金見合いの貸出金は除く） ■既存貸出の集約により実質的に元本の返済を減額または期限を延長した場合 ⇒貸出金調査表における主な着目点は以下のとおりである。

項目	ポイント
	■最終回割賦金が毎月の割賦金と比べて異常に大きな場合には、約定しわ寄せ（いわゆるテールヘビー）の条件緩和を実施している可能性があること
	■資金使途が短期の運転資金、返済方法が一括で、当初貸出日から数年が経過している手形貸付は、短期同額継続の条件緩和（いわゆるベタ貸し）を実施している可能性があること
	■資金使途が設備資金にもかかわらず、返済条件が期限一括となっている場合には、返済期限延長の条件緩和を実施している可能性があること
	■分割弁済の返済条件の貸出金があるにもかかわらず、期別預金貸出金残高推移の貸出金の額が一定で推移している場合には、元本返済猶予（いわゆる折り返し貸出）の条件緩和を実施している可能性があること
	⇒元本返済猶予に該当すると判断された場合、要管理先以下に分類される。
	※貸出条件緩和債権に関する補足説明
	貸出条件緩和債権の定義は、「経済的困難に陥った債務者に対して、貸出条件の更改時に、再建・支援の目的で有利な取り決めを行った貸出金」である。
	貸出条件緩和債権には、前述した金利減免、金利支払猶予、元本返済猶予の他、以下のものが含まれる。
	・経営支援先（債権放棄、DES等を実施し、今後も追加支援実施の蓋然性が高い債務者）に対する債権
	・一部債権放棄を実施した債権（私的整理における関係者の合意、民事再生手続における認可決定等に伴い放棄を行った貸出金の残債）
	・代物弁済を受けた債権
	・債務者の株式を受け入れた債権
	一方、融資形態面等から、貸出条件緩和債権に該当しないと考えられるものは、以下のような場合がある。
	・正常な運転資金の範囲内で同額継続している短期運転資金貸出
	・住宅ローン等の定型商品における軽微な条件変更等、通常予定される貸出条件の範囲内での変更
	・合理的な条件のもと、当初から予定されていた条件変更
④延滞元本・延滞利息・延滞月数	●延滞は発生しているか、発生している場合は延滞期間はどれくらいかを確認
	⇒延滞期間と推定される債務者区分の関係は以下のとおりである
	■延滞期間3カ月未満：要注意先（但し、延滞理由が返済能力に起因するものではなく、事務延滞等手続の遅延に因るものであれば正常先とする場合あり）
	■延滞期間3カ月以上6カ月未満：要管理先

項目	ポイント
	■6カ月以上約定どおりの返済ができていないが、入金実績があり かつ将来の入金も見込める：破綻懸念先 ■6カ月以上入金実績がなく、かつ将来の入金も見込みがない：実 質破綻先（なお、入金実績が金利または元本の一部回収とみなせ ないような少額の場合（金利に換算して預金金利にも満たないよ うな場合）は入金実績なしとして取り扱われるべきと考えられる）
4．期別預金貸出 　金残高推移 ①預金積金	●「期別預金貸出金残高推移」の預金積金から（定期性）を除いた金額 の推移に不自然な点がないかを確認
5．債権の分類 ①分類額	●債務者区分、担保・保証による調整等を考慮し、貸出関連資産を適切 に分類しているかを確認 ⇒債務者区分と分類の対応関係をおさえておくことが肝要である（評 価額、処分可能見込額の算出方法等は、「3. 担保明細表」を参照）。 ⇒なお、分類対象外債権には、以下のものが含まれる。 ■決済確実な割引手形 ■特定の返済財源により短時日のうちに回収が確実と認められる債 権 ■正常な運転資金（分類対象外貸金としての正常運転資金であり、 金融機関ごとにシェアを乗じて算定されたもの）と認められる債 権（但し、破綻懸念先以下の債務者に対する運転資金は正常な運 転資金として認められず、また要注意先に対する運転資金であっ ても、すべての要注意先に対して認められるものではないことに 注意） ■優良保証（預金、国債等信用度の高い有価証券等）付債権 ■保険金・共済金の支払が確実と認められる保険・共済付債権 ■政府出資法人に対する債権 ■協同組織金融機関で、出資者の脱退または除名により、出資金の 返戻額により債権の回収を予定している場合はその出資金相当額 に見合う債権
6．関連貸出 ①査定対象先	●関連先は一体査定されているか、また一体査定の範囲は妥当かを確認
7．資産・負債調 ①赤字・繰損	●「営業利益」、「経常利益」、「当期利益」のいずれかについて、過去3 期間赤字が発生していないかを確認 ⇒赤字が発生している場合、推定される債務者区分は要注意先となる。 ⇒但し、以下の場合は正常先とすることができる。 ■創業赤字（事業計画が合理的なものであり、5年以内の黒字化予 定、売上高および当期利益が事業計画比概ね7割以上確保）

項目	ポイント
②債務超過	■一過性の赤字 ■中小・零細企業で代表者等と一体査定すると赤字解消（代表者等への家賃・報酬の削減可能、代表者等の他の収入で法人返済原資にできることが可能） ■自己資本が十分に厚い等、明らかに償還能力に問題がない ●繰越損失が発生していないかを確認 ⇒繰越損失がある場合、推定される債務者区分は要注意先となる。 ●債務超過の有無を、原則として実態ベースで確認 ⇒実質債務超過に陥っている場合、債務超過解消見込期間（経常的な利益（通常は経常利益）をベースに判断）と推定される債務者区分の関係は以下のとおりである。 ■解消見込期間5年超：破綻懸念先 ■解消見込期間2～5年：要注意先 ■解消見込期間1年：要注意先または正常先（正常先に該当するケースは、著しい業況の回復により1年で解消しその後も債務超過に陥る懸念がない場合、優良な親会社による増資引受等により実質債務超過が解消することが確実でその後も実質債務超過に陥る可能性がない場合等） ●要償還債務と営業キャッシュ・フローから、償還可能年数を算定し、業種に見合った償還可能期間であるかを確認（算出方法等詳細は「5. 償還能力算定シート」を参照）

2. 債務者概況表の確認

　債務者概況表は、貸出金調査表の補助資料として位置づけられるもので、主に債務者の定性的な情報が取りまとめられており、債務者区分の判定に不可欠な情報を提示する資料であるといえる。

　債務者概況表を検証する場合の主要なポイントは図表2－2のとおりである。

図表2－2　「債務者概況表」のチェックポイント

項目	ポイント
1. 取引の経緯等	●取引経緯、取引状況 問題債権や延滞の有無を確認し、該当する場合はさらにその原因や内容、対応策および保全状況を確認する

項目	ポイント
2．債務者の現況	●債務者の現況と問題点 ⇒業界の動向、特に地域における特異性、地域産業の動向等を確認する。 ⇒債務者の問題点・課題（経営陣、製造、製品、販売）を確認する。 ●赤字、債務超過、延滞等の特定事実の発生 ⇒赤字、債務超過、延滞等の特定事実が発生している場合、直近期の決算書に基づく経営成績および財政状況（場合によっては直近6カ月間から12カ月間の試算表）を分析してその原因を確認する。 ⇒対応策や保全について、これまで講じたアクション、今後とる予定のアクションを確認する。 ⇒親会社等から支援を受けている場合はこれまでの支援実績を確認する。
3．今後の業況等の見通し	●業績等の見込み ⇒業界の見通し、将来損益やキャッシュ・フローの見込み、将来の償還能力とこれらの判断根拠を確認する。 ⇒中長期経営計画や再建計画等を入手している場合は、これらに基づく予測と数字の根拠・前提条件を確認する。 ⇒親会社等から支援を受けている場合は今後の支援の見通しを確認する。
4．その他	●事業環境 ⇒業績低迷先については、以下の事項についても確認する。 　■産業の成長性 　■業界の景気動向 　■国際化への対応 　■産業政策、諸規制による影響 ⇒新規事業不透明先については、以下の事項についても確認する。 　■本業の将来性 　■中長期経営計画による見通し ●経営者の資質 ⇒経営者に以下の項目のような注意すべき点があるかを確認する。 　■現状の成功に甘んじ外見ばかりを取り繕う傾向がある 　■社長の年俸が非常識な金額である 　■公私混同がはなはだしい 　■義理・人情がらみの取引が多い ●後継者の有無、資質 ⇒経営者が高齢であったり、病弱な状況にある場合には、以下の事項についても確認する。 　■後継者の存在 　■経営者の構成、株主構成 　■真の経営実権者 　■各役員の経歴

項目	ポイント
	■役員の調和、団結

●従業員や労働組合との関係
⇒重要人物が突然交代したような先については、以下の事項についても確認する。
■交代の際の事前説明の有無
■交代人物の役職等
■交代の事情、原因
■交代時の資金繰りや業況について特筆すべき事項
⇒従業員の定着率が悪い先については、以下の事項についても確認する。
■従業員数と従業員構成
■賃金水準について特筆すべき事項
■人事管理について特筆すべき事項
■労使関係について特筆すべき事項
●取引先との関係
⇒仕入・販売先の変動が激しい先については、以下の事項についても確認する。
■仕入・販売先変更の事情とその妥当性
■業績低迷や他の悪い兆候との関連
●金融機関との取引状況
⇒主力金融機関が交代した先については、以下の事項についても確認する。
■主力金融機関交代の事情とその妥当性
■交代前後の大規模資金調達の有無
⇒主力・準主力金融機関のシェアが低下傾向にある先については、以下の事項についても確認する。
■主力金融機関の有無
■金融機関取引順位の変更の有無
■遠隔地金融機関からの資金調達の有無
⇒ノンバンク、市中金融等から借入や噂がある先に項目ついては、利用状況等についても確認する。
●資金繰りに関する情報
⇒仕入先の受取手形、割引手形、譲渡手形がある先については、手形成因の実態等についても確認する。
⇒当座の動きに不自然な面がある先については、以下の兆候の有無およびその背景等についても確認する。
■流動性預金平残の減少
■手形支払サイトの延長
■支払手形決済日のバラツキ
■手形割引の多発化・少額化

項目	ポイント
	■割引銘柄の悪化、従来主要銘柄の減少、銘柄の集中、新規銘柄の増加等
	■直前に発行された手形の割引で、支払手形等を決済
	■余裕のない現金入金・振込で支払手形決済
	■内容不明の大口入金
	■過振発生
	■当日入金で決済・入金待ち
	■依頼返却
	■税金滞納
	■家族等関連預金が払い出され、当座引き落としに充当
	●その他
	⇒信用照会が増加している先については、以下の事項についても確認する。
	■融通手形や市中金融の利用の有無
	■当座勘定の不自然な動きや業界内の悪い噂等の有無
	■資金繰りの状況
	⇒貸出の目的となっているプロジェクト等の進捗状況が計画より遅れている先については、以下の事項についても確認する。
	■当初計画と現状との乖離状況
	■資金流出や大幅な計画変更の有無
	■保全の十分性
	■プロジェクト関係企業の支援状況
	⇒リーガルリスク等がある先については、以下の事項についても確認する。
	■債務否認や金融機関に対する信義上の疑義を示す姿勢の有無
	■訴訟案件、あるいは訴訟に至る可能性を有する案件の有無
	⇒取引先の実態に問題のある先については、以下の事項についても確認する。
	■反社会的勢力との取引等の有無
	■審査管理上特に問題があると認められるもの、法令・通達等に抵触するもの、内部規定に違反するもの、および不祥事に関係するもの等については、その概要

▎3. 担保明細表の確認

　担保明細表は、債務者に対する担保等の保全状況を一覧化したものである。特に、破綻懸念先以下に対する債権の分類額は、担保による保全額に基づいて算定されることから、引当・償却額を計算する上で非常に重要な根拠情報を記載している資料であるといえる。

　担保明細表を検証する場合の主要なポイントは、図2−3のとおりである。

図表2−3　「担保明細票」のチェックポイント

項目	ポイント
1．預金積金	●満期返戻金のある保険・共済 ⇒自己査定基準日時点での解約受取金額が処分可能見込額となる
2．有価証券、ゴルフ会員権	●銘柄は流動性のあるものか、流動性のない株式の場合は譲渡制限が付されているかを確認 ⇒流動性が制限され、処分が困難なものは担保としての価値が認められない可能性がある。 ●債務者自身や関係会社等の株式でないかを確認 ⇒債務者や関係会社等の状況次第では担保としての価値が認められない可能性がある。 ●評価額の算定に用いる単価は直近の時価等を反映しているかを確認 ●掛け目は適切なものが使用されているかを確認 ⇒旧金融検査マニュアルにおける掛け目（処分可能見込額の算定に用いる掛け目）は以下のとおりである。 ■国債：評価額の95% ■政府保証債：評価額の90% ■上場株式：評価額の70% ■その他の債券：評価額の85%
3．動産・不動産	●評価額の算定に用いる単価には、動産・不動産の種類に応じた直近の適切なものを使用しているかを確認 ⇒旧金融検査マニュアルで挙げられている評価方法は以下のとおりである。 ■公的価格（公示地価、路線価等） ■売買事例価格 ■鑑定評価額（一定金額以上のものは鑑定評価により評価することが望ましい）等 ⇒債務者区分が破綻懸念先、実質破綻先および破綻先である債務者の担保不動産の評価額見直しは、個別引当金の算定を要することから、少なくとも年1回は行わなければならない（要注意先の債務者についても、年1回見直しを行うことが望ましい）。 ⇒抵当権設定登記を留保しているものは、原則として一般担保として取り扱わない。 ●掛け目は適切なものが使用されているかを確認 ⇒旧金融検査マニュアルにおける掛け目の例（処分可能見込額の算定に用いる掛け目）は以下のとおりである。 ■土地：評価額の70% ■建物：評価額の70% ■在庫品：評価額の70% ■機械設備：評価額の70%

第2章

項目	ポイント
	■売掛金：評価額の80%
	⇒但し、以下の場合は担保評価額を処分見込額とすることができる。
	■鑑定価格および競売における買受可能価額がある場合
	■鑑定価格および買受可能価額以外の価格で、担保評価額の精度が高いことについて合理的な根拠がある場合
	●火災保険のないものが不当に高く評価されていないかを確認
	●対象物件に訴訟案件がないかを確認
	⇒訴訟案件がある場合、通常当該物件の処分が困難となる。

4. 実態Ｂ／Ｓと実態Ｐ／Ｌの検証

　貸出金調査表において示されている債務者の要約財務諸表は、一般的に債務者から徴求した財務諸表数値がそのまま入力されているため、特に中小企業の債務者については、実態の財政状況および経営成績を表していないケースが多々ある。このような貸出金調査表の限界を補完する資料として、実態貸借対照表と実態損益計算書は、各科目の明細を詳細に検討した上で作成される。

　実態貸借対照表は、資産・負債を時価評価（一時点での返済可能性を判断することが目的のため、主に資産を時価評価）して作成し、実態損益計算書は実質的な利益を算定する。

　主要な科目の修正を検証する場合のポイントは、図表２－４のとおりである（ここでいう「時価」は返済能力をみるためのものであるため、現金に換えたらいくらの価値があるかという意味の価格であり、一般的に会計上使用されている時価のように厳密に使用しているわけではない）。

図表２－４　主要な科目の修正を検証する場合のチェックポイント

項目	ポイント
1．貸借対照表	
①営業債権	●回収不能見込額を減算しているかを確認（但し、貸倒引当金が適切に計上されていれば問題はない）
	⇒特に、回収に懸念のある固定化営業債権は、相応の評価減を行う。
②棚卸資産	●滞留在庫、売却可能性のない在庫を減価しているかを確認
③有価証券	●時価のある有価証券は、決算期末の時価をもって評価しているかを確認

項目	ポイント
④その他流動資産	●時価のない有価証券については、自金融機関融資先は査定結果を利用して評価し、融資のない先はヒアリング等により減損が明らかであれば必要な評価減を行っているかを確認 ●費用性の仮払金はゼロ評価しているか、また回収可能性のない未収金や貸付金は、回収可能な価格まで減価しているかを確認
⑤固定資産－土地	●鑑定評価書が入手できる場合は鑑定評価額、それ以外の場合は路線価等公的価格から算出しているかを確認
⑥固定資産－建物	●鑑定評価書が入手できる場合は鑑定評価額、それ以外は適正な減価償却を実施した簿価としているかを確認
⑦投資 －保証金・敷金	●回収可能な価格まで減価しているかを確認
⑧投資 －ゴルフ会員権	●市場価格があるものは市場価格で評価しているかを確認 ●市場価格がないものは簿価で評価するが、経営状況の悪いゴルフ場は相応の評価減を行っているかを確認
⑨繰延税金資産	●業況が悪い等懸念がある場合は、相応の評価減を行っているかを確認
⑩繰延資産	●ゼロ評価としているかを確認（原則）
２．損益計算書 ①売上高	●売上の繰り上げ計上、架空計上がないかを確認
②減価償却費	●減価償却費の計上不足がないかを確認
③経常収益・費用	●一過性の収益が含まれていないかを確認 ●利息の計上漏れがないかを確認
④特別損益	●経常的でない損益項目が特別損益に計上されているかを確認

　次に、実態貸借対照表と実態損益計算書を検証する場合のポイントは、図表2－5、2－6のとおりである。

図表2－5　「実態貸借対照表」のチェックポイント

項目	ポイント
１．法人の修正貸借対照表 ①流動資産の調整	●不良営業債権、不良在庫、有価証券の含み損、費用性仮払金・回収可能性のない役員等への貸出金等が漏れなく記載されているかを確認
②固定資産、投資の調整	●土地の含み損、建物等の償却不足額、および保証金・敷金の回収不能額、投資有価証券の含み損、繰延税金資産の回収不能額等が漏れなく記載されているかを確認
２．個人資産負債調	●中小・零細企業で代表者等と一体のものとして査定する場合には、個人財産の状況を反映させているかを確認

図表2－6　「実態損益計算書」のチェックポイント

項目	ポイント
1．法人の修正損益計算書	●減価償却の不足額や不適切な経理処理による利益操作額のうち、当期および前期の利益に影響を与える金額が漏れなく記載されているかを確認

■ 5.　償還能力算定シートの確認

　償還可能年数を算定（＝要償還債務÷将来キャッシュ・フロー）し、償還能力を判定するための資料である。償還能力算定シートを検証する際の着目点は、償還原資であるキャッシュ・フローの見積もり、要償還債務の計算、および償還能力の判断基準の3点に集約される。具体的な検証ポイントは、図表2－7のとおりである。

図表2－7　「償還能力算定シート」のチェックポイント

項目	ポイント
1．営業キャッシュ・フローの算定	●簡便法もしくはキャッシュ・フロー計算書を用いて算定 ⇒簡便法：「当期損益（経常的な損益）に減価償却費等非資金項目を調整した金額」（旧金融検査マニュアル） ⇒キャッシュ・フロー計算書：営業活動によるキャッシュ・フロー ●将来キャッシュ・フローの推定の留意点 ⇒3期程度の推移から将来キャッシュ・フローを推定する。 ⇒簡便法とキャッシュ・フロー計算書に乖離がある場合はその理由を分析し、償還財源として妥当な金額を算定する。 ⇒売掛金や棚卸資産が著しく増減している場合は、その理由を把握し、簡便法の場合においてもキャッシュ・フローの調整計算に織り込む。 ⇒情報収集が十分にできず不明要素が多い場合には、不明要素の程度に応じて見込キャッシュ・フローに一定のディスカウントを検討する。 ⇒パチンコ業・運輸業のように減価償却費が買換資産の購入資金の原資となっているような業種では、減価償却費の加算額はその必要額を除いた額とする。 ⇒代表者等と一体査定する場合は、代表者等が法人とは別に営む事業からのキャッシュ・フロー等も加減算する。

項目	ポイント
２．要償還債務の算定	●要償還債務＝借入金・社債等（有利子負債）−正常運転資金見合いの借入−現預金（余剰資金）−売却可能資産の処分可能見込額見合いの金額 ●借入金・社債の範囲 ⇒業種によっては返済義務のある負債を加算（例：不動産賃貸業の敷金や保証金、設備手形）する。 ⇒代表者等と一体査定する場合は代表者等の負債も加算する。 ●正常運転資金＝売上債権（売掛金および受取手形であり、割引手形や前受金は除く）＋棚卸資産−仕入債務（買掛金および支払手形であり、設備手形は除く） ⇒売掛金または受取手形の中の回収不能額、棚卸資産の中の不良在庫に相当する額は控除する。 ●要償還債務の計算における営業用資産の取扱い。 ⇒明確な売却計画がある場合のみ考慮する。 ⇒営業用資産の処分可能見込額見合いの金額を要償還債務から控除する場合は、当該資産が生み出しているキャッシュ・フローは売却後発生しなくなるため、上記１．の営業キャッシュ・フローから控除することに留意する。
３．償還能力の判定	●償還年数の算定 ⇒事業実態にあわせ、例えば、下記の目安を使用する。

	問題なし（正常先）	劣る（要注意先）	極めて劣る（破綻懸念先）
一般事業会社	〜10年	10〜20年	20年〜
不動産貸付業、倉庫業、ホテル業	〜25年	25〜35年	35年〜
ノンバンク	〜3年	3〜10年	10年〜

（補足）金融機関によって目安年数にはばらつきがある。

6. その他の資料の検証

（1）再建計画書

　再建計画書は、債務者区分を決定する判断材料として、重要な役割を持つ自己査定資料である。再建計画書を検証する際の最大のポイントは、その合理性を検証することであるが、そのためには、これまでに説明してきた自己査定資料から得られる情報の分析結果を総合的に勘案し、計画の実現可能性、収益からのキャッシュ・フローによる弁済の可能性、その金額、確度等を検討するこ

とが必要となる。

　再建計画書を検討する場合の具体的なポイントは、図表2-8のとおりである。

　なお、中小・零細企業の債権者については、債務者の代わりに金融機関が実態に即して作成した資料も再建計画書として取り扱われる。

図表2-8　「再建計画書」のチェックポイント

項目	ポイント
1．再建計画の計画期間	●計画期間は概ね5年以内となっているかを確認 　（補足）中小・零細企業の場合には、当面、明らかに達成困難でなければ10年以内でよい。 ●計画期間が5年を超え、概ね10年以内となっている場合 　⇒進捗状況が順調（売上高および当期利益が計画比で概ね8割以上確保でき、今後も概ね計画どおりに推移すると認められるか）であるかを確認する。 　⇒なお、進捗状況をもって機械的・画一的に判断するのではなく、計画を下回った要因について分析するとともに、今後の経営改善の見通し等を検討する必要がある。
2．再建計画の内容	
①販売計画	●販売計画が業界動向、過年度および過去の計画の達成状況等と比較して合理的なものであるかを確認
②費用計画（リストラ計画を含む）	●費用計画が過年度と比較して合理的なものであるかを確認 ●リストラ等の費用削減計画は、達成可能なものであるか（労働組合の合意等）、また、リストラに付随する費用（退職金、撤退費用等）は適切に計上されているかを確認 ●費用計画と販売計画は適切にリンクしているかを確認
③設備計画	●設備投資計画が過年度および販売計画等と比較して合理的なものであるかを確認（基本的に多額の新規設備投資はないものと考えられるが、事業遂行上不可欠な更新投資および修繕等の有無には留意）
④資金調達計画	●運転資金の調達等が確保されているかを確認
⑤債務弁済計画	●収益からの弁済は、運転資金・設備投資等についても考慮された上で算出されているかを確認 ●B／SとP／Lの整合性、資金調達計画との整合性が図られているかを確認 ●資産処分による返済等について、資産はどのような位置づけかを確認（売却可能か、担保提供の有無等）
⑥租税計画	●税金（法人税等）は適切に計上されているかを確認 ●繰越欠損金の有無を確認（債務免除等を考慮する場合は、債務免除益課税について留意）

項目	ポイント
3．再建計画終了時の債務者区分	●再建計画終了時の債務者区分が正常先まで遷移できない場合でも、金融機関の再建支援を要せず、自助努力により事業の継続性を確保することが可能な要注意先となっているかを損益、償還能力、実態バランスの状況等から確認 ●実現可能性の高い抜本的な再建計画により、貸出条件緩和債権の卒業基準を満たしていることを疎明する場合には、概ね3年後に正常先となることを、損益、償還能力、債務超過の状況等から確認 （補足）中小・零細企業の場合には5年（当面、明らかに達成困難でなければ10年以内）でよい。
4．支援内容の適切性（債務者区分を要注意先とする場合）	●支援の内容が、金利減免、融資残高維持等にとどまり、債権放棄、現金贈与等の債務者に対する資金提供を伴うものではないことを確認 ●再建計画開始後、既に債権放棄、現金贈与等の債務者に対する資金提供を行っている場合は、今後同様の資金提供が行われないことを確認 ●再建計画に基づき、今後も計画的に債権放棄、現金贈与等の債務者に対する資金提供を行うこととなっている場合は、既に損失発生見込額を引当金として計上済みであり、追加的に損失発生が見込まれていないことを確認

　また、再建計画書を主たる根拠に据え、債務者区分の上位遷移を疎明する場合の検証ポイントについては、図表2－9のとおりである。

図表2－9　債務者区分の上位遷移を疎明する場合の検証ポイント

項目	ポイント
1．経営再建計画の評価による判断 ①破綻懸念先⇒要管理先	●以下の要件をすべて満たす場合 ⇒開始後1年未満等で実績がない段階 　■支援を実施する債権者全員の合意が得られていることを、何らかの文書等の方法により確認できること 　■再建計画期間が概ね5年以内であり、かつ、計画の実現可能性が高いこと 　■計画終了後、当該債務者の債務者区分が原則として正常先となる計画であること、または金融機関等の再建支援を要せず、自助努力により事業の継続性を確保することが可能な要注意先となる計画であること

項目	ポイント
	■債権放棄、現金贈与を求める計画内容ではないこと（今後はこれを行わないことが見込まれる場合、およびすでに支援による損失見込額を全額引当金として計上済で、今後は損失の発生が見込まれない場合を含む）

⇒計画が実行段階に入り、実績を確認できる場合
■経営改善計画等の進捗状況が概ね計画どおり（売上高等および当期利益が事業計画に比して概ね8割以上確保されていること）であり、今後も概ね計画どおりに推移すると認められること
■もともと計画期間が10年以内で、かつ、計画終了後、当該債務者の債務者区分が原則として正常先となる計画、または要注意先にとどまるレベルであっても金融機関等の再建支援が不要となり、自助努力により事業の継続性を確保することが可能な状態となる計画であること
■債権放棄、現金贈与を求める計画である場合、全額実施済で今後発生しないこと

※なお、中小・零細企業については、以下のような例外規定がある。

①経営改善計画等の策定

　中小・零細企業等の場合、企業の規模、人員等を勘案すると、大企業の場合と同様な大部で精緻な経営改善計画等を策定できない場合がある。

　検査に当たっては、債務者が経営改善計画等を策定していない場合であっても、例えば、今後の資産売却予定、役員報酬や諸経費の削減予定、新商品等の開発計画や収支改善計画等のほか、債務者の実態に即して金融機関が作成・分析した資料を踏まえて債務者区分の判断を行うことが必要である。

　他方、金融機関側より現在支援中である、あるいは、支援の意思があるという説明があった場合にあっても、それらのみにとらわれることなく、上記のような何らかの具体的な方策について確認することが必要である。

②経営改善計画等の進捗状況

　中小・零細企業等の場合、必ずしも精緻な経営改善計画等を作成できないことから、景気動向等により、経営改善計画等の進捗状況が計画を下回る（売上高等及び当期利益が事業計画に比して概ね8割に満たない）場合がある。

　その際における債務者区分の検証においては、経営改善計画等の進捗状況のみをもって機械的・画一的に判断するのではなく、計画を下回った要因について分析するとともに、今後の経営改善の見通し等を検討することが必要である。

　なお、経営改善計画等の進捗状況や今後の見通しを検討する際には、バランスシート面についての検討も重要であるが、キャッシュ・フローの見通しをより重視することが適当である。

項目	ポイント
②破綻懸念先・要管理先 ⇒要注意先	●実現可能性の高い抜本的な経営再建計画の要件に沿った金融機関の実施により経営再建が開始されている場合 　⇒（イ）「実現可能性の高い」とは以下の要件をすべて満たすこと 　　■計画の実現に必要な関係者との同意が得られていること 　　■計画における債権放棄などの支援の額が確定しており、当該計画を超える追加的支援が必要と見込まれる状況でないこと 　　■計画における売上高、費用および利益の予測等の想定が十分に厳しいものとなっていること 　⇒（ロ）「抜本的」とは以下の要件を満たすこと 　　■概ね3年（債務者企業の規模及び事業の特性を考慮した合理的な期間の延長を排除しない）後の当該債務者の債務者区分が正常先となること 　⇒中小企業再生支援協議会もしくは産業復興相談センターが策定支援した再生計画、事業再生ADR手続に従って決議された事業再生計画及び株式会社地域経済活性化支援機構が買収決定等した事業再生計画については、上記イ・ロの要件を満たす場合に限り、「実現可能性の高い抜本的な経営再建計画」であると判断して差し支えないとされている。 （補足）中小・零細企業の場合には合実計画でよい。また、再建計画の年数も、当面、明らかに達成困難でなければ10年以内でよい。 ●既存の計画に基づく経営再建が上記要件（（イ）および（ロ））をすべて満たすこととなった場合
2．法的破綻先の更生計画等による判断 ①破綻先 　⇒破綻懸念先 ②破綻先 　⇒要管理先 ③破綻先 　⇒（破綻懸念先） 　⇒要管理先	 ●会社更生法、民事再生法等の規定による更生計画等の認可決定が行われた場合 ●更生計画等の認可決定後、債務者区分が原則として概ね5年以内に正常先となる計画である場合、または金融機関等の再建支援を要せず、自助努力により事業の継続性を確保することが可能な要注意先となる計画である場合 ●計画の認可決定時には一旦破綻懸念先とした債務者で、以下の要件をすべて満たす場合 　■計画認可時から5年を超え、概ね10年以内に正常先になる計画である、または要注意先にとどまるレベルであっても金融機関等の再建支援が不要となり、自助努力により事業の継続性を確保することが可能な状態となる計画である場合 　■認可後一定期間が経過し、更生計画等の進捗状況が概ね計画どおりであり、今後も概ね計画どおりに推移すると認められる場合

項目	ポイント
	※要管理先へのランクアップに関する補足説明 　通常は、金融庁・主要行監督指針Ⅲ－3－2－4－3、もしくは、中小・地域金融機関向け監督指針Ⅲ－4－9－4－3「リスク管理債権額の開示（2）開示区分③貸出条件緩和債権」に定められている（一部債権放棄を実施した債権：私的整理における関係者の合意や会社更生、民事再生手続における認可決定等に伴い、元本の一部又は利息債権の放棄を行った貸出金の残債）に該当する債権が存在するため、一旦は要管理先になると考えられる。 　ただし、計画が実現可能性の高い抜本的な計画の要件を満たす場合を除く。

(2) 支援に関する資料の検証

　業況の芳しくない子会社で、単独では破綻懸念先に相当する場合であっても、親会社が当該子会社に対して毎期相当の支援を行っていること等から要注意先に区分する場合がある。

　この場合の確認ポイントは、図表2－10のとおりである（支援を実施している者が親会社以外の場合にも基本的には同様の確認が必要である）。なお、金融検査マニュアルでは、親会社の財務内容が良好ということだけで、子会社の債務者区分を安易に判断してはならないとしている。

図表2－10　親会社が支援を行っていることから要注意先に区分する場合のポイント

項目	ポイント
親会社の支援	●親会社に支援の余力が十分備わっているか ●親会社の支援態度はどの程度明確であるか ●親会社の支援方法は実行可能であるか

第2節
管理者による債務者区分判定

1. 債務者区分判定のポイント

　債務者区分を判定するポイントには図表2-11に示す①～⑪のようなポイントがあり、それぞれの項目を総合的に評価して、最終的な債務者区分を決定することになる。図表2-11は、それぞれのチェックポイントの結果を整理するためのツールである。

　例えば、キャッシュ・フローは乏しく償還能力が劣り、多額の実質債務超過があるが、それが5年程度の再建計画によって解消することが見込まれるような場合には、③償還能力と⑦債務超過の評価では破綻懸念先が示唆されるが、⑧再建計画の評価において計画にその合理性および実現可能性があると判断されているため、最終的な債務者区分は要注意先となっている。

図表2-11　債務者区分マトリクスの例（要注意先）

	①営業の状況	②赤字	③償還能力	④延滞	⑤貸出条件の緩和	⑥貸出条件の問題	⑦債務超過	⑧再建計画	⑨支援	⑩外部格付	⑪その他
問題なし	N			N		N			N	N	
要注意先		○						○			○
要管理先					○						
破綻懸念先			○				○				
実質破綻先											
破綻先											

＊「N」＝問題なし

査定においては、債務者に債権回収上のどのような問題があるのか、その問題を解消するための方策はなにか、その実現可能性はあるのか、という観点から明確な判断をすることが望まれる。例えば、上記の例では、③償還能力が極めて劣り、⑦債務超過であるという問題点がある。その問題点が再建計画の遂行によって、どのくらいの期間で解消されるのか、その可能性はどうかということが検討され、資料として残されていなければならない。

2. 債務者区分におけるチェックポイント

チェックポイントごとの判断基準は、以下のとおりである。

(1) 営業の状況（破綻先または実質破綻先になる）

状況	債務者区分
法的破綻	破綻先
営業の実質的な停止	実質破綻先

(2) 赤字（あるいは、マイナス キャッシュ・フロー）

債務者の状況	推定される債務者区分
赤字	要注意先
以下の場合は正常先にできる イ．創業赤字 　●当初計画と大幅な乖離がない 　●５年以内の黒字化 　●売上高および当期利益が事業計画日で概ね７割以上確保 ロ．一過性の赤字 ハ．中小企業で代表者等と一体査定すると赤字解消 ニ．自己資本が十分に厚いなど、明らかに償還能力に問題ない	正常先（問題なし）

(3) 償還能力（過剰債務）

償還可能年数＝要償還債務／営業キャッシュ・フロー			
	問題なし （正常先）	劣る （要注意先）	極めて劣る （破綻懸念先）
一般事業会社	～10年	10～20年	20年～
不動産賃貸業、 倉庫業、ホテル業	～25年	25～35年	35年～
ノンバンク	～3年	3～10年	10年～

（補足）上記年数は目安であり、金融機関によってばらつきがある。

(4) 延滞

延滞債権	推定される債務者区分
3カ月未満	要注意先
3～6カ月	要管理先（または、破綻懸念先）
6カ月以上かつ入金実績または入金能力有	破綻懸念先
6カ月以上かつ入金実績なし、かつ入金能力無	実質破綻先

(5) 貸出条件緩和

条件緩和あり⇒要管理先以下

(6) 貸出条件の問題

貸出条件に問題あり⇒要注意先以下

(7) 債務超過

実質債務超過の解消見込期間	推定される債務者区分
5年超	破綻懸念先
2～5年	要注意先
1年	要注意先（または、正常先）

(8) 再建計画

経営再建計画が策定されている債務者については、債務者区分が要注意先以下と推定されるが、再建計画の内容や進捗状況により、破綻懸念先から（その他）要注意先に区分される。再建計画書による債務者区分の判定については、本章第1節6．（1）にて詳しく解説しているので参照されたい。

75

(9) 支援

金融機関や親会社の支援を受けている場合は要注意先以下と推定される。

ただし、単独では破綻懸念先となる債務者に対する支援を評価して要注意先に留めるには、支援内容が具体的に示され、それが償還能力の点から評価でき、かつ実現可能性が高いことが必要である。

(10) 外部格付

目安として外部格付がB（B1）以下であれば要注意先以下と推定する。ただし、外部格付はむしろ、外部格付が急変した場合に、自己査定作業をより慎重に行うこととするように、参考情報として使用される場合が多い。

(11) その他

以下の場合には要注意先以下と推定する。

① 資本の欠損がある場合

② 債務者が反社会的勢力である場合

なお、これらは金融当局の検査において伝統的にチェックされる項目である。ただし、①について資本の欠損ではなく、税務上の繰越欠損金や未処理損失を基準にする実務もあるが、未処理損失は任意積立金等の取崩等で容易に消せる場合もあり、実態としての財務状況を示していない場合もあるため注意が必要である。そこで、資本の欠損、すなわち、剰余金がマイナスとなっている状態を要注意先とするポイントとしている。

また、この他に定性的な項目を加味する必要があるが、特に中小・零細企業の査定においては重要である。主なものは以下のとおりである。

・事業環境

・経営者の資質

・後継者の有無・資質

・従業員や労働組合との関係

・取引先との関係

・金融機関との取引状況

・資金繰りに関する情報

・その他情報不足

━━━━━━━━━━ 第2章　出題 ━━━━━━━━━━

　解答にあたり、分類額の算定については旧金融検査マニュアルに従うものとする。

■ 第81回関連出題 ■

第1問　　　　　　　　　　　　　　　　　　　　　　　　　　（第81回）

　債務者区分の判定における貸出条件緩和債権に関する次の記述について、最も不適切な選択肢を一つ選びなさい。

（1）ある債務者に対して複数の貸出金を有する場合で、債務者に対する取引の総合的な採算が基準金利を下回っている場合に開示対象となるのは、基準金利が適用される場合と実質的に同等の利回りが確保されていないと認められる個々の貸出金であり、貸出金にかかる総合的な採算が基準金利を上回っている債権までもが開示対象となるわけではない。

（2）他の金融機関との競争上の観点から現状の金利を適用することが取引継続のために必要とされるような場合には、「債務者の経営再建又は支援を図ることを目的として」いないと認められる。ただし、その場合においても、中長期的には総合採算においてリスクに見合ったリターン（利回り）が確保される展望が必要である。

（3）「担保・保証等による信用リスク等の増減、競争上の観点等の当該債務者に対する取引の総合的な採算を勘案して、当該貸出金に対して、基準金利が適用される場合と実質的に同等の利回りが確保」されている場合とは、担保物件の価値や保証者の信用力等によって当該貸出金の信用リスク等が減少し、減少後の信用リスク等に見合ったリターンが確保されている場合をいう。

（4）当該債務者に対する取引の総合的な採算に勘案すべき要素としては、当該債務者から貸出期間にわたって継続的に見込める収益、あるいは一時的であっても合理的な計算に基づき貸出期間全体にわたって配分可能である収益であり、間接費用を含む費用を控除した後の利益で勘案するも

のであるが、将来の収益については勘案することはできない。

（5）担保（優良担保、一般担保を問わない）や信用保証協会保証などの保証
（優良保証、一般保証を問わない）等により100％保全されている貸出金
は信用リスク等が極めて低いと考えられ、当該貸出金に係る調達コスト
（資金調達コスト＋経費コスト）を確保していれば、当該貸出金に対して
基準金利が適用される場合と実質的に同等の利回りが確保されていると
判断して差し支えないものと考えられる。

解答：P.106

第2問 （第81回）

　貸出条件緩和債権の判定に使用する基準金利（新規貸出約定平均金利）に関
する次の記述について、最も不適切な選択肢を一つ選びなさい。

（1）基準金利として理論値を使用するのは、それが新規貸出約定平均金利と
比較して著しく高い場合である。

（2）信用リスクコストの決定における倒産確率や倒産時損失率は貸倒引当金
の算出等に当たって合理的な倒産確率および倒産時損失率を用いている
のであれば、その算出に当たっての考え方と整合的であることが望まし
い。

（3）信用リスクに基づく、ある区分における新規貸出が少ない等により適切
な平均金利の算出が困難な場合には、当該区分についてのみ平均金利の
算出において「新規貸出」と認める期間を過去2年間以上に延長するこ
とできる。

（4）基準金利の算定において、債務者の信用リスクに関連しない金利で実行
される貸出金については勘案しないことができる。

（5）基準金利の設定に際しては、信用リスクに基づく区分ごとに基準金利を
算出する必要があるが、その場合、原則として同一の算出方法によるこ
ととする。したがって、基本的には、すべての区分において新規貸出約
定平均金利を基準金利とするという、一貫した取扱いを行う必要がある。

解答：P.106

第3問 （第81回）

　債務者区分の判定における経営改善計画の評価に関する次の記述について、最も不適切な選択肢を一つ選びなさい。

（1）経営改善計画が合理的であり、その実現可能性が高いものと判断するための要件として、計画終了後の当該債務者の債務者区分が原則として正常先となる計画であることが必要である。

（2）債務者が制度資金を活用して経営改善計画等を策定しており、当該経営改善計画等が国又は都道府県の審査を経て策定されている場合には、債務者の実態を踏まえ、国又は都道府県の関与の状況等を総合的に勘案して検討するものとする。

（3）経営改善計画等の計画期間が5年を超え概ね10年以内となっている場合で、経営改善計画等の策定後、経営改善計画等の進捗状況が概ね計画どおり（売上高等及び当期利益が事業計画に比して概ね7割以上確保されていること）であり、今後も概ね計画どおりに推移すると認められることが必要である。

（4）すべての取引金融機関等において、経営改善計画等に基づく支援を行うことについて確認できない場合でも、被検査金融機関が単独で支援を行うことにより再建が可能な場合は、被検査金融機関が経営改善計画等に基づく支援を行うことについて、正式な内部手続を経て合意されていることが文書その他により確認できれば足りるものとする。

（5）金融機関等の支援の内容が、債権放棄、現金贈与などの債務者に対する資金提供を伴う場合でも、経営改善計画等に基づき、今後、債権放棄、現金贈与などの債務者に対する資金提供を計画的に行う必要があるが、既に支援による損失見込額を全額引当金として計上済で、今後は損失の発生が見込まれない場合は要件を満たすものとする。

解答：P.106

担保・保証に関する次の記述について、最も不適切な選択肢を一つ選びなさい。

（1）格付機関による直近の格付符号が「ＢＢＢ」相当以上の債券を発行する会社の債券は優良担保とすることができる。

（2）賃貸ビル等の評価に当たっては、原則として収益還元法による評価を行う必要がある。

（3）不動産担保について相当数の物件について、実際に処分が行われた担保の処分価格と担保評価額を比較し、処分価格が担保評価額を上回っているかどうかについての資料が存在し、これを確認できる場合は、担保評価額を処分可能見込額とすることができる。

（4）地方公共団体と金融機関が共同して設立した保証機関の保証は優良保証として取り扱うことができる。

（5）一般事業会社の保証予約及び経営指導念書等で、当該会社が十分な保証能力を有するものについては、正式保証と同等に取り扱って差し支えないものとする。

解答：P.107

債権の分類基準に関する次の記述について、最も不適切な選択肢を一つ選びなさい。

（1）Ⅰ分類は、「Ⅱ分類、Ⅲ分類及びⅣ分類としない資産」であり、回収の危険性又は価値の毀損の危険性について、問題のない資産である。

（2）Ⅱ分類とするものは、「債権確保上の諸条件が満足に充たされないため、あるいは、信用上疑義が存する等の理由により、その回収について通常の度合いを超える危険を含むと認められる債権等の資産」であり、一般担保・保証で保全されているものと保全されていないものとがある。

（3）Ⅲ分類とするものは、「最終の回収又は価値について重大な懸念が存し、

従って損失の発生の可能性が高いが、その損失額について合理的な推計
が困難な資産」であるが、金融機関にとって損失額の推計が全く不可能
とするものではなく、個々の資産の状況に精通している金融機関自らの
ルールと判断により損失額を見積もることが適当とされるものである。

（4）Ⅳ分類とするものは、「回収不可能又は無価値と判定される資産」であり、
その資産が絶対的に回収不可能又は無価値であるとするものである。

（5）Ⅳ分類とするものは、基本的に、査定基準日において「回収不可能又は
無価値と判定される資産」である。

解答：P.107

第6問

旧金融検査マニュアル別冊〔中小企業融資編〕の検証ポイントに関する次の
記述について、最も不適切な選択肢を一つ選びなさい。

（1）代表者等への貸付金や未収金等があり、回収不能額があると見込まれる
場合には、その金額を自己資本相当額から控除する必要がある。

（2）条件変更を実施している債権であっても、当該企業が保有する資産の売
却等の見通しが確実であり、それにより返済財源が確保されている場合
等には、信用リスクそのものが軽減されていることを勘案することがで
きる。

（3）貸出条件の変更を行った日から最長1年以内に実現可能性の高い抜本的
な経営再建計画を策定する見込みがあるときは、当該債務者に対する貸
出金は当該条件変更を行った日から最長1年間は貸出条件緩和債権には
該当しないものと判断できる。

（4）経営改善計画等の進捗状況や今後の見通しを検討する際には、キャッシ
ュ・フローの見通しについての検討も重要であるが、バランスシート面
をより重視するべきである。

（5）代表者が当該企業の保証人となっている場合には、当該代表者等の確認
書、あるいは金融機関の業務日誌等により、代表者等の支援の意思の確
認をしなくとも、支援の意思はあるものとみなすことができる。

解答：P.107

第7問 (第81回)

有価証券の自己査定に関する次の記述について、最も不適切な選択肢を一つ選びなさい。

（1）有価証券の査定に当たっては、その保有目的区分（売買目的有価証券、満期保有目的の債券、子会社・関連会社株式、その他有価証券）に応じ、適正な評価を行い、市場性・安全性に照らし、分類を行うものとする。

（2）格付機関の格付符号が「ＢＢＢ（トリプルＢ）」以上の債券を発行している会社の発行するすべての債券は非分類とする。

（3）日本国が加盟している条約に基づく国際機関、日本国と国交のある政府又はこれに準ずるもの（州政府等）及び地方公共団体の発行する債券や日本国と国交のある政府出資のある会社の発行する株式は、非分類外国証券となるため、原則として、帳簿価額を非分類とする。

（4）子会社・関連会社株式について、時価又は実質価額が帳簿価額を下回っている場合は、時価又は実質価額相当額を非分類とし、帳簿価額と時価又は実質価額相当額の差額について、原則として、Ⅱ分類とする。ただし、この場合において、当該株式の時価の下落期間等又は実質価額の低下状況等に基づき、実質価額相当額を非分類とし、帳簿価額と時価又は実質価額相当額の差額に相当する額をⅢ分類とすることができるものとする。

（5）貸付信託の受益証券及び証券投資信託等のうち預金と同様の性格を有するものは、非分類とする。

解答：P.108

第8問 (第81回)

その他の資産の自己査定に関する次の記述について、最も不適切な選択肢を一つ選びなさい。

（1）その他の資産のうち、信用リスクを有する資産及びオフバランス項目について自己査定を行っている場合には、債権と同様の方法により分類するものとする。

（2）貸出金に準ずる仮払金（支払承諾に基づき代位弁済を行ったことにより発生する求償権及び貸出金と関連のある仮払金）については、回収の危険性又は価値の毀損の危険性の度合いに応じ、分類するものとする。

（3）動産・不動産については、営業用、非営業にかかわらず、減損会計を適用した場合に減損すべきとされた金額については、これをⅣ分類額とする。

（4）一般事業会社が発行した買入金銭債権について、一定金額を継続的に買い入れ長期的に信用を供与していると認められる場合は、当該買入金銭債権は債権と同様の方法により分類する。

（5）信託方式により貸出金が流動化され、当該貸付債権信託受益権を保有している場合には、当該貸付債権信託受益権は債権と同様の方法により分類する。

解答：P.108

■ 第80回関連出題 ■

第9問　　　　　　　　　　　　　　　　　　　　　　　　　（第80回）

　以下の債務者の正常運転資金の額として最も適切な選択肢を一つ選びなさい。なお、融資シェアは考慮しないものとする。

・売掛金5,500（うち500が不良化）
・棚卸資産3,000（売価3,500）
・仕掛品2,000
・前払金500（備品購入に係るもの）
・代表者への貸付金 300（回収懸念なし）
・買掛金5,000
・支払手形4,000（うち700が設備支払手形）
・短期借入金3,500

・１年内返済長期借入金500

・長期借入金5,000

（１）1,000

（２）1,700

（３）2,000

（４）2,200

（５）5,700

解答：P.108

第10問　　　　　　　　　　　　　　　　　　　　　　　　　（第80回）

　償還能力算定に関する次の記述について、最も不適切な選択肢を一つ選びな
さい。

（１）償還能力を検証する際は、償還原資であるキャッシュ・フローの見積も
　　　り、要償還債務の計算、および償還能力の判断基準の３点が重要である。

（２）償還能力算定において償還能力の判断根拠となるキャッシュ・フローは
　　　将来のキャッシュ・フローとして見込まれるキャッシュ・フローであり、
　　　過去の実績だけから推定すべきではない。

（３）減価償却費が買換資産の購入資金の原資となっているような業種では、
　　　キャッシュ・フローの算定上その必要額を勘案することが望ましい。

（４）要償還債務の算定における有利子負債は長期借入金や社債等の合計であ
　　　り、短期借入金は含めなくてよい。

（５）債務者区分別の償還年数の目安は、業種の特性を踏まえて異なるものを
　　　設定することが望ましい。

解答：P.109

第11問　　　　　　　　　　　　　　　　　　　　　　　　　（第80回）

　債務者区分の判定における赤字先（収益状況）に関する次の記述について、
最も不適切な選択肢を一つ選びなさい。

（1）赤字であっても正常先と判断できる創業赤字における当初事業計画の合理性の目安については、当初計画が7年以内の黒字化を予定していることが示されている。

（2）赤字であっても正常先と判断できる創業赤字における事業計画との乖離については、売上高等および当期利益が事業計画比で概ね7割以上確保していることが示されている。

（3）業況が不調な債務者であっても、業況が良好な親会社がいる場合には、親会社の支援実績や支援見込みを勘案した上で、正常先とできる場合がある。

（4）中小・零細企業で赤字となっている債務者で、返済能力について特に問題がないと認められる債務者については正常先と判断することができる。

（5）赤字の原因が固定資産の売却損など一過性のものであり、短期間に黒字化することが確実と見込まれる債務者については正常先と判断することができる。

解答：P.109

第12問　　　　　　　　　　　　　　　　　　　　　　　　（第80回）

　債務者区分の判定における経営改善計画の評価に関する次の記述について、最も不適切な選択肢を一つ選びなさい。

（1）経営改善計画が合理的であり、その実現可能性が高いものと判断するための要件として、計画終了後の当該債務者の債務者区分が原則として正常先となる計画であることが必要である。

（2）計画終了後の債務者区分が要注意先である場合、その後は金融機関の再建支援を得て事業の継続性を確保することができることが必要である。

（3）経営改善計画の要件として、原則として、全ての取引金融機関等において、経営改善計画等に基づく支援を行うことについて、正式な内部手続を経て合意されることが文書その他により確認できることが必要である。

（4）経営改善計画の要件として、金融機関等の支援の内容が、計画期間における金利減免、融資残高維持等に止まり、債権放棄、現金贈与などの債

務者に対する追加での資金提供を伴うものではないことが必要である。
（5）債務者が制度資金を活用して経営改善計画等を策定しており、当該経営
改善計画等が国又は都道府県の審査を経て策定されている場合には、債
務者の実態を踏まえ、国又は都道府県の関与の状況等を総合的に勘案し
て検討するものとする。

解答：P.109

第13問 （第80回）

　債務者区分の判定に関する次の記述について、最も不適切な選択肢を一つ選
びなさい。
（1）不渡手形、融通手形及び期日決済に懸念のある割引手形並びにこれらに
類する電子記録債権を有する債務者であっても、債務者の収益及び財務
内容を勘案した結果、債務者が不渡手形等を負担する能力があると認め
られる場合には、当該債務者は正常先と判断して差し支えない。
（2）キャッシュ・フローによる債務償還能力における「キャッシュ・フロー」
とは、経常利益に減価償却など非資金項目を減算した金額である。
（3）利益が同じであれば、通常は減価償却費が大きいほうがキャッシュ・フ
ローは大きくなる。
（4）元本または利息について実質的に長期間（6カ月以上）延滞し、営業に
よるキャッシュ・フローからの元本及び利息の返済が全く見込めない債
務者は実質破綻先である。
（5）プロジェクト・ファイナンスの利払い及び返済の原資は、原則として当
該プロジェクトから生み出されるキャッシュ・フローに限定される。

解答：P.110

第14問 （第80回）

　貸出条件緩和債権の判定に関する次の記述について、最も適切な選択肢を一
つ選びなさい。なお、当該金融機関における金利の状況は債務者区分に応じて

以下のようになっており、要注意先について保全による信用リスクの軽減については、便宜的に次の算式によって総合採算へ反映させるものとする。

平均金利＋（平均保全率－当該債権の保全率）×倒産確率（10％）

	正常先	要注意先
A．新規貸出時の目標金利	1.5％	5％
B．過去一年間の新規貸出約定平均金利（平均金利）	1.5％	4％
C．Bにおける平均保全率	50％	60％

a．正常先である債務者から金利引下げの要請があり、他の金融機関との競争上、1.2％へ引き下げた債権は、基準金利を確保できていないため、貸出条件緩和債権に該当する。

b．要注意先である債務者から金利引下げの要請があり、預金担保による90％の保全を確保した上で金利を0.5％まで引き下げた。当該債権は基準金利と同等の金利を確保しており、貸出条件緩和債権には該当しない。

c．要注意先である債務者から元本返済猶予の要請があり、4％でこれに応じた。この時、保全率は50％であった、当該債権は基準金利と同等の金利を確保しており、貸出条件緩和債権には該当しない。

d．要注意先である債務者に対する設備資金について、期限延長の要請があり、これに応じたが、基準金利は確保できなかった。しかし、その後、基準金利が下落し、現状では基準金利を確保できているため、当該債権は貸出条件緩和債権には該当しない。

（1）aのみが誤っている。
（2）aとbのみが誤っている。
（3）cのみが正しい。
（4）bとcのみが誤っている。
（5）dのみが正しい。

解答：P.110

第15問   （第78回）

　自己査定資料に関する次の記述について、**最も不適切な選択肢を一つ選びな**
さい。

（1）貸出金調査表において示されている債務者の要約財務諸表は、実態の財
　　　政状況及び経営成績を表していないケースがある。このような貸出金調
　　　査表の限界を補完するために、実態貸借対照表と実態損益計算書は、各
　　　科目の明細を詳細に検討した上で作成される。

（2）債務者概況表には、定量情報のほか、定性情報も記載する必要がある。

（3）実態損益計算書においては、一過性の損益等の特殊要因を排除した安定
　　　的な利益を算定することも必要である。

（4）債務者区分が正常先の債務者については、貸出条件緩和債権判定シート
　　　の作成は必要ない。

（5）担保明細表は、債務者に対する担保等の保全状況を一覧化したものであ
　　　る。特に、破綻懸念先以下の債務者に対する債務者区分を判断する上で
　　　重要な根拠情報を記載している資料であるといえる。

解答：P.110

第16問   （第78回）

　償還能力算定に関する次の記述について、**最も適切な選択肢を一つ選びなさ**
い。

（1）簡便法（当期損益に非資金項目を調整した金額）によるキャッシュ・フ
　　　ローとキャッシュ・フロー計算書における営業キャッシュ・フローに重
　　　要な乖離がある場合、原則としてキャッシュ・フロー計算書による営業
　　　キャッシュ・フローを優先する。

（2）減価償却費が買換資産の購入資金の原資となっているような業種では、
　　　キャッシュ・フローの算定上その必要額を勘案することが望ましい。

（3）要償還債務の算定に際して、正常運転資金見合いの借入を有利子負債か

ら控除するべきではない。

（4）正常先と判断される償還年数の目安は、業種によらず一定にするべきである。

（5）要償還債務の算定における有利子負債は長期借入金や社債等の合計であり、短期借入金は含めるべきではない。

解答：P.111

第17問 　　　　　　　　　　　　　　　　　　　　　　　　（第78回）

債務者区分の判定における赤字先（収益状況）に関する次の記述について、最も不適切な選択肢を一つ選びなさい。

（1）損益計算書の当期純損益が赤字であっても、経常損益が黒字であれば、正常先と判断してよい。

（2）創業赤字で当初計画と大幅な乖離がない場合、具体的には当初計画が5年以内の黒字化を予定するなど合理的で、売上高及び当期利益を事業計画比で概ね7割以上確保している場合は正常先と判断することができる。

（3）赤字の原因が固定資産の売却損など一過性のものであり、短期的に黒字化することが確実と見込まれる場合、正常先とすることができる。

（4）自己資本が十分に厚く、返済原資が十分であるなど、明らかに償還能力に問題がない場合は、赤字であっても正常先とすることができる。

（5）業況が不調な債務者であっても、業況が良好な親会社がいる場合には、親会社の支援実績や支援見込みを勘案した上で、正常先とできる場合がある。

解答：P.112

第18問 　　　　　　　　　　　　　　　　　　　　　　　　（第78回）

債務者区分の判定に関する次の記述について、最も不適切な選択肢を一つ選びなさい。

（1）償還能力の判定における「キャッシュ・フロー」とは、資金収支に減価

償却など非資金項目を調整して算定する。

（2）利益が同じであれば、非資金費用が大きいほうがキャッシュ・フローは大きくなる。

（3）業況が著しく低調で貸出金が延滞状態にあるなど、元本及び利息の最終の回収について重大な懸念がある場合には破綻懸念先となる。

（4）中小・零細企業等の場合、経営改善計画等の進捗状況や今後の見通しを検討する際には、バランスシート面についての検討も重要であるが、キャッシュ・フローの見通しをより重視することが適当である。

（5）不渡手形、融通手形及び期日決済に懸念のある割引手形並びにこれらに類する電子記録債権を有する債務者であっても、債務者の収益及び財務内容を勘案した結果、債務者が不渡手形等を負担する能力があると認められる場合には、当該債務者は正常先と判断して差し支えない。

解答：P.112

第19問

債務者区分の判定における**貸出条件緩和債権**に関する次の記述について、**最も適切な選択肢を一つ選びなさい。**

（1）要注意先である債務者に対して基準金利と同等の金利未満まで貸出金利を引き下げた上で元本支払いを猶予した場合には、当該債務者に対する他の債権についても貸出条件緩和債権となる。

（2）当該貸出金に対して基準金利が適用される場合と実質的に同等の利回りが確保されたことによって、一旦、貸出条件緩和債権から卒業したが、その後、基準金利が上昇し、基準金利が適用される場合と実質的に同等の利回りを確保できなくなった場合、再度、債務者の経営再建・支援を図ることを目的に、債務者に有利な取決めを行わない場合でも、貸出条件緩和債権に該当する。

（3）貸出金が、信用保証協会保証などの保証により100％保全されており、信用リスクは極めて低いと考えられる場合で、調達コスト（資金調達コスト＋経費コスト）を確保している場合であっても、当該債権が属する区

分の基準金利を上回っていなければ貸出条件緩和債権に該当する。

（4）期日一括返済の条件であるが、当初からの融資契約等により、賃貸ビル建設等のつなぎ資金をビル完成後に通常の借入期間にわたる分割返済に貸出条件を変更した債権は貸出条件緩和債権に該当しない。

（5）他行よりの借換え攻勢に対する防衛目的で他行提示金利程度までの金利を引下げた場合は、総合採算においてリスクに見合ったリターンが確保される展望がなくとも「競争上の観点」からの改定として「債務者の経営再建又は支援を図ることを目的として」いないと認められる。

解答：P.112

第20問　　　　　　　　　　　　　　　　　　　　　　（第78回）

　債務者区分の判定における貸出条件緩和債権の判定に使用する基準金利に関する次の記述について、**最も不適切な選択肢を一つ**選びなさい。

（1）基準金利とは当該債務者と同等の信用リスクを有している債務者に対して通常適用される新規貸出実行金利である。

（2）与信判断に用いる金利の算出に当たって合理的な倒産確率及び倒産時損失率を用いているのであれば、基準金利の信用リスクコストの算定においても同じものを利用することが求められている。

（3）基準金利は経費コスト及び信用リスクコストの2つの合計として算定される。

（4）貸出形態等にかかわらず、債務者の信用リスクに応じた区分を行っている場合で、かつ、区分に属する新規（過去1年以内に新規約定を締結した）貸出債権であればすべて平均金利に勘案することとするが、割引手形といった債務者の信用リスクに関連しない金利で実行されるものについては、平均金利に勘案しないことが認められる。

（5）総合採算による判定は債務者の連結グループでの採算ではなく、債務者の単体ベースで行うことが原則である。

解答：P.113

債務者区分の判定における再建計画に関する次の記述について、最も適切な選択肢を一つ選びなさい。

（1）経営改善計画の計画期間が5年を超えている場合には要注意先にはできない。

（2）計画に基づく支援の内容が、将来の現金贈与などの債務者に対する資金提供を伴うものである場合には引当の状況を問わず要注意先にはできない。

（3）計画に基づく支援の内容が債権放棄を伴うものである場合には、今後は損失の発生が見込まれない場合も要注意先にはできない。

（4）経営改善計画終了後の債務者区分が正常先でない場合には債務者区分は破綻懸念先となる。

（5）経営改善計画等の進捗状況が芳しくなく、金融機関等の支援が継続中である債務者は破綻懸念先となる可能性が高い。

解答：P.113

担保・保証に関する次の記述について、最も不適切な選択肢を一つ選びなさい。

（1）満期返戻金のある保険・共済については基準日時点の解約受取額を優良担保による保全額とすることができる。

（2）金融商品取引所上場会社の発行している非上場株式は、原則として優良担保としては取り扱うことはできない。

（3）動産担保は、確実な換価のために、適切な管理及び評価の客観性・合理性が確保されているものは一般担保として取り扱うことができる。

（4）信用保証協会の保証は部分負担方式を選択した場合には、保証が履行される範囲は優良保証として取り扱う。

（5）地方公共団体が行う損失補償契約は原則として優良保証として取り扱う。

解答：P.114

第23問　　　　　　　　　　　　　　　　　　　　　（第78回）

　債権の分類基準に関する次の記述について、最も不適切な選択肢を一つ選び
なさい。

（1）中小事業者向けの小口定型ローンについては延滞状況等の簡易な基準に
　　　より分類を行うことができる。

（2）中小事業者向けの小口定型ローンについては、延滞状況による査定が原
　　　則であり、貸出条件の緩和が行われていても、延滞が発生していなけれ
　　　ば非分類とする。

（3）プロジェクト・ファイナンスの債権については、回収の危険性の度合い
　　　に応じて見做し債務者区分を付して分類を行う。この場合、例えばスコ
　　　アリングによる格付及びLTVやDSCR等の指標を加味しながら総合
　　　的に回収の危険性を評価する等、合理的な手法で行う。

（4）資産等の流動化に係る債権については、当該スキームに内在するリスク
　　　を適切に勘案した上で、回収の危険性の度合いに応じて分類を行う。

（5）債権の分類は、債務者区分に従い、担保及び保証等による調整を行い、
　　　分類対象外債権の有無を検討の上、正確に分類されているかを検証する。

解答：P.114

第24問　　　　　　　　　　　　　　　　　　　　　（第78回）

　旧金融検査マニュアル別冊〔中小企業融資編〕の検証ポイントに関する次の
記述について、最も適切な選択肢を一つ選びなさい。

（1）代表者等への報酬額や支払家賃が多額にのぼり、法人が赤字になってい
　　　る場合、仮に代表者等への報酬額や支払家賃の削減によって黒字化が見
　　　込めても、実際に削減するまではこれらの要素は考慮しない。

（2）代表者等の預金や有価証券等の流動資産及び不動産（処分可能見込額）
　　　等の固定資産については、返済能力として加味することができるが、そ

の場合、代表者等に係る借入金がある場合にはその額を控除する必要がある。

（3）当該企業の代表者等からの借入金については、代表者等が借入金等の返済を当面要求しない場合にのみ自己資本相当額に加算することができる。

（4）代表者等への貸付金や未収金等については、その金額を自己資本相当額から控除しなければならない。

（5）代表者の資産を加味する場合に、代表者等の第三者に対する保証債務がある場合には、当該金額を全額控除する必要がある。

解答：P.115

第25問 (第78回)

　金融庁が公表した「新型コロナウイルス感染症の影響下における貸出条件緩和債権の判定に係る実現可能性の高い抜本的な経営再建計画の取扱いについて（別紙）」（令和3年10月）において明確化した実抜計画要件に係る柔軟な取扱いについて、最も不適切な選択肢を一つ選びなさい。

（1）計画期間の延長に係る取扱いとして、「実抜計画の期間を延長すること」、「3年や5年よりも長期の期間設定とすること」、「必要に応じて期間を延長するとの留保を付した期間設定とすること」等が考えられる旨が定められている。

（2）計画を策定するまでの期限の猶予に係る取扱いとして、計画策定までの期限については、コロナの影響収束の見通しが立つまでの期間等を加味して、合理的と考えられる範囲において、「最長1年以内」に限らず猶予すること等が考えられる旨が定められている。

（3）判断に使用する実績に係る取扱いとして、コロナの影響の全容が見通し難い状況の中で、そうした現実的な想定をすることが難しい場合には、コロナの影響収束後には経営状況が回復する蓋然性が高いこと等を勘案してコロナ以前の実績や一定の仮定の下で簡易に推計した想定を用いることで、コロナの影響収束後の見通しが立つまでの間、実抜計画として取り扱うこと等が考えられる旨が定められている。

（4）コロナ以前の実績や一定の仮定の下で簡易に推計した想定は、事業者の
　　　置いた一定の仮定の合理性を考慮することなく、妥当なものとして取り
　　　扱って差し支えない旨が定められている。

（5）計画の再策定に係る取扱いとして、コロナの影響による足許の経営環境
　　　の著しい変化を踏まえ、実抜計画の再策定を行う旨が定められている。

解答：P.115

■ 第77回関連出題 ■

第26問　　　　　　　　　　　　　　　　　　　　　　　　　　　（第77回）

査定資料に関する次の記述について、最も不適切な選択肢を一つ選びなさい。

（1）貸出金調査表において記載されている貸出金の資金使途が債務更改資金
　　　である場合には債務更改明細表を作成する。

（2）貸出金調査表において示されている債務者の要約財務諸表は、実態の財
　　　政状況および経営成績を表していないケースがある。このような場合は
　　　貸出金調査表の限界を補完するために、実態貸借対照表と実態損益計算
　　　書は、各科目の明細を詳細に検討したうえで作成される。

（3）償還能力算定シートを検証する際は、償還原資であるキャッシュ・フロ
　　　ーの見積り、要償還債務の計算、及び償還能力の判断基準の3点が重要
　　　である。

（4）債務者区分が正常先の債務者については必ずしも貸出条件緩和債権判定
　　　シートの作成は必要ない。

（5）担保明細表は、債務者に対する担保等の保全状況を一覧化したものであ
　　　る。特に、破綻懸念先以下の債務者に対する債務者区分を判断する上で
　　　重要な根拠情報を記載している資料であるといえる。

解答：P.116

第27問　　　　　　　　　　　　　　　　　　　　　　　　　　　（第77回）

以下の債務者の実態純資産の額として最も適切な選択肢を一つ選びなさい。

95

・決算書における簿価純資産額は20,000である。
・棚卸資産に売却見込みのない不良在庫2,800が含まれている。
・取引先に対する貸付金2,000が全額回収不能となっていることが判明したが、当該貸付金に対しては1,000の貸倒引当金が既に計上されている。
・売買目的で保有する有価証券（取得価格600）を時価2,000で流動資産に計上している。
・長期固定化している営業外貸付金が固定資産に6,000計上されているが、当該貸付金に対し貸倒引当金は計上していない。なお、当該貸付金は代表者に対するものであり、現状代表者に返済余力は認められないものの、当社は代表者が全株式を保有しており、資本金の額は5,000である。
・固定資産に償却不足累計額4,000があることが判明した。

（1）5,200
（2）5,800
（3）6,200
（4）7,400
（5）11,200

解答：P.116

第28問　（第77回）

担保に関する次の記述について、最も不適切な選択肢を一つ選びなさい。

（1）格付機関による直近の格付符号が「ＢＢＢ」相当以上の債券を発行する会社の株式で、処分が容易で換金が可能である株式は優良担保とすることができる。
（2）動産担保は、確実な換価のために、適切な管理及び評価の客観性・合理性が確保されているものは一般担保として取り扱うことができる。
（3）動産担保を一般担保として取り扱うためには、対抗要件が適切に具備されていることが必要である。
（4）動産担保を一般担保として取り扱うためには、数量及び品質等が継続的にモニタリングされていることが必要である。

（5）保安林、道路、沼などであっても、抵当権設定がある場合には原則とし
　　て一般担保として見ることができる。

解答：P.117

第29問　　　　　　　　　　　　　　　　　　　　　　　　　　　（第77回）

　貸出条件緩和債権に関する次の記述について、最も適切な選択肢を一つ選び
なさい。
（1）正常先である時に、長期の設備資金として融資したが、現在、債務者は
　　要注意先となっており、要注意先の基準金利は確保できていない貸出金
　　は、貸出条件緩和債権となる。
（2）基準金利（新規貸出約定平均金利）の算定において当座貸越は勘案しな
　　いことができる。
（3）基準金利（新規貸出約定平均金利）の算定において事業性ローン等は勘
　　案しないことができる。
（4）総合採算による判定は債務者の連結グループでの採算ではなく、債務者
　　の単体ベースで行うことが原則である。
（5）貸出金の金利や返済期間の変更等は行わず、コベナンツの変更・猶予の
　　みを行った場合でも、債務者に有利な変更であれば貸出条件緩和債権に
　　該当することとなる。

解答：P.117

第30問　　　　　　　　　　　　　　　　　　　　　　　　　　　（第77回）

　令和3年10月8日に金融庁は「新型コロナウイルス感染症の影響下におけ
る貸出条件緩和債権の判定に係る実現可能性の高い抜本的な経営再建計画（以
下「実抜計画」という）の取扱いについて」を公表し、貸出条件緩和債権の判
定に係る柔軟な取扱いについてQ＆A形式で基本的な考え方を示した。このQ
＆Aに記載されている記述として、最も不適切な選択肢を一つ選びなさい。
（1）実抜計画の期間については、コロナの影響により、実抜計画通りに進捗

97

を図ることが難しい場合等には、コロナの影響収束の見通しが立つまでの期間等を加味して、合理的と考えられる範囲において、例えば5年や10年よりも長期の期間設定とすることが考えられる。

（2）中小企業についてコロナの影響の全容が見通し難い状況の中で、実抜計画の策定を進めることが難しい場合、計画策定までの期限については、コロナの影響収束の見通しが立つまでの期間等を加味して、合理的と考えられる範囲において「最長1年以内」に限らず猶予することが考えられる。

（3）事業の大小にかかわらず、コロナの影響の全容を見通すことが難しく、厳しい経営状況の下では、実抜計画の策定に割くことのできる十分なリソースを確保することが難しいこと等を踏まえ、コロナ以後に条件変更等を行った債務者については、計画を策定するまでの期限の猶予に関する柔軟な取扱いをすることは差し支えないものと考える。

（4）実抜計画を新型コロナウイルス感染症以前の実績等に基づき作成する場合、売上高等の想定は、当然のことながら、当該事業者の事業価値や事業環境に照らして十分現実的なものである必要がある。

（5）実抜計画における売上高等に係る現実的な想定をすることが難しい場合には、コロナの影響収束後には経営状況が回復する蓋然性が高いこと等を勘案して一定の仮定の下で簡易に推計した想定を用いることで、コロナの影響収束後の見通しが立つまでの間、実抜計画として取り扱うことが考えられる。

解答：P.117

第31問 (第77回)

以下の各ケースにおける基準金利として、最も適切な選択肢を一つ選びなさい。

当該金融機関における基準金利の状況は債務者区分に応じて以下のようになっており、要注意先についての保全による信用リスクの軽減については、下の算式によって総合採算へ反映させている。

総合採算を勘案した基準金利＝
平均金利＋（平均保全率－当該債権の保全率）×倒産確率（10％）

	正常先	要注意先
Ａ．基準金利	1.2％	3％
Ｂ．Ａにおける保全率	50％	60％

〈ケース①〉

　要注意先である債務者から金利引下げの要請があり、預金担保による80％の保全を確保した上で金利を0.8％まで引き下げた。この場合の総合採算を勘案した基準金利を算定しなさい。

〈ケース②〉

　要注意先である債務者から元本返済猶予の要請があり、3％の金利（保全率は20％）でこれに応じた。この場合の総合採算を勘案した基準金利を算定しなさい。

（1）　①1.0％　　②5.4％
（2）　①1.0％　　②7.0％
（3）　①2.0％　　②3.4％
（4）　①2.8％　　②3.4％
（5）　①2.8％　　②5.0％

解答：P.118

第32問　　　　　　　　　　　　　　　　　　　　　　（模擬問題）

　以下の事項について貸借対照表を修正し、清算ベースの実態貸借対照表の（1）～（4）に入る数字を記入しなさい。

● 回収不能と認められる滞留営業債権がある。滞留営業債権は業種の平均回転期間（年間売上の1.5カ月分）から営業債権の適正残高を推定し、それとの差額で算定する。なお、当該営業債権に対して貸倒引当金は計上されていないものとする。

● 製品に未処理の廃棄予定品が20,000千円ある。

● 有価証券に含み損が10,000千円ある。

● その他流動資産に計上されている短期貸付金に回収不能な債権60,000千円が含まれている。（うち、30,000千円については貸倒引当金を計上済）

● 土地・建物に遊休土地（含み損160,000千円）が含まれている。

● 機械器具備品等に償却不足20,000千円がある。

● 投資その他の資産に計上された投資有価証券（簿価26,000千円）の時価は6,000千円である。

● 繰延資産は現金回収が見込めないためゼロ評価する。

（単位：千円）

科　目	修正前	修　正	実　態
現預金	440,000		440,000
受取手形・売掛金	680,000	（　　　　）	（　（1）　）
製品・商品	300,000	（　　　　）	（　　　　）
原材料・仕掛品	160,000		160,000
有価証券	40,000	（　　　　）	（　　　　）
その他流動資産	120,000	（　　　　）	（　　　　）
貸倒引当金	▲90,000	（　　　　）	（　　　　）
流動資産計	1,650,000	（　　　　）	（　（2）　）
土地・建物	600,000	（　　　　）	（　　　　）
機械器具備品等	60,000	（　　　　）	（　　　　）

第2章

科　　目	修正前	修　正	実　態
投資その他の資産	56,000	(　　　　　)	(　　　　　)
固定資産計	716,000	(　　　　　)	(　（3）　)
繰延資産	24,000	(　　　　　)	(　　　　　)
資産総計（A）	2,390,000	(　　　　　)	(　　　　　)
支払手形	320,000		320,000
買掛金	560,000		560,000
短期借入金	240,000		240,000
その他流動負債	160,000		160,000
流動負債計	1,280,000	0	1,280,000
長期借入金	280,000		280,000
その他固定負債	40,000		40,000
固定負債計	320,000	0	320,000
負債総計（B）	1,600,000	0	1,600,000
純資産合計（A）－（B）	790,000	(　　　　　)	(　（4）　)
科　　目	修正前	修　正	実　態
資本金	500,000		500,000
資本剰余金	500,000		500,000
利益剰余金	▲210,000	(　　　　　)	(　　　　　)
（当期純利益）	▲38,000	(　　　　　)	(　　　　　)

（要約損益計算書）

売上高	4,320,000
売上総利益	600,000
販売費及び一般管理費	648,000
営業損益	▲48,000
営業外収益・費用	10,000
経常利益	▲38,000
当期純利益	▲38,000

＜解答＞

（1）_____

（2）_____

（3）_____

（4）_____

解答：P.119

　以下のような状況にある中小・零細企業の査定における実質自己資本の額を算定しなさい。

● 資産：1,200（うち　不良資産の回収不能見込額　50）

● 負債：1,400（うち　代表者等からの借入金　300）

ただし、代表者等からの借入金は当面返済を要求されることはないものとする。

実質自己資本額 = [　　　　　　　　]

解答：P.120

　以下のような状況にある中小・零細企業の査定において代表者等と一体査定する場合の返済原資であるキャッシュ・フローを算定しなさい。なお、税金等は考慮しないものとする。

● 当期利益：20

● 減価償却費：30

● 代表者等の個人収入：50（ただし、20は当該企業からの役員報酬で、必要生活費は10と見込まれる）

キャッシュ・フロー = [　　　　　　　　]

解答：P.121

　破綻懸念先に対する債権について、以下の保全等の状況を前提として各分類額を求め、適切な組み合わせを以下の中から一つ選びなさい。

　与信総額は100百万円（融資シェア50％）であり、その内訳は決済確実な割引手形5百万円、手形貸付30百万円、証書貸付45百万円（うち10百万円は保証協会の保証付）である。

　なお、当該債務者の有する営業債権（受取手形・売掛金）は22百万円（不良

債権額２百万円）、棚卸資産は10百万円、営業債務（支払手形・買掛金）は20百万円である。

　本社建物（評価額40百万円、処分可能見込額は評価額の７割）に極度額20百万円（先順位債権額５百万円）の根抵当権を設定している。また、５百万円の定期預金に担保権が設定されている。

（単位：百万円）

	非分類	Ⅱ分類	Ⅲ分類
（1）	30	20	50
（2）	30	23	47
（3）	20	20	60
（4）	20	23	57
（5）	20	23	47

解答：P.121

第36問

（模擬問題）

　実質破綻先である債務者に対する貸出金の非分類額および各分類額を答えなさい。なお、担保不動産の処分可能見込額は評価額の70％とする。

- 貸出金額　500（担保不動産への抵当権設定額　550）
- 担保不動産評価額　500（先順位抵当権額　300）
- 預金担保（根担保）100

非分類額	①	百万円
Ⅱ分類額	②	百万円
Ⅲ分類額	③	百万円
Ⅳ分類額	④	百万円

解答：P.121

　以下の登記簿謄本に従って、当該担保物件についての、A～D銀行それぞれの取り分（保全額）を計算しなさい。なお、担保物件の評価額は1,000百万円とし、処分可能見込額算定における掛目は70％とし、いずれの銀行についても根抵当権に係る債権残高は不明なものとし、極度額をもって算定するものとする。

【権利部（乙区）】(所有権以外の権利に関する事項)

【順位番号】	【登記の目的】	【受付年月日・受理番号】	【原因】	【権利者その他の事項】
1	根抵当権設定	昭和47年6月26日第24829号	昭和47年6月26日設定	極度額　金4億円 債権の範囲　銀行取引　手形債権　小切手債権 債務者　東京都中央区○○丁目○○番地 ○○ホテル 根抵当権者　東京都中央区○○丁目○○番地 株式会社A銀行 （取扱店××支店） 共同担保　目録（お）第5605号 順位番号12番の登記を移記
2（5）	根抵当権設定	昭和48年7月2日第29479号	昭和48年6月27日設定	極度額　金1億円 債権の範囲　銀行取引　手形債権　小切手債権 債務者　東京都中央区○○丁目○○番地 ○○ホテル 根抵当権者　東京都中央区○○丁目○○番地 株式会社B銀行 （取扱店××支店） 共同担保　目録（か）第1807号 順位番号23番の登記を移記
付記1号	2番根抵当権変更	平成10年9月23日第19944号	平成10年9月23日変更	極度額　金3億円

【順位番号】	【登記の目的】	【受付年月日・受理番号】	【原因】	【権利者その他の事項】
3 （5）	根抵当権設定	昭和49年 11月2日 第48574号	昭和49年 11月1日 設定	極度額　金1億円 債権の範囲　銀行取引　手形債権　小切手債権 債務者　東京都中央区○○丁目○○番地 ○○ホテル 根抵当権者　東京都中央区○○丁目○○番地 株式会社C銀行 （取扱店××支店） 共同担保　目録（き）第444号 順位番号24番の登記を移記
4 （5）	根抵当権設定	昭和50年 6月30日 第24448号	昭和50年 6月27日 設定	極度額　金2億円 債権の範囲　銀行取引　手形債権　小切手債権 債務者　東京都中央区○○丁目○○番地 ○○ホテル 根抵当権者　東京都中央区○○丁目○○番地 株式会社D銀行 （取扱店××支店） 共同担保　目録（き）第5009号 順位番号25番の登記を移記
5	2番、3番、 4番順位変更	平成10年 9月23日 第19945号	平成10年 9月23日 合意	第1　2番根抵当権 　　　4番根抵当権 第2　3番根抵当権

解答欄

A銀行：　　　　　百万円

B銀行：　　　　　百万円

C銀行：　　　　　百万円

D銀行：　　　　　百万円

解答：P.122

第2章　解答・解説

〔第1問〕

正　解：（4）　　　　　　　　　　　　　　　　　　正答率：68.5%

（1）（2）（3）（5）貸出条件緩和債権関係Q&Aに記載の通りである。よっ
　　て、正しい。
（4）将来の収益については、貸出期間にわたってその収入が確実に得られる
　　ことが合理的に説明可能である場合、勘案することができる。よって、誤
　　り。

〔第2問〕

正　解：（3）　　　　　　　　　　　　　　　　　　正答率：45.8%

（1）（2）（4）（5）貸出条件緩和債権関係Q&Aに記載のとおりである。正
　　しい。
（3）すべての区分の平均金利の算出において「新規貸出」と認める期間を過
　　去2年間以上に延長することができる。よって、誤り。

〔第3問〕

正　解：（3）　　　　　　　　　　　　　　　　　　正答率：31.9%

（1）（2）（4）（5）旧金融検査マニュアルに記載のとおりである。よって、
　　正しい。
（3）経営改善計画等の進捗状況が概ね計画どおりとは、売上高等及び当期利
　　益が事業計画に比して概ね8割以上確保されていることが示されている。
　　よって、誤り。

〔第4問〕

正　解：（5）　　　　　　　　　　　　　　　　正答率：39.5%

（1）～（4）旧金融検査マニュアルに記載のとおりである。よって、正しい。
（5）保証を行っている会社の財務諸表上において債務者に対する保証予約等
　　が債務保証及び保証類似行為として注記されている場合、又はその内容が
　　法的に保証と同等の効力を有することが明らかである場合で、当該会社の
　　正式な内部手続を経ていることが文書その他により確認でき、当該会社が
　　十分な保証能力を有するものについては、正式保証と同等に取り扱って差
　　し支えないものとする。よって、誤り。

〔第5問〕

正　解：（4）　　　　　　　　　　　　　　　　正答率：49.2%

（1）～（3）（5）旧金融検査マニュアルに記載のとおりである。よって、正
　　しい。
（4）Ⅳ分類については、その資産が絶対的に回収不可能又は無価値であると
　　するものではなく、また、将来において部分的な回収があり得るとしても、
　　基本的に、査定基準日において回収不可能又は無価値と判定できる資産で
　　ある。よって、誤り。

〔第6問〕

正　解：（4）　　　　　　　　　　　　　　　　正答率：75.2%

（1）（2）（3）（5）旧金融検査マニュアル別冊〔中小企業融資編〕に記載の
　　とおりである。よって、正しい。
（4）バランスシート面よりも、キャッシュ・フローの見通しをより重視すべ
　　きとされている。よって、誤り。

〔第7問〕

正　解：（3）　　　　　　　　　　　　　　　　　正答率：25.2%

（1）（2）（4）（5）旧金融検査マニュアルに記載のとおりである。よって、
　　正しい。

（3）非分類外国証券には、日本国が加盟している条約に基づく国際機関、日
　　本国と国交のある政府又はこれに準ずるもの（州政府等）及び地方公共団
　　体の発行する債券は含まれるが、日本国と国交のある政府出資のある会社
　　の発行する株式は含まれない。よって、誤り。

〔第8問〕

正　解：（2）　　　　　　　　　　　　　　　　　正答率：8.0%

（1）（3）～（5）旧金融検査マニュアルに記載のとおりである。よって、正
　　しい。

（2）貸出金に準ずる仮払金については、貸出金と同様の方法により分類する。
　　よって、誤り。

〔第9問〕

正　解：（2）　　　　　　　　　　　　　　　　　正答率：52.8%

・不良化した売掛金は控除することに留意する。

・営業取引に関連しない前払金は、考慮しない。

・貸付金は含めない。

・支払手形のうち、設備投資のための借入である設備支払手形は含めない。

・借入金は含めない。

売掛金（5,500－500）＋棚卸資産3,000＋仕掛品2,000－買掛金5,000－支払手形
（4,000－700）＝1,700

〔第10問〕

正　解：（4）　　　　　　　　　　　　　　　　　　正答率：86.3％

（1）償還能力の算定においては、償還原資であるキャッシュ・フローの見積
　　もり、要償還債務の計算、および償還能力を算定する必要がある。よって、
　　正しい。
（2）償還能力の判断においては過去の実績推移や会社の直近の業況、収益構
　　造変化の状況を踏まえた将来キャッシュ・フローの推定をすることが望ま
　　しい。よって、正しい。
（3）減価償却費が買換資産の購入資金の原資となっている場合、その分キャ
　　ッシュ・アウトの発生が見込まれるため、キャッシュ・フローの算定上そ
　　の必要額を減算することが必要となる。よって、正しい。
（4）借入期間によらず有利子負債全てを含めて算定する必要がある。運転資
　　金見合いの借入金は有利子負債から正常運転資金を控除することによって
　　要償還債務に反映される。よって、誤り。
（5）償還年数は設備投資の規模や使用可能期間等により様々であり、原則と
　　して業種により異なるものを設定することが望ましい。よって、正しい。

〔第11問〕

正　解：（1）　　　　　　　　　　　　　　　　　　正答率：93.1％

（1）当初事業計画の合理性の目安については、当初計画が５年以内の黒字化
　　を予定していることが示されている。よって、誤り。
（2）〜（5）旧金融検査マニュアルに記載されたとおりである。よって、正
　　しい。

〔第12問〕

正　解：（2）　　　　　　　　　　　　　　　　　　正答率：28.8％

（1）（3）〜（5）旧金融検査マニュアルに記載のとおりである。よって、正

しい。

（2）計画期間終了時の債務者区分は要注意先であっても、自助努力により事業の継続性を確保できることが可能な状態であることが必要である。よって、誤り。

〔第13問〕

正　解：（2）　　　　　　　　　　　　　　　　　　　　正答率：75.1%

（1）（4）（5）旧金融検査マニュアルに記載のとおりである。よって、正しい。

（2）「キャッシュ・フロー」とは、当期純利益に減価償却など非資金項目を加算した金額であり、原則として非資金項目を加算する。よって、誤り。

（3）減価償却のように非資金費用は加算する。よって、正しい。

〔第14問〕

正　解：（5）　　　　　　　　　　　　　　　　　　　　正答率：54.5%

a．正常先の場合には貸出条件緩和債権に該当しない。

b．担保によって90%が保全されているため、平均金利（4%）から（60%－90%）×10%＝3%を差し引いた1%を確保していればよい。しかし、当該債権は当該金利を確保できていないため貸出条件緩和債権に該当する。

c．保全率の差を調整した基準金利は、平均金利に（60%－50%）×10%＝1%を加算した5%となる。これを確保していないため貸出条件緩和債権に該当する。

d．基準金利の低下によって、結果的に基準金利と同等の金利を確保した債権は貸出条件緩和債権には該当しない。

〔第15問〕

正　解：（5）　　　　　　　　　　　　　　　　　　　　正答率：68.7%

（1）要約財務諸表は、実態の財政状況及び経営成績を表していないケースが

あるため、実態財務諸表を作成することが望ましい。よって、正しい。

（2）企業の沿革や代表者情報等の定性情報の記載を行うことが望ましい。よって、正しい。

（3）債務者の経常的な収益力評価のため、特殊要因等による一過性の損益は既に改善済みならば排除した利益を算定することも必要である。よって、正しい。

（4）貸出条件緩和債権は、経済的困難に陥った債務者に対して、貸出条件の更改時に、再建・支援の目的で、債務者に有利な取り決めを行った貸出金と定義される。ここで経済的困難に陥った債務者とは要注意先と解されている。このため、正常先については貸出条件緩和債権判定シートの作成は必要ない。よって、正しい。

（5）担保明細表は、引当・償却額を計算する上で重要な根拠情報を記載している資料であり、債務者区分を判断する上で重要な根拠情報を記載している資料ではない。よって、誤り。

〔第16問〕

正　解：（2）　　　　　　　　　　　　　　　　　　　正答率：81.5%

（1）乖離要因を分析し、償還財源として妥当な金額を算定する。よって、誤り。

（2）減価償却費が買換資産の購入資金の原資となっている場合、その分キャッシュ・アウトの発生が見込まれるため、キャッシュ・フローの算定上その必要額を減算することが必要となる。よって、正しい。

（3）正常運転資金見合いの借入は要償還債務算定上控除する。よって、誤り。

（4）償還年数は設備投資の規模や使用可能期間等により様々であり、原則として業種により異なる。よって、誤り。

（5）借入期間によらず有利子負債全てを含めて算定する必要がある。運転資金見合いの借入金は有利子負債から正常運転資金を控除すことによって要償還債務に反映される。よって、誤り。

〔第17問〕

正　解：（1）　　　　　　　　　　　　　　　　　　　　　　　正答率：90.9%

（1）経常損益が黒字であっても、営業損益が赤字で、一時的な有価証券売却
　　　益等で黒字となっているような場合には問題がある。よって、誤り。
（2）旧金融検査マニュアルに記載のとおりである。よって、正しい。ただし、
　　　創業数年間は売上が計上されないような計画の場合には、計画の合理性に
　　　ついて特に慎重に検討することが必要である。
（3）旧金融検査マニュアルに記載のとおりである。よって、正しい。ただし、
　　　毎期連続して特別損失を計上している債務者等、一過性の赤字とは認めら
　　　れない場合があることに留意が必要である。
（4）例えば借入金に比して十分な換金可能性の高い余剰資産を保有しており、
　　　余剰資産処分等により返済能力が十分に認められる場合は、正常先として
　　　問題ない。よって、正しい。
（5）旧金融検査マニュアルに記載のとおりである。よって、正しい。

〔第18問〕

正　解：（1）　　　　　　　　　　　　　　　　　　　　　　　正答率：8.0%

（1）「キャッシュ・フロー」は資金収支によっても算定できるが非資金項目の
　　　調整を行って算定するわけではない。よって、誤り。
（2）「キャッシュ・フロー」とは、当期利益に非資金項目を調整した金額であ
　　　り、減価償却のように非資金費用・損失は加算する。よって、正しい。
（3）（4）（5）旧金融検査マニュアルに記載のとおりである。よって、正し
　　　い。

〔第19問〕

正　解：（4）　　　　　　　　　　　　　　　　　　　　　　　正答率：65.1%

（1）元本返済猶予債権とは基準金利を下回る金利で元本の支払いを猶予した

貸出金であるが、当該債務者に対する他の債権も貸出条件緩和債権に該当するわけではない。よって、誤り。

（2）一旦、貸出条件緩和債権から卒業した場合には、再度、債務者の経営再建・支援を図ることを目的に、債務者に有利な取決めを行わなければ、貸出条件緩和債権には該当しない。よって、誤り。

（3）適用金利が、当該債権が属する区分における基準金利を下回るとしても、保証による信用リスク等の低下を含む取引の総合的な採算を勘案し、当該貸出金に対して基準金利が適用される場合と実質的に同等の利回りが確保されている場合には、貸出条件緩和債権には該当しないこととなる。

（4）支援性がないため、貸出条件緩和債権に該当しない。よって、正しい。

（5）他の金融機関との競争上の観点から現状の金利を適用することが取引継続のため必要とされるような場合には、「債務者の経営再建又は支援を図ることを目的として」いないと認められるが、中長期的には総合採算においてリスクに見合ったリターン（利回り）が確保される展望が必要である。よって、誤り。

〔第20問〕

正　解：（3）　　　　　　　　　　　　　　　　　　正答率：22.2%

（1）（2）（4）（5）貸出条件緩和債権関係Ｑ＆Ａに記載のとおりである。よって、正しい。

（3）基準金利は、資金調達コスト、経費コスト及び信用リスクコストの合計として算定される。よって、誤り。

〔第21問〕

正　解：（5）　　　　　　　　　　　　　　　　　　正答率：64.7%

（1）計画期間が5年を超えていても、経営改善計画等の進捗状況が概ね計画通りに推移している場合には、要注意先とする余地がある。よって、誤り。

（2）計画に基づく支援の内容が、将来の現金贈与などの債務者に対する資金

提供を伴うものであっても、既に支援による損失見込額を全額引当金として計上済みで、今後は損失の発生が見込まれない場合には要注意先にする余地がある。よって、誤り。

（3）計画に基づく支援の内容が、将来の債権放棄を伴うものである場合には、既に支援による損失見込額を全額引当金として計上済みで、今後は損失の発生が見込まれない場合には要注意先にする余地がある。よって、誤り。

（4）計画期間終了後の当該債務者が再建支援を要せず、自助努力により事業の継続性を確保することが可能な状態となる場合は、計画期間終了後の当該債務者の債務者区分が要注意先であっても差し支えない。よって、誤り。

（5）旧金融検査マニュアルに記載のとおりである。よって、正しい。ただし、中小零細企業の場合、慎重な判断が求められる。

〔第22問〕

正　解：（2）　　　　　　　　　　　　　　　　　　　　正答率：61.5%

（1）旧金融検査マニュアルに記載のとおりである。よって、正しい。

（2）原則として優良担保である。よって、誤り。

（3）旧金融検査マニュアルに記載のとおりである。よって、正しい。

（4）保証が履行される範囲については優良保証として取り扱う。よって、正しい。

（5）旧金融検査マニュアルに記載のとおりである。よって、正しい。

〔第23問〕

正　解：（2）　　　　　　　　　　　　　　　　　　　　正答率：84.4%

（1）（3）（4）（5）旧金融検査マニュアルに記載のとおりである。よって、正しい。

（2）貸出条件の緩和が行われている場合にはその要因によって分類することが必要である。よって、誤り。

〔第24問〕

正　解：（2）　　　　　　　　　　　　　　　　　　　　　　正答率：68.0％

（1）法人の決算は赤字で、返済能力がないと認められる場合であっても、金融機関への返済資金を代表者等から調達している場合のように、実際に役員報酬等を削減し黒字化していなくても法人と個人とを一体とみなして査定することができる場合もある。よって、誤り。

（2）旧金融検査マニュアル別冊〔中小企業融資編〕に記載のとおりである。よって、正しい。なお、その場合には代表者等に係る借入金がある場合にはその額を控除する。

（3）代表者等からの借入金については、原則としてこれらを自己資本相当額に加算することができる。よって、誤り。

（4）必ず控除しなければならないわけではなく、回収不能額がある場合には控除する必要がある。よって、誤り。

（5）代表者の資産を加味する場合に、代表者等の借入金は控除する必要があるが、第三者に対する保証債務については勘案する、すなわち、保証額の全額を単純に控除するのではなく、損失見込み額がある場合には当該金額を控除する。よって、誤り。

〔第25問〕

正　解：（4）　　　　　　　　　　　　　　　　　　　　　　正答率：82.2％

（1）（2）（3）（5）「新型コロナウイルス感染症の影響下における貸出条件緩和債権の判定に係る実現可能性の高い抜本的な経営再建計画の取扱いについて（金融庁）」に記載のとおりである。

（4）事業者の置いた一定の仮定が明らかに不合理である場合は除く旨が定められている。よって、誤り。

〔第26問〕

正　解：（5）　　　　　　　　　　　　　　　　　正答率：58.1%

（1）記述のとおりである。よって、正しい。

（2）記述のとおりである。よって、正しい。

（3）記述のとおりである。負担している要償還債務とその返済原資となるキャッシュ・フローによって測定される償還能力が重要となる。よって、正しい。

（4）その他の要注意先債務者が条件緩和債権を有する場合、要管理先となる。したがって正常先については必ずしも貸出条件緩和債権判定シートの作成は必要ない。よって、正しい。

（5）担保明細表は、引当・償却額を計算する上で重要な根拠情報を記載している資料であり、債務者区分を判断する上で重要な根拠情報を記載している資料ではない。よって、誤り。

〔第27問〕

正　解：（3）　　　　　　　　　　　　　　　　　正答率：44.9%

・営業外貸付金について、貸付先にかかわらず、回収見込みのない貸付金は不良認定すべきである。

・取引先に対する貸付金について、資産計上されている貸付金簿価の回収不能見込額のうち、引当金未計上の額について、追加で不良認定すべきである。

・売買目的の有価証券については既に時価で計上されているため、調整は不要である。

簿価純資産20,000 − 棚卸資産評価損2,800 − 貸倒引当金不足額（1,000 + 6,000）− 減価償却不足額4,000 = 6,200

〔第28問〕

正　解：（5）　　　　　　　　　　　　　　　　　　　正答率：80.7%

（1）～（4）旧金融検査マニュアルに記載のとおりである。正しい。

（5）抵当権設定があっても、原則として一般担保としてみることはできない。よって、誤り。

〔第29問〕

正　解：（4）　　　　　　　　　　　　　　　　　　　正答率：28.2%

（1）正常先から要注意先になっても、条件改定がなければ貸出条件緩和債権には該当しない。よって、誤り。

（2）貸出形態等にかかわらず、債務者の信用リスクに応じた区分を行っている場合で、かつ、区分に属する新規（過去1年以内に新規約定を締結した）貸出債権であれば、すべて平均金利に勘案する。よって、誤り。

（3）貸出形態等にかかわらず、債務者の信用リスクに応じた区分を行っている場合で、かつ、区分に属する新規（過去1年以内に新規約定を締結した）貸出債権であれは全て平均金利に勘案する。よって、誤り。

（4）貸出条件緩和債権関係Q＆Aに記載のとおりである。正しい。

（5）コベナンツの変更・猶予そのものは、貸出金の金利や返済期間の変更等の貸出条件の緩和を行うものではなく、債務者に対する取引の総合的な採算には何ら影響を与えるものではない。従って、コベナンツの変更・猶予のみをもって、「貸出条件緩和債権」に該当すると判断するには及ばない。よって、誤り。

〔第30問〕

正　解：（1）　　　　　　　　　　　　　　　　　　　正答率：30.2%

（1）Q＆Aの②において実抜計画の期間については、コロナの影響により、実抜計画通りに進捗を図ることが難しい場合等には、コロナの影響収束の

見通しが立つまでの期間等を加味して、合理的と考えられる範囲において、例えば3年や5年よりも長期の期間設定とすることが考えられるとされている。よって、誤り。

（2）Q＆Aの③に記載されている内容と整合している。

（3）Q＆Aの③に記載されている内容と整合している。

（4）Q＆Aの④に記載されている内容と整合している。

（5）Q＆Aの④に記載されている内容と整合している。

〔第31問〕

正　解：（2）　　　　　　　　　　　　　　　　　　　正答率：64.1%

①　1.0%

担保によって80％が保全されているため、保全率の差を調整した基準金利は以下の通り計算される。

基準金利＝平均金利＋（平均保全率−当該債権の保全率）×倒産確率（10％）

　　　　＝3％＋（60％−80％）×10％＝1％

なお、当該債権は当該金利を確保できていないため貸出条件緩和債権に該当する。

②　7.0%

担保によって20％が保全されているため、保全率の差を調整した基準金利は以下の通り計算される。

基準金利＝平均金利＋（平均保全率−当該債権の保全率）×倒産確率（10％）

　　　　＝3％＋（60％−20％）×10％＝7％

なお、当該債権は当該金利を確保できていないため貸出条件緩和債権に該当する。

〔第32問〕

正　解：（1）540,000　（2）1,450,000　（3）516,000　（4）366,000　**（模擬問題）**

（単位：千円）

科目	修正前	修正	実態	調整内容
現預金	440,000		440,000	
受取手形・売掛金	680,000	▲140,000	（1）540,000	回収不能と認められる滞留営業債権140,000千円（680,000－売上高×1.5/12）を控除。
製品・商品	300,000	▲20,000	280,000	未処理の製品廃棄損が20,000千円
原材料・仕掛品	160,000	0	160,000	
有価証券	40,000	▲10,000	30,000	有価証券に含み損10,000千円
その他流動資産	120,000	▲60,000	60,000	短期貸付金のうち回収不能な債権（60,000千円）を減額
貸倒引当金	▲90,000	30,000	▲60,000	短期貸付金のうち回収不能な債権（60,000千円）を減額したため、当該債権に既に設定されていた貸倒引当金（30,000千円）を減額
流動資産計	1,650,000	▲200,000	（2）1,450,000	
土地・建物	600,000	▲160,000	440,000	遊休資産の含み損160,000千円を減額
機械器具備品等	60,000	▲20,000	40,000	償却不足額20,000千円を減額
投資その他の資産	56,000	▲20,000	36,000	時価のある有価証券を時価評価し、差額（20,000千円）を減額
固定資産計	716,000	▲200,000	（3）516,000	
繰延資産	24,000	▲24,000	0	繰延資産は0評価
資産総計（A）	2,390,000	▲424,000	1,966,000	
支払手形	320,000	0	320,000	
買掛金	560,000	0	560,000	
短期借入金	240,000	0	240,000	
その他流動負債	160,000	0	160,000	

科目	修正前	修正	実態	調整内容
流動負債計	1,280,000	0	1,280,000	
長期借入金	280,000	0	280,000	
その他固定負債	40,000	0	40,000	
固定負債計	320,000	0	320,000	
負債総計 (B)	1,600,000	0	1,600,000	
純資産合計 (A) − (B)	790,000	▲424,000	(4) 366,000	
資本金	500,000	0	500,000	
資本剰余金	500,000	0	500,000	
利益剰余金	▲210,000	▲424,000	▲634,000	
(当期純利益)	▲38,000	▲424,000	▲462,000	

(要約損益計算書)

売上高	4,320,000
売上総利益	600,000
販管費	648,000
営業損益	▲48,000
営業外収益・費用	10,000
経常利益	▲38,000
当期純利益	▲38,000

〔第33問〕

正　解：50
(模擬問題)

資産 − 負債 = (1,200 − 50) − (1,400 − 300)

= 1,150 − 1,100 = 50

〔第34問〕

正　解：90　　　　　　　　　　　　　　　　　　（模擬問題）

当期利益20＋減価償却費30＋（代表者個人の収入50－生活費10）＝90

〔第35問〕

正　解：（3）　　　　　　　　　　　　　　　　　（模擬問題）

　非分類額　20百万円
　決済確実な割引手形5百万円＋保証協会貸出10百万円＋預金担保5百万円
　※正常運転資金相当額を非分類にしないこと。
　Ⅱ分類額　20百万円
　不動産処分可能見込額28百万円（40百万円×70％）－先順位債権額5百万円
＝23百万円＞20百万円
　Ⅲ分類額　60百万円
　与信総額　100百万円－（非分類20百万円＋Ⅱ分類額20百万円）

〔第36問〕

正　解：①100　②50　③150　④200　　　　　　（模擬問題）

①　100
　預金担保
②　50
　500×70％－300（先順位）＝50
③　150
　500（担保評価額）－300（先順位）－50（Ⅱ分類額）＝150
④　200
　500－100（非分類）－50（Ⅱ分類）－150（Ⅲ分類）＝200
　なお、Ⅲ分類額は不動産担保の評価額と処分可能見込額の差額から発生している。

〔第37問〕

正　解：A銀行：400百万円
　　　　B銀行：180百万円
　　　　C銀行：　0百万円
　　　　D銀行：120百万円　　　　　　　　　　　　　　　　　　（模擬問題）

　　登記簿謄本から登記内容の変更（極度、順位）を読み取ることができるかどうかがポイントである。

　　処分可能見込額は1,000百万円の70％で700百万円である。

①第一順位でA銀行の根抵当権が設定されている。順位変更の記載がないため、第一順位が確定し、極度額の400百万円が取り分となる。

②第二順位から第四順位は、順位番号に括弧（タテ括弧）があるため、順位番号変更の内容を確認する必要がある。順位番号5の記載によれば、2番根抵当権と4番根抵当権が同順位となり、3番根抵当権が後順位に変更されたことが確認できる。2番根抵当権と4番根抵当権の取り分は、処分可能見込額（700百万円）から先順位債権額（A銀行400百万円）を控除したものであるから、300百万円から取り分を計算することとなる。変更後の2番根抵当権と4番根抵当権は同順位であり、その極度額の合計500百万円（300百万円＋200百万円、なお、B銀行の極度額は1億円から3億円に変更されていることに注意すること。）であるため、300百万円では不足し、極度額の割合により按分することとなる。

　　B銀行の取り分＝300×300／（300＋200）＝180百万円

　　D銀行の取り分＝300×200／（300＋200）＝120百万円

③3番根抵当権者であるC銀行の取り分は先順位債権者であるA銀行、B銀行及びD銀行の取り分で担保余力がなくなってしまうため、0となる。

償却・引当の基準と実務

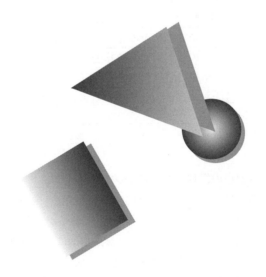

第3章

～学習の手引き（第3章)～

テーマ	80回	81回
1．貸出関連資産の償却・引当制度の枠組み		
（1）金融商品に関する会計基準、金融商品会計に関する実務指針及び金融商品会計に関するQ＆A	○	○
（2）実務指針4号	○	
（3）DCF法に関する留意事項		○
（4）一定期間に関する検討		○
（5）旧金融検査マニュアル	○	
2．貸出関連資産の償却・引当の基準		
（1）正常先および要注意先		○
（2）破綻懸念先	○	○
（3）実質破綻先および破綻先		○
3．償却・引当の実務		
（1）正常先債権の貸倒引当金の算定	○	
（2）要注意先債権の貸倒引当金の算定	○	○
（3）破綻懸念先債権の貸倒引当金の算定	○	○
（4）実質破綻先および破綻先債権の貸倒引当金の算定および直接償却	○	○
（5）その他の引当金	○	○

1．貸出関連資産の償却・引当制度の枠組み

・基本となるのは、「金融商品に関する会計基準」「金融商品会計に関する実務指針」「金融商品会計に関するQ＆A」であるが、これらは、一般事業会社に対しても適用されるものであり、金融機関における具体的な指針や監査上の取扱いについては、実務指針4号等が作成されている。

・DCF法に関する留意事項は、事例・計算型での出題が毎回ある。

2．貸出関連資産の償却・引当の基準

・貸出関連資産の償却・引当は、債務者区分と分類に従って行われる。債務者

124

区分における正常先または要注意先に対する債権と破綻懸念先、および実質破綻先または破綻先に対する債権とでは償却・引当の方法が異なるので、それぞれの違いを理解する。
・下記3.と絡めて出題されている。

3．償却・引当の実務

・正常先または要注意先に対する債権と破綻懸念先、および実質破綻先または破綻先に対する債権に対する具体的な算定方法を理解する。
・「要注意先債権の貸倒引当金の算定」、「破綻懸念先債権の貸倒引当金の算定」等については、毎回出題されており、また「正常先債権の貸倒引当金の算定」の出題も多く、十分に学習しておきたい分野である。
・要注意先債権等の貸倒引当金の算定の分野では、ＤＣＦ法に関連する出題が最も多い。
・貸出関連資産のその他の引当金（特定債務者支援引当金、その他の偶発損失引当金）について理解する。
・また、貸出関連資産以外その他の資産（仮払金、動産・不動産、ゴルフ会員権、その他の資産）の自己査定と償却・引当について理解する。
・上記2分野ともに、毎回必ず出題があるので留意して学習しておきたい。

第3章

第1節
貸出関連資産の償却・引当制度の枠組み

償却・引当は会計処理そのものであり、日本における会計処理基準に沿っていなくてはならない。また、金融機関に対しては金融当局の検査も行われるが、その基準である旧金融検査マニュアルにも償却・引当に関する指針が記載されていた。

ここでは、償却・引当の制度的枠組みの詳細と、実務上の留意事項について説明する。

まず、基本になるのは「金融商品に関する会計基準」等（以下1.）であるが、これは一般事業会社に対しても適用されるものであり、金融機関における具体的な指針や監査上の取扱いについては、さらに日本公認会計士協会から示された実務指針等（以下2.～5.）を参考にする必要がある。

1. 金融商品に関する会計基準、金融商品会計に関する実務指針及び金融商品会計に関するQ&A

(1) 概要

債権の貸借対照表価額は、取得価額から貸倒見積高に基づいて算定された貸倒引当金を控除した金額とする。

貸倒見積高の算定にあたっては、債権を債務者の財政状態および経営成績等に応じて、「一般債権」、「貸倒懸念債権」、「破産更生債権等」に区分し、一般債権については、債権全体または同種・同類の債権ごとに、債権の状況に応じて求めた過去の貸倒実績率等合理的な基準により貸倒見積高を算定する。

貸倒懸念債権については、債権の状況に応じて、ⅰ）債権額から担保の処分可能見込額および保証による回収見込額を減額し、その残額について債務者の財政状態および経営成績を考慮して貸倒見積高を算定する（財務内容評価法）。または、ⅱ）債権の元本および利息の受取に係るキャッシュ・フローを合理的に見積もることができる債権については、当該キャッシュ・フローを当初の約定利子率で割り引いた金額の総額と債権の帳簿価額との差額を貸倒見積高とする（キャッシュ・フロー見積法）。

一方、破産更生等債権等については、債権額から担保の処分可能見込額および保証による回収見込額を減額し、その残額を貸倒見積高とする（金融商品会計基準Ⅴ．2.）。

(2) 特徴

これらは、一般事業会社に対しても適用される基準であるため、金融機関に比較すると簡便な方法となっている。例えば、債権の区分が3区分（金融機関は5区分）であること、DCF法の適用が貸倒懸念債権に対する方法（金融機関は要注意先も対象となる）として規定されていることなどである。

2. 実務指針4号

「銀行等金融機関の資産の自己査定並びに貸倒償却及び貸倒引当金の監査に関する実務指針：銀行等監査特別委員会報告第4号」（日本公認会計士協会）（以下「実務指針4号」）は、金融機関の監査における実務上の指針として作成されたものである。

前述1.の「金融商品に関する会計基準」等が一般事業会社も含めて適用されるのに対して、金融機関における特性を踏まえて監査上の取扱いを定めたものであり、実質的には金融機関における償却・引当の仕組みを定めたものといえる。

この実務指針によって金融機関では、一般事業会社よりも細分化された区分によって償却・引当を実施することが求められている。すなわち、「金融商品に関する会計基準」では債権を、「一般債権」、「貸倒懸念債権」、「破産更生債権等」の3つに分けているが、金融機関においてはさらにこれを細分化し、「正常先債権」、「要注意先債権」、「破綻懸念先債権」、「実質破綻先債権」、「破綻先債権」とし、それぞれの区分ごとに間接または直接償却を実施することになる。

3. DCF法に関する留意事項

上記の「実務指針4号」においては、要注意先債権または破綻懸念先債権のうち債権の元本および利息の受取に係るキャッシュ・フローを合理的に見積もることができる債権（貸出条件緩和債権等）については、当該キャッシュ・フ

ローを当初の約定利子率で割り引いた金額と債権の帳簿価額との差額について貸倒引当金を計上する（以下「DCF法」という）ものとされている。

「銀行等金融機関において貸倒引当金の計上方法としてキャッシュ・フロー見積法（DCF法）が採用されている場合の監査上の留意事項」（日本公認会計士協会）（以下「DCF法に関する留意事項」という）は、このDCF法の具体的な適用について監査上の取扱いを定めたものである。

なお、旧金融検査マニュアルでもDCF法の検証にあたっては当該「DCF法に関する留意事項」に基づくことを規定しているが、DCF法の適用範囲については、「実務指針4号」においては金額基準は設けていないのに対して、旧金融検査マニュアルでは大口債務者（当面、与信額が100億円以上の債務者をいう）に対して適用することが望ましいとしていた。

■ 4. 一定期間に関する検討

「銀行等金融機関の正常先債権及び要注意先債権の貸倒実績率又は倒産確率に基づく貸倒引当金の計上における一定期間に関する検討」（日本公認会計士協会）（以下「一定期間に関する検討」）は、上記2.の「実務指針4号」において規定されている、平均残存期間の算定についての参考資料として作成されたものである。

「実務指針4号」においては、貸倒実績率または倒産確率（以下「貸倒実績率等」という）による方法については、「過去の貸倒実績または倒産実績に基づき、今後の一定期間における予想損失額を見込む方法である」としており、さらに、「今後の一定期間」については、貸倒引当金が各金融機関の貸出金等のポートフォリオを勘案した上で今後発生する損失を見込んで計上するものであることとし、具体的には以下のとおりとしている（実務指針4号Ⅳ（注2））。

① 一定期間に関しては、貸倒引当金が各金融機関の貸出金等のポートフォリオを勘案した上で今後発生する損失を見込んで計上するものであることから、貸出金等の平均残存期間が妥当と考えられる。

② ただし、貸出金等の信用リスクの程度を勘案して期間を見込む方法も妥当なものと考えられる。

③ なお、当面の間は、例えば、正常先債権については今後1年間を、要注

意先債権のうち要管理先債権については今後3年間を、その他の要注意先債権については今後1年間を見込んでいる場合には妥当なものと認める（以下「1−3年基準」という）。」

上記③の取扱いを認めているのは、「早期是正措置に基づく自己査定制度が始まるとともに、銀行等金融機関において信用リスクの実態に応じた信用リスク管理が確立されるまでは、貸出金等の信用リスクを貸倒引当金として正確に反映することが困難であるため、当面の措置が取られたものである」（一定期間に関する検討1.）とされている。

当該「一定期間に関する検討」は、この「1−3年基準」について検討したものであり、旧金融検査マニュアルにおいても当該指針を参照することになっていた。

■5. 旧金融検査マニュアル

前述のとおり、金融検査マニュアルは廃止されたが、現行の実務を否定しないとされており、ここでは旧検査マニュアルに沿って解説している。

また、要注意先（要管理先）の大口債務者について、将来キャッシュ・フローを合理的に見積ることが困難で、やむを得ずDCF法を適用できなかった場合には、個別的に残存期間を算定し、その残存期間に対応する今後の一定期間における予想損失額を見積ることが望ましいとされている（旧金融検査マニュアル「別表2」（以下、旧「別表2」）1.（1）②）。

さらに、前期以前に要管理先または破綻懸念先としてDCF法または個別的な残存期間を算定する方法により貸倒引当金を算定していた大口債務者が、その他要注意先に上位遷移した場合、原則として経営改善計画等の期間内は、DCF法または個別的に残存期間を算定し、その残存期間に対応する今後の一定期間における予想損失額を見積る方法を適用することが望ましいとされている（旧「別表2」1.（1）②）。

これらの点について、前述の「DCF法に関する留意事項」や「一定期間に関する検討」においても、齟齬のないように配慮した規定が設けられている。すなわち、DCF法の適用対象を大口債務者に限定し、また、やむを得ずDCF法を適用できなかった債務者について個別的な残存期間に基づいて引当金を算

図表3−1　旧金融検査マニュアルにおける償却・引当の枠組み

債務者区分		大口債務者	小口債務者
正常先		○原則として平均残存期間の損失見込額 ○当面1年間の損失見込額	
要注意先	その他要注意先	○原則として平均残存期間の損失見込額 ○当面1年間の損失見込額 ○要管理先又は破綻懸念先から上位遷移したDCF法等適用債務者 ⇒要管理先に準じた引当手法 ・DCF法による損失見込額 ・現行の要管理先の引当手法	
	要管理先 （当該債務者に対する債権の全部又は一部が要管理債権となっている債務者をいう）	○DCF法による損失見込額が望ましい ○個別的残存期間の損失見込額（やむを得ずDCF法を適用できない債務者）	○原則として平均残存期間の損失見込額 ○当面3年間の損失見込額
破綻懸念先		○DCF法による損失見込額が望ましい	○Ⅲ分類額からキャッシュ・フローによる回収見込額を除いて算定した損失見込額 ○Ⅲ分類額に合理的と認められる今後の一定期間の予想損失率を乗じた額 ○一定金額以下の破綻懸念先に対する債権について、グループ化し、同一の予想損失率を適用して算定した予想損失額(注)

(注) 保全状況を勘定せずに、債権残高と予想損失率によって貸倒引当金を算定する方法は旧金融検査マニュアルのみで規定された方法で、「実務指針4号」等では規定されていない。

定する点については、「DCF法に関する留意事項」において「適用債権を一定の金額以上に限定し、他の貸出条件緩和先債権について過去の貸倒実績率、デフォルト率、倒産確率、予想損失率等により貸倒引当金を計上することが考えられる」とするとともに、「一定期間に関する検討」においては「要管理先債権のうち、例えば、銀行等金融機関の財務比率に重要な影響を与える債権については、DCF法の採用や、予想損失額をより詳細に検討することが望ましい」とされている。

　また、DCF法適用債務者あるいは個別的残存期間による引当を実施していた債務者が、その他要注意先に上位遷移した場合に、従前の引当方法を継続する点については、「一定期間に関する検討」において「要管理先または破綻懸念先から上位遷移したばかりの債務者に対する債権等、要管理先債権と実質的に近似する信用リスクを持つものはその信用リスクの程度に応じた引当方法によることが望ましい」としている。

　上記を踏まえた、旧金融検査マニュアルにおける償却・引当の枠組みは図表3－1のようになる。

第2節
貸出関連資産の償却・引当の基準

　自己査定作業は適切な償却・引当の準備作業である。すなわち、貸出関連資産の償却・引当は以下のように自己査定の結果である債務者区分と分類に従って行われる。ここで、債務者区分における正常先または要注意先に対する債権と破綻懸念先、および実質破綻先または破綻先に対する債権とでは償却・引当の方法が異なる。

1. 正常先および要注意先

　正常先および要注意先に対する債権に対する貸倒引当金は一般的にそれぞれの区分における過去における貸倒実績率等に基づいて算定された引当率を債権残高に乗じて算定する。

2. 破綻懸念先

　破綻懸念先に対する債権に対する貸倒引当金は債権額から担保の処分可能見込額および保証による回収が可能と認められる額（非分類またはⅡ分類額）を減算し残額（Ⅲ分類額）のうち必要額を算定する。

3. 実質破綻先および破綻先

　実質破綻先および破綻先に対する債権に対する貸倒引当金または直接償却額は債権額から担保の処分可能見込額および保証による回収が可能と認められる額（非分類またはⅡ分類額）を減算し、残りの全額（ⅢおよびⅣ分類額）について償却または引当を実施する。

　破綻懸念先については必要額であるのに対して、実質破綻先および破綻先に対してはⅣ分類額だけでなく、Ⅲ分類額についても全額を償却・引当の対象とすることが必要である。

図表３－２　資産分類の例

債務者区分	債権残高	資産分類				償却・引当方法
		Ⅰ	Ⅱ	Ⅲ	Ⅳ	
正常先	10,000	10,000				貸倒実績率等
要注意先	300	100	200			貸倒実績率等
破綻懸念先	200	50	100	50		Ⅲのうち必要額
実質破綻先	100	50	30	10	10	Ⅲ・Ⅳ全額
破綻先	50	10	20	10	10	Ⅲ・Ⅳ全額
計	10,650	10,210	350	70	20	

　なお、破綻懸念先から破綻先について引当を実施する場合には、個々の債権に対して引当を実施するものであるため、「個別貸倒引当金」と呼び、正常先および要注意先に対する貸倒実績率等によって債権全体に対して引き当てる「一般貸倒引当金」と区別している。

　図表３－２を前提に、償却・引当の金額を算定すると、以下のようになる。便宜上、貸倒実績率に基づく引当率は正常先が２％、要注意先が５％、破綻懸念先債権のⅢ分類額に対する貸倒引当率を70％とする。

　＜償却・引当額＞

① 　正常先：$10,000 \times 2\% = 200$

② 　要注意先：$300 \times 5\% = 15$

③ 　破綻懸念先：$50 \times 70\% = 35$

④ 　実質破綻先：$10 + 10 = 20$

⑤ 　破綻先：$10 + 10 = 20$

　　　①＋②＋③＋④＋⑤＝290

第３章

図表3－3　償却・引当額の算定（図表3－2に基づく）

債務者区分	債権残高	資産分類				引当率	償却・引当額
		Ⅰ	Ⅱ	Ⅲ	Ⅳ		
正常先	10,000	10,000				債権残高×2％	200
要注意先	300	100	200			債権残高×5％	15
破綻懸念先	200	50	100	50		Ⅲの70％	35
実質破綻先	100	50	30	10	10	Ⅲ・Ⅳの100％	20
破綻先	50	10	20	10	10		20
計	10,650	10,210	350	70	20		290

　ここで、注意すべきは、正常先および要注意先に対する債権に対する貸倒引当金は債権残高に引当率を乗じて算定するのに対して、破綻懸念先、実質破綻先および破綻先に対する債権に対する貸倒引当金は分類額、すなわち、ⅢまたはⅣ分類額を基礎に算定することである。

　したがって、要注意先に対する引当金は一般的には分類額によって影響を受けないことに注意が必要である。

第3節
償却・引当の実務

1. 正常先債権の貸倒引当金の算定

　正常先債権について、原則として信用格付の区分、少なくとも債務者区分毎に、過去の貸倒実績率または倒産確率に基づき、将来発生が見込まれる損失率（予想損失率）を求め、原則として信用格付の区分、少なくとも債務者区分の債権額に予想損失率を乗じて予想損失額を算定し、予想損失額に相当する額を貸倒引当金として計上する。

　　貸倒引当金＝債権残高×予想損失率

(1) 損失見込期間

　平均残存期間、または、今後1年間を見込んでいる場合には妥当なものと認められる。

(2) グルーピング

　貸倒実績率または倒産確率の適用にあたっては、信用格付等により正常先債権をさらに区分したグループ別に、または住宅ローン、業種別等のグループ別に適用することがより望ましいとされている。

(3) 予想損失額の算定方法

　　貸倒引当金（予想損失額）＝債権残高×予想損失率

　i）予想損失率を算定する算定式例

　　a．貸倒実績率による方法

　　　貸倒実績率＝貸倒償却等毀損額／債権残高

　　　貸倒実績率は貸倒償却等毀損額を債権残高で除して算定する。ここで分子である貸倒償却等毀損額には直接償却額および間接償却額、債権放棄額、債権売却損額等のすべての損失額を含める必要がある。

　　　また、分母となる債権残高を実績算定期間の期首に存在していた債権の残高としている場合には、損失額も実績算定期間の期首に存在していた債

権から発生した損失とする。ただし、期中に実行した債権が算定期間中に貸倒れて、その損失額に重要性がある場合には、期首残高および貸倒損失額に当該債権額および損失額を加算するなどの対応が望ましい。

b. 倒産確率（件数ベース）による方法

倒産確率×（1 -回収見込率）

倒産件数に含める「倒産」の範囲は、少なくとも実質破綻先、破綻先となった債務者を含める。破綻懸念先になった件数は、何らかの形で反映させることが適当であり、例えば、破綻懸念先となった件数に倒産確率を乗じて算出した件数を反映させるなどの調整を行う（なお、一部の格付機関やバーゼル規制では貸出条件緩和をデフォルトとして取り扱っている）。

破綻懸念先の件数を反映させていない場合には、前期以前の引当額と損失の実績額とを比較する、あるいは貸倒実績率による方法と比較するなどの検証を行い、一般貸倒引当金の残高が信用リスクに見合った十分な水準であるか否かについて十分に検討しなければならない。

また、回収見込率とは、債務者が破綻した場合の債権回収額であり、主に担保処分による回収額、清算配当による回収額、保証人からの回収額とがある。予想回収率は、担保処分による回収実績に担保価格の推移などの調整をした回収率および清算配当の実績率、保証人からの回収率から算定する。ただし、清算配当や保証人からの回収にはばらつきがあるため、保守的に、担保による保全率のみを回収見込率として「1 -回収見込率」として無担保比率を使用することもできる。また、担保、保証および清算配当の合計としての回収額を差し引いたものとして「1 -回収見込率」を平均毀損割合（破綻した債務者について貸倒実績率と同様に計算する）とする方法もある。

なお、旧金融検査マニュアルによると、倒産確率による方法を採用している場合において、大口の損失が発生したことにより、貸倒実績率による方法により算定した予想損失額が、倒産確率による方法により算定した予想損失額を上回ると見込まれる場合には、貸倒実績率により算定した予想損失額を貸倒引当金として計上することが望ましいとされている（旧金融検査マニュアル「別表2」1.（1））。

ⅱ）実績算定期間

　予想損失率は、少なくとも過去3算定期間の貸倒実績率、または、倒産確率の平均値（今後の一定期間に対する過去の一定期間における累積の貸倒実績率または倒産確率の3期間の平均値）に基づき、過去の損失率の実績を算出し、これに将来の損失発生見込に係る必要な修正を行い算定する。なお、ここで注意すべきことは、「算定期間」とは、実績を算定する一つの期間のことを指し、例えば、3算定期間というのは、3年間の実績を算定することをいうわけではないという点である。

　また、直近の状況を反映させるため、最終の算定期間の末日は、決算日とすることが原則である（金融商品会計に係る実務指針）。

ⅲ）将来の予測を踏まえた調整

　予想損失率は、経済状況の変化、融資方針の変更、ポートフォリオの構成の変化等を斟酌の上、過去の貸倒実績率または倒産確率に将来の予測を踏まえた必要な修正を行い、決定する必要がある。特に、経済状況が急激に悪化している場合には、貸倒実績率または倒産確率の算定期間の採用にあたり、直近の算定期間のウエイトを高める方法、最近の期間における貸倒実績率または倒産確率の増加率を考慮し予想損失率を調整するなどの方法により決定する必要がある。

2. 要注意先債権の貸倒引当金の算定

　要注意先債権に対する予想損失額の算定方法は、基本的に正常先債権に対する方法と同一であるが、損失見込期間およびDCF法の適用において相違がある。

　貸倒引当金＝債権残高×予想損失率

(1) 損失見込期間

　要注意先債権のうち要管理先債権については今後3年間を、その他の要注意先債権については今後1年間を見込んでいる場合には妥当なものと認められる。

(2) DCF法

　要注意債権のうち、将来のキャッシュ・フローを合理的に見積もることがで

137

きる債権については、当該合理的に見積もられた将来キャッシュ・フローの割引現在価値と債権残高の差額を貸倒引当金として計上する、DCF法の適用が可能である。

DCF法の適用対象として、要管理先のうち大口債務者（旧金融検査マニュアルにおいては「当面は与信額が100億円以上の債務者」とされているが、実務的にはより少額な債権に対してDCF法を適用している場合もある）についてはDCF法を適用することが望ましい。

実務的には、全ての貸出条件緩和先債権を対象にDCF法を適用することは事務的、時間的な制約から困難な場合もあるため、大口債務者に限定することが認められているものであるが、DCF法の適用対象を一定の金額以上に限定した場合にあっても貸倒引当金全体としては、決算日現在の債権に内包されている貸倒損失額を十分カバーするだけの水準でなければならないことに留意する。

また、DCF法を適用していた債務者が上位遷移した場合にも、経営改善計画等の期間内はDCF法を適用することが必要である。

DCF法は債権単位で適用することが原則であるが、債務者単位で適用することも合理性があれば妥当と認められる。

具体的には、図表3-4のように貸出条件緩和債権であって債権の元本の回収および利息の受取りに係るキャッシュ・フローを合理的に見積もることができる債権については、当該キャッシュ・フローを、債権の発生当初の約定利子

図表3-4　DCF法の考え方

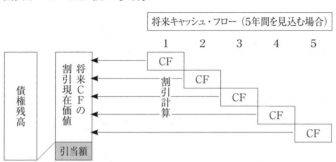

率あるいは取得当初の実行利子率で割り引いた金額と債権の帳簿価額との差額について貸倒引当金を計上する。

3. 破綻懸念先債権の貸倒引当金の算定

(1) 引当方法の概要

破綻懸念先に対する債権については、個別債務者ごとに今後の一定期間における予想損失額を算定し、予想損失額に相当する額を貸倒引当金として計上する。

なお、個別貸倒引当金は、毎期必要額の算定を行う。

具体的には、債権額から担保の処分可能見込額及び保証による回収が可能と認められる額（非分類額およびⅡ分類額）を減算し、残額（Ⅲ分類額）のうち「必要額」を貸借対照表に貸倒引当金として計上する（実務指針4号）。

この必要額の算定方法には、

① 債務者ごとに将来の回収見込額に基づいて算定する方法（DCF法も含む）＜A＞

② 全体あるいは分割したポートフォリオごとに貸倒実績率あるいは倒産確率による方法＜B＞

③ 売却による回収見込額によって見積もる方法＜C＞

の3つがある（図表3-5）。

(2) 引当方法の選択

破綻懸念先に対する貸倒引当金は個別貸倒引当金であり、また、通常は回収方針も綿密に検討されていることから、＜A＞債務者ごとに見積もる方法が原則である。ただし、破綻懸念先とされた債務者が多い場合には、＜B＞一定金額以下の先を一つのポートフォリオとして貸倒引当金の金額を算定することも認められている。ただし、この＜B＞法による引当てを実施するには、前提として分散が十分に確保できていることが必要である。件数が少ない場合、倒産確率は予想と一致していたとしても、個々の債権の保全状況等が大きく異なる場合には実際の損失が予想と大きく異なってしまうことがあり得るために、引当方法としては望ましくない。

また、売却可能な市場を有する債権については、＜C＞売却可能額を回収可

139

能額とする方法も認められるが、現状では市場の発達が十分ではないため、実務上は売却が決定している債権に適用されている。

(3) 債務者ごとにⅢ分類額から将来キャッシュ・フローによる回収可能額を控除した残額を引当てる方法＜Ａ－１＞

債権の元本の回収および利息の受取に係るキャッシュ・フローを合理的に見積もることができる債権（再建計画に基づきキャッシュ・フローを合理的に見積もることが可能な場合には５年程度、それ以外の場合は３年程度が目安）については、当該キャッシュ・フローによる回収見込額（DCF法的に当初の約定利子率または取得当初の実効利子率で割り引くことも考えられる）をⅢ分類から控除した残額について貸倒引当金を計上する（旧金融検査マニュアル「別表２」１.（２）①）。

(4) 破綻懸念先に対する DCF 法＜Ａ－２＞

DCF法による場合には、将来の回収見込額（将来キャッシュ・フロー）がどの時点で回収されるか決定する必要がある。この場合、非分類やⅡ分類となっている担保や保証による回収も将来キャッシュ・フローとして割引計算の対象とする必要がある。

基本的な留意事項は要注意先に対してDCF法を適用する場合と同様であるが、「実務指針４号」のⅣ.（注４）に記載されているとおり、破綻懸念先債権に対する引当に関してキャッシュ・フローを見込む場合の期間に関しては、債務者の状況により異なるが、破綻懸念先であり、経営破綻に陥る可能性が大きいことを前提とすると、再建計画等に基づきキャッシュ・フローを合理的に見積もることが可能な場合には５年程度、それ以外の場合は３年程度が目安となる。

(5) 債権額から担保の処分可能見込額、保証による回収が可能と認められる額および清算配当等を差し引いた差額（Ⅲ分類額）に倒産確率等を乗じて回収不能額を算出する方法＜Ｂ－１＞

Ⅲ分類額に予想損失率を乗じた額を引当てる方法とは、破綻した場合に担保や保証によって保全されている部分（非分類およびⅡ分類額）は回収され、残額（Ⅲ分類額）から損失が発生することを想定している。この方法では、倒産時には基本的にⅢ分類からの回収はないものとして、Ⅲ分類額を最大損失とし、

図表3－5　破綻懸念先に対する貸倒引当金の算定方法

	引当額の算定方法	補足
<Ａ> 債務者ごとに見積もる方法	<Ａ－１>Ⅲ分類額から将来CFによる回収可能額を控除した残額を引当てる方法	DCF法に比較すると簡便的な方法といえる。
	<Ａ－２>DCF法	将来CFの見積もりには非分類額やⅡ分類額になっている担保の処分や保証人からの回収見込額も含まれる点に注意が必要である。
<Ｂ> ポートフォリオごとに見積もる方法	<Ｂ－１>Ⅲ分類額に予想損失率を乗じた額を引当てる方法	基本的な留意事項は、正常先および要注意先債権に対する貸倒引当金の設定と同様である。 予想損失率には、貸倒実績率による方法と倒産確率による方法があるが、ここで貸倒実績率とはⅢ分類からの損失率であることに注意が必要である。 破綻懸念先の債務者数が多く、小口でリスクが分散されていることが前提になる。
	<Ｂ－２>債権残高に予想損失率を乗じた額を引当てる方法 ※保全状況等を勘案せずに、債権残高と予想損失率によって貸倒引当金を算定する方法は旧金融検査マニュアルのみで規定された方法で、「実務指針４号」等では規定されていない。	正常先や要注意先と同様の方法であるが、破綻懸念先の債務者数が多く、小口でリスクが分散されていることが前提になる。
<Ｃ> 売却による回収見込額によって見積もる方法	売却可能な市場を有する債権について、合理的に算定された当該債権の売却可能額を控除した残額を予想損失率とする方法 実務上は市場価格が存在しないため、売却が決定した債権について適用される。	実務上の売却額は通常、DCF法によって算定されるが、<Ａ>法によるDCF法とは異なる点がある。

これに倒産する確率を乗じて算定している。

(6) 債権残高に予想損失率を乗じた額を引当てる方法<Ｂ－２>

　正常先または要注意先債権に対する一般貸倒引当金と同様の方法によって引

き当てる方法である。破綻懸念先の数が多く、小口で分散が図られている場合においては合理的な方法である。

(7) 売却可能な市場を有する債権については売却可能額を回収可能額とする方法＜Ｃ＞

売却可能な市場を有する債権について、合理的に算定された当該債権の売却可能額を控除した残額を予想損失額とする方法であるが、現状では不良債権の市場価格といえるほど客観的な価格がないため、実務的には実際に売却が決定した債権について適用される方法である。

引当額は債権残高から売却によって回収が可能と見込まれる金額を差し引いて算定する。売却価格の決定はDCF法によって行われるが、ここでのDCF法は貸出金の減損を算定する＜Ｂ＞法におけるDCF法とは異なり、売却価格を算定するものであるため、買い手の将来キャッシュ・フローの見込や割引率がかなり保守的になるため、＜Ｃ＞法による場合には貸倒引当金が増大することが多い。

■ 4. 実質破綻先および破綻先債権の貸倒引当金の算定および直接償却

実質破綻先および破綻先に対する債権のうち、Ⅲ分類に相当する部分については貸倒引当金を計上し、Ⅳ分類に相当する部分について直接償却をする、いわゆる部分直接償却を行っている金融機関が多い（「直接償却」に対して、貸倒引当金を計上することを「間接償却」ということもある）。

Ⅳ分類は回収が不可能とみなされているため直接減額し、Ⅲ分類額は担保の評価額と処分可能見込額の掛目差額部分であり、回収の可否は実際に処分されてみなければ分からない面があるため、直接償却せずに貸倒引当金を設定しているケースが多い。

ただし、Ⅲ分類について直接償却が否定されているわけでも、Ⅳ分類について直接償却が強制されているわけでもない。実務的には、直接償却は不良債権額の減額のために実施しているという側面も否定できない。直接償却は、不良債権額の減額につながるものであるが、その後の処理に注意が必要である。つまり、担保物件の時価が上昇し、従来のⅣ分類額が減少したとしても一旦償却した部分については実際に回収されるまでは原則として戻入は認められない

（切離法）。

　実際に回収された場合に、既に償却済の部分に対応する額を「償却債権取立益（経常収益）」とする。

▌5.　その他の引当金

(1) 特定債務者支援引当金

　経済的困難に陥った債務者の再建・支援を図るため、債権放棄、現金贈与等の方法による支援を行っている場合は、原則として、当該支援に伴い発生が見込まれる損失見込額を算定し、当該損失見込額に相当する額を特定債務者支援引当金として計上する。

　具体的には、金融機関の連結対象子会社（いわゆる関連ノンバンクを含む）の支援に伴う損失見込額の算定に当たり、当該連結対象子会社の資産査定の結果を踏まえ、当該子会社の分類額から当該子会社からの回収見込額（資本の部に計上されている額および経営改善計画期間中のキャッシュ・フローによる回収見込額の合計額）を控除（Ⅳ分類から先に充当する）した後に残存するⅢおよびⅣ分類について、金融機関の償却・引当額の算定と同様の方法またはこれに準じた方法により、当該子会社の所要償却・引当額の算定を行い、当該所要償却・引当額を支援に伴う損失見込額として特定債務者支援引当金に計上する。この場合、少なくともⅣ分類とされた部分は全額、Ⅲ分類とされた部分は金融機関の償却・引当基準に基づく破綻懸念先に対する債権と同様の方法により予想損失額の算定を行い、当該予想損失額を損失見込額として特定債務者支援引当金に計上する。

　なお、特定の債務者に対する債権放棄、現金贈与等の方法による支援に伴う損失見込額については、特定債務者支援引当金として計上することが基本であるが、債権放棄の方法により支援を行っている場合において、当該特定の債務者の債務者区分が破綻懸念先で支援に伴う損失見込額が債権の範囲内であり、かつ、当該損失見込額が少額で特定債務者支援引当金を設定する必要性に乏しい場合など合理的な根拠がある場合は、個別貸倒引当金として計上できる（旧金融検査マニュアル「別表2」2．（1））

(2) その他の偶発損失引当金

上記以外に発生の可能性が高い将来の偶発損失等を有する場合には、合理的に見積もられた将来負担すると見込まれる額を損失見込額としてその他の偶発損失引当金に計上する。

　特に、債権流動化等の方法によりオフ・バランス化を図っているもののうち、信用リスクが完全に第三者に転嫁されず、信用リスクの全部または一部を金融機関が抱えている場合で、Ⅲ分類とされた部分のうち予想損失額に相当する額およびⅣ分類とされた部分を損失見込額としてその他の偶発損失引当金に計上する（旧金融検査マニュアル「別表2」2．（2））。

━━第3章　出題━━

　解答にあたり、分類額の算定については旧金融検査マニュアルに従うものとする。

■ 第81回関連出題 ■

第1問 （第81回）

　償却・引当制度に関する次の記述について、最も不適切な選択肢を一つ選びなさい。

（1）合理的で適切な内部モデルにより信用リスクの計量化が行われている場合には、貸倒引当金の総額と信用リスクの計量化等によって導き出されたポートフォリオ全体の予想貸倒損失額を比較し、その特性を踏まえた上で貸倒引当金総額の水準の十分性を確認する必要がある。

（2）地方公共団体及び国に対する債権については、回収の危険性または価値の毀損の危険性がないものとして貸倒引当金の対象とはしないことができる。

（3）貸倒引当金の算定は、原則として債務者の信用リスクの程度等を勘案した信用格付に基づき自己査定を行い、自己査定結果に基づき償却・引当額の算定を行うなど、信用格付に基づく自己査定と償却・引当とを一貫性をもって連動して行うことが基本である。

（4）資産等の流動化に係る債権については、当該スキームに内在するリスクを適切に勘案した上で、損失額を合理的に見積り計上する。

（5）プロジェクト・ファイナンスの債権に係る償却・引当の算定においては、貸倒実績がないことをもって、引当を行わない理由とすることができる。

解答：P.173

第2問 （第81回）

　一般貸倒引当金の算定に関する次の記述について、最も不適切な選択肢を一

つ選びなさい。

（1）要管理先に対する債権について今後3年間の予想損失額を見積もっている場合には、通常、妥当なものと認められる。

（2）要注意先に対する債権に係る貸倒引当金について、債権の平均残存期間に対応する今後の一定期間における予想損失額を見積もる場合には、実際の契約期間に関わらず、今後2年間の損失を下限として見積もる必要がある。

（3）予想損失額の算定に当たっては、少なくとも過去3算定期間の貸倒実績率又は倒産確率の平均値（今後の一定期間に対応する過去の一定期間における累積の貸倒実績率又は倒産確率の3期間の平均値）に基づき、過去の損失率の実績を算出し、これに将来の損失発生見込に係る必要な修正を行うことが必要である。

（4）正常先に対する債権に係る貸倒引当金については、債権の平均残存期間に対応する今後の一定期間における予想損失額を見積もることが基本である。

（5）破綻懸念先に対する債権に係る貸倒引当金について、通常は、今後3年間の予想損失額を見積もっていれば妥当なものと認められる。

解答：P.173

第3問　　　　　　　　　　　　　　　　　　　　　　　　（第81回）

　要注意先に対する債権に係る貸倒引当金にDCF法を採用している場合に関する次の記述について、最も不適切な選択肢を一つ選びなさい。

（1）DCF法に基づく貸倒引当金計上額と過去の貸倒実績率又は倒産確率に基づき今後の一定期間における予想損失額を見込む方法によって算出した金額と比較して合理性を確認する必要がある。

（2）将来キャッシュ・フローの見積り並びにその基礎となった前提、仮定及びシナリオは決算の都度見直さなければならない。

（3）要管理先の大口債務者については、DCF法を適用することが望ましいが、将来キャッシュ・フローを合理的に見積もることが困難なため、や

むを得ずDCF法を適用できなかった債務者に対する債権については、要管理先全体の平均残存期間に対応する今後の一定期間における予想損失額を見積もることが望ましい。

（4）前期以前に要管理先としてDCF法又は個別的な残存期間を算定する方法により貸倒引当金を算定していた大口債務者が、その他要注意先に上位遷移した場合、原則として経営改善計画等の期間内は、DCF法又は平均残存期間に対応する今後の一定期間における予想損失額又は今後3年間の予想損失額を見積もる方法を適用することが望ましい。

（5）DCF法によって貸倒引当金を計上する場合の割引率は、債権の貸出条件の緩和を実施する前に当該貸出金に適用されていた約定利子率、又は、取得当初の実効利子率とする。

解答：P.173

第4問

　実質破綻先及び破綻先に対する債権に係る貸倒引当金に関する次の記述について、最も適切な選択肢を一つ選びなさい。

（1）貸出金についてⅢ分類とされた金額は、直接償却は認められず、貸倒引当金を計上する必要がある。

（2）貸出金についてⅣ分類とされた金額は、貸倒引当金の計上は認められず、直接償却を計上する必要がある。

（3）予想損失額に相当する額について貸倒引当金の計上は認められず、直接償却する必要がある。

（4）Ⅲ分類とされた債権額について貸倒引当金を計上し、Ⅳ分類とされた債権額について直接償却することが認められている。

（5）回収が確実と見込まれる部分をすべてⅡ分類とし、Ⅲ分類とされた額からさらに回収見込額を貸倒引当金の設定対象から控除することができる。

解答：P.173

第5問 (第80回)

銀行等監査特別委員会報告第4号銀行等金融機関の資産の自己査定並びに貸倒償却及び貸倒引当金の監査に関する実務指針における貸倒引当金の計上に関する次の記述について、最も不適切な選択肢を一つ選びなさい。

（1）「金融商品に関する会計基準」では債権を、①一般債権、②貸倒懸念債権、③破産更生債権等の3つに分けているが、金融機関においてはさらにこれを細分化し、①正常先債権、②要注意先債権、③破綻懸念先債権、④実質破綻先債権、⑤破綻先債権とし、それぞれの区分ごとに間接または直接償却を実施することになる。

（2）期末日現在に保有する債権の信用リスクが、金融機関の債権に影響を与える外部環境等の変化により過去に有していた債権の信用リスクと著しく異なる場合には、過去の実績率を補正することが必要である。

（3）実質破綻先債権は、債権額から担保の処分可能見込額及び保証による回収が可能と認められる額を減算し、残額のうち必要額を貸借対照表に貸倒引当金として計上する。

（4）正常先債権は、債権額で貸借対照表に計上し、貸倒実績率又は倒産確率に基づき、発生が見込まれる損失率を求め、これに将来見込み等必要な修正を加えて貸倒引当金を計上する。

（5）貸倒実績率又は倒産確率の適用に当たっては、信用リスクをより的確に引当に反映するため、信用格付制度における信用格付等により正常先債権及び要注意先債権をさらに区分したグループ別に、又は住宅ローン等商品の特性別、業種別等のグループ別に適用することがより望ましい。

解答：P.174

第6問 (第80回)

銀行等金融機関において貸倒引当金の計上方法としてキャッシュ・フロー見積法（DCF法）が採用されている場合の監査上の留意事項におけるDCF法

の留意事項に関する次の記述について、**最も適切な選択肢を一つ選びなさい。**

（1）再建計画等が策定されていない場合においては、将来のキャッシュ・フローを合理的に見積もることができないためＤＣＦ法を使用することはできない。

（2）要注意債権に対して適用する場合の割引率は決算期末時点における、同等のリスクを有する債務者に対する新規貸出実行金利である。

（3）破綻懸念先に対する債権についてＤＣＦ法を適用する場合の割引率は当初の約定利子率または実効利子率である。

（4）割引計算の対象になるのは将来キャッシュ・フローのうち、元本に係るキャッシュ・フローのみである。

（5）破綻懸念先債権に対するＤＣＦ法は債務者単位で適用するのが原則である。

解答：P.174

第7問　(第80回)

　一般貸倒引当金の算定における異常値控除に関する次の記述について、**最も不適切な選択肢を一つ選びなさい。**

（1）貸倒実績率が上昇した要因が特定の大口先の貸倒である場合でも、貸倒実績率の算定において当該損失を異常値として除外して算定することは望ましくない。

（2）貸倒実績率又は倒産確率の算定に当たっての債務者区分を正常先あるいは要注意先としていたものを、本来の債務者区分は破綻懸念先であったことを理由に、当該特定先に対する損失額又は倒産件数を異常値として控除することは認められない。

（3）特定の地域に係る損失額または倒産件数が、他の地域と比べて著しく相違している場合であっても、異常値として控除することは望ましくない。

（4）債務者のリスク特性に応じたグルーピングを行い、グループ毎の貸倒実績率又は倒産確率を算定し、これに基づき予想損失率を求めることができる。

（5）特定の業種の貸倒実績率が他の業種に比べて高い場合であっても、異常
　　　値として控除するのは望ましくない。

解答：P.175

第8問　　　　　　　　　　　　　　　　　　　　　　　　　　　（第80回）

　一般貸倒引当金の算定に関する次の記述について、最も不適切な選択肢を一
つ選びなさい。

（1）予想損失率は少なくとも過去の3算定期間の貸倒実績率又は倒産確率の
　　　平均値を基礎に将来の予測を踏まえた必要な修正を行い決定する。

（2）正常先に対する債権については、今後1年間の予想損失を見込むことが
　　　認められている。

（3）要管理先に対する債権以外の要注意先債権については、今後2年間の予
　　　想損失額を見込んでいなければならない。

（4）要管理先に対する債権については、今後3年間の予想損失額を見込んで
　　　いる場合、妥当なものと認められる。

（5）正常先に対する債権については、債権の平均残存期間に対応する今後の
　　　一定期間における予想損失額を見積もることが基本である。

解答：P.175

■ 第78回関連出題 ■

第9問　　　　　　　　　　　　　　　　　　　　　　　　　　　（第78回）

　償却・引当制度の概要に関する次の記述について、最も不適切な選択肢を一
つ選びなさい。

（1）合理的で適切な内部モデルにより信用リスクの計量化が行われている場
　　　合には、貸倒引当金の総額と信用リスクの計量化等によって導き出され
　　　たポートフォリオ全体の予想貸倒損失額を比較し、その特性を踏まえた
　　　上で貸倒引当金総額の水準の十分性を確認する必要がある。

（2）国、地方公共団体及び国が出資する法人に対する債権については、回収

の危険性又は価値の毀損の危険性がないものとして貸倒引当金の対象と
はしない。

（3）預金保険法附則第16条第2項の認定が行われた金融機関（被管理金融機
関）に対する債権については、回収の危険性又は価値の毀損の危険性が
ないものとして貸倒引当金の対象とはしない。

（4）貸倒引当金は、少なくとも債権（貸出金及び貸出金に準ずる債権）を対
象とし、発生の可能性が高い将来の損失額を合理的に見積もり計上する。

（5）貸倒引当金以外の引当金については、発生の可能性が高い将来の偶発損
失等を合理的に見積もり計上する。

解答：P.175

第10問

（第78回）

　金融商品に関する会計基準における貸倒見積高の算定に関する次の記述につ
いて、最も不適切な選択肢を一つ選びなさい。

（1）貸倒見積高の算定にあたっては、債務者の財政状態及び経営成績等に応
じて、債権を「一般債権」「貸倒懸念債権」「破産更生債権」に区分する。

（2）一般債権については、債権全体又は同種・同類の債権ごとに、債権の状
況に応じて求めた過去の貸倒実績率等合理的な基準により貸倒見積高を
算定する。

（3）貸倒懸念債権については、債権の状況に応じて、①債権額から担保の処
分見込額及び保証による回収見込額を減額し、その残額について債務者
の財政状態及び経営成績を考慮して貸倒見積高を算定する方法、又は②
債権の元本の回収及び利息の受取りに係るキャッシュ・フローを合理的
に見積もることができる債権については、債権の元本及び利息について
元本の回収及び利息の受取りが見込まれるときから当期末までの期間に
わたり当初の約定利子率で割り引いた金額の総額と債権の帳簿価額との
差額を貸倒見積高とする方法により貸倒見積高を算定する。

（4）破産更生債権等については、債権額から担保の処分見込額及び保証によ
る回収見込額を減額し、その残額を貸倒見積高とする。

（５）破産更生債権等の貸倒見積高は、原則として、債権金額又は取得価額から直接減額する。

解答：P.176

第11問 （第78回）

　銀行等金融機関において貸倒引当金の計上方法としてキャッシュ・フロー見積法（ＤＣＦ法）が採用されている場合の監査上の留意事項のうち、ＤＣＦ法の留意事項に関する次の記述について、最も不適切な選択肢を一つ選びなさい。

（１）破綻懸念先に対する債権についてＤＣＦ法を適用する場合の割引率は当初の約定利子率又は実効利子率である。

（２）ＤＣＦ法を適用する場合の割引率である発生当初の約定利子率とは、貸出条件の緩和を実施した後に当該貸出金に適用される約定利子率をいうことに留意する。

（３）破綻懸念先にＤＣＦ法を適用する場合、再建計画等により将来キャッシュ・フローを合理的に見積もることが可能な場合は５年程度、それ以外の場合は３年程度が目安となる。

（４）債権放棄等、十分な貸出条件の緩和が行われた結果、貸倒リスクが大幅に減少した場合であっても、ＤＣＦ法適用に当たっては、不確実性に応じた将来キャッシュ・フローの見積もりに対する調整は必要である。

（５）将来売却することが取締役会等で決定している債権については、売却決定額又は売却可能見込額を当該債権の将来キャッシュ・フローに含めて当該債権の発生当初の約定利子率又は取得当初の実行利子率で割り引いて現在価値を計算する。

解答：P.176

第12問 （第78回）

　貸倒実績率に基づく貸倒引当金の計上に関する次の記述について、最も不適切な選択肢を一つ選びなさい。

（1）貸倒実績率は貸倒償却等毀損額を債権残高で除して算定されるが、この貸倒償却等毀損額には個別貸倒引当金繰入額が含まれ、算定期間中に戻入があった場合には調整する。

（2）貸倒実績率は貸倒償却等毀損額を債権残高で除して算定されるが、この貸倒償却等毀損額にはＤＥＳ（デット・エクイティ・スワップ）による損失も含まれる。

（3）貸倒実績率は貸倒償却等毀損額を債権残高で除して算定されるが、この貸倒償却等毀損額には債権売却総額も含まれる。

（4）貸倒実績率は貸倒償却等毀損額を債権残高で除して算定されるが、この貸倒償却等毀損額には債権放棄額も含まれる。

（5）貸倒実績率算定における分母となる債権残高は各引当区分の実績率算定期間期首の債権額である。

解答：P.176

第13問 （第78回）

倒産確率に基づく貸倒引当金の計上に関する次の記述について、最も不適切な選択肢を一つ選びなさい。

（1）倒産確率に基づく予想損失率は、倒産確率に（1－回収見込率）を乗じて算定する。この場合、（1－回収見込率）を無担保比率、平均毀損割合とする方法がある。

（2）倒産件数には、破綻先となった全ての件数が反映される必要がある。

（3）倒産件数には、何らかの形で実質破綻先となった件数を反映することが必要であり、例えば、実質破綻先となった件数に倒産確率を乗じて算出した件数を反映させる方法がある。

（4）倒産確率の算定に当たって、信用格付別又は債務者区分別に遷移分析を行っている場合には、当該分析に合理的な根拠が必要である。

（5）倒産確率を採用している場合においても、大口の損失が発生したことにより、貸倒実績率による方法により算定した予想損失額が倒産確率による予想損失額を上回ると見込まれる場合、貸倒実績率による方法により

算定した予想損失額を貸倒引当金として計上することが望ましい。

解答：P.177

第14問 （第78回）

　一般貸倒引当金の予想損失額に関する次の記述について、最も不適切な選択肢を一つ選びなさい。

（1）予想損失率は少なくとも過去の３年間の貸倒実績率又は倒産確率の平均値を基礎に将来の予測を踏まえた必要な修正を行い決定する。

（2）正常先に対する債権に係る貸倒引当金については、債権の平均残存期間に対応する今後の一定期間における予想損失額を見積もることが基本である。

（3）その他要注意先に対する債権に係る貸倒引当金については、債権の平均残存期間に対応する今後の一定期間における予想損失額を見積もることが基本である。

（4）その他要注意先に対する債権について今後１年間の予想損失額を見積もっている場合には、通常、妥当なものと認められる。

（5）要管理先に対する債権について今後３年間の予想損失額を見積もっている場合には、通常、妥当なものと認められる。

解答：P.177

第15問 （第78回）

　要注意先に対する債権に係る貸倒引当金にＤＣＦ法を採用している場合に関する次の記述について、最も不適切な選択肢を一つ選びなさい。

（1）ＤＣＦ法によって貸倒引当金を計上することができるのは、元本及び利息の受取に係るキャッシュ・フローを合理的に見積もることができる債権である。

（2）将来キャッシュ・フローを合理的に見積もることが困難なため、やむを得ずＤＣＦ法を適用できなかった債務者に対する債権については、個別

に残存期間を算定し、その残存期間に対応する今後の一定期間における予想損失額を見積もることは原則として認められない。
（3）要注意先に対する債権に係る貸倒引当金をDCF法によって計上した場合、当該貸倒引当金は一般貸倒引当金となる。
（4）DCF法は原則として債権単位で適用する。
（5）要管理先の「大口債務者」については、DCF法を適用することが望ましい。この大口債務者とは、当面、与信額が100億円以上の債務者をいう。

解答：P.177

第16問 （第78回）

　実質破綻先及び破綻先に対する債権に係る貸倒引当金に関する次の記述について、最も適切な選択肢を一つ選びなさい。
（1）Ⅳ分類とされた全額及びⅢ分類とされた債権額のうち予想損失率を乗じた額の合計を予想損失額とすることが認められている。
（2）予想損失額を債権額全体に対する予想損失率に基づき計上することも認められる。
（3）Ⅲ分類とされた額からさらに回収見込額を控除することができる。
（4）Ⅳ分類とされた金額は、直接償却せず貸倒引当金を設定することができる。
（5）実質破綻先以下の債務者についても、大口債務者についてはDCF法を適用することが望ましい。

解答：P.178

第17問 （第78回）

　特定海外債権引当勘定に関する次の記述について、最も不適切な選択肢を一つ選びなさい。
（1）正常先に対する債権及び要注意先に対する債権のうち、特定海外債権引当勘定の対象となるものについては、一般貸倒引当金に加え、対象国の

財政状況等による予想損失率を債権額に乗じた予想損失額を引当金として計上する。

（2）破綻懸念先、実質破綻先及び破綻先に対する債権のうち、特定海外債権引当勘定の対象となるものについて、個別債務者毎の財務状況等による予想損失額に加え、当該債務者の債権残高に対象国の財政状況等による予想損失率を乗じた予想損失額を特定海外債権引当勘定又は個別貸倒引当金に計上する。

（3）特定海外債権引当勘定についての予想損失率は、特定国の債権の売却可能額、格付機関による格付等を斟酌して合理的に設定する必要がある。

（4）特定海外債権引当勘定は、対象となる債権に特定国の財政状況、経済状況、外貨繰り等を起因とする将来発生が見込まれる予想損失率を乗じた予想損失額として計上する。

（5）ストラクチャー上、トランスファーリスクが回避されている債権については特定海外債権引当勘定を設定する必要はない。

解答：P.178

第18問

（第78回）

特定債務者支援引当金に関する次の記述について、最も不適切な選択肢を一つ選びなさい。

（1）経済的困難に陥った債務者の再建・支援を図るため、現金贈与の方法による支援を行っている場合には、原則として特定債務者支援引当金の計上が必要である。

（2）自金融機関の連結対象子会社の支援に伴う損失見込額の算定においては、当該子会社の分類額から当該子会社からの回収見込額を控除した後に残存するⅢ及びⅣ分類についてⅣ分類額の全額及びⅢ分類額とされた部分のうち破綻懸念先に対する債権と同様の方法により算定された予想損失額を損失見込額として特定債務者支援引当金に計上する。

（3）特定債務者支援引当金の計上対象となる連結対象子会社には、いわゆる関連ノンバンクやグループ内保証会社が含まれる。

（4）他の金融機関の連結対象子会社に対する債権については、原則として自金融機関と同様の方法により資産査定を行い、Ⅲ分類及びⅣ分類額に対して特定債務者支援引当金を計上する。

（5）債権放棄の方法により支援を行っている場合において、支援先が破綻懸念先で、支援に伴う損失見込額が債権の範囲内であり、かつ、当該損失見込額が少額で特定債務者支援引当金を設定する必要性に乏しい場合など合理的な根拠がある場合は、個別貸倒引当金として計上できる。

解答：P.178

第19問 （第78回）

企業会計基準適用指針第26号「繰延税金資産の回収可能性に関する適用指針」における企業の分類に関する次の記述について、**最も不適切な選択肢を一つ選びなさい。**

（1）過去（3年）及び当期のすべての事業年度において、期末における将来減算一時差異を十分に上回る課税所得が生じており、当期末において、近い将来に経営環境に著しい変化が見込まれない企業は（分類1）に該当する。

（2）過去（3年）及び当期のいずれかの事業年度において、期末における将来減算一時差異を上回る課税所得が生じており、当期末において、近い将来に経営環境に著しい変化が見込まれず、かつ過去（3年）及び当期のいずれの事業年度においても重要な税務上の欠損金が生じていない企業は（分類2）に該当する。

（3）過去（3年）及び当期において、臨時的な原因により生じたものを除いた課税所得が大きく増減しているが、過去（3年）及び当期のいずれの事業年度においても重要な税務上の欠損金が生じていない企業は（分類3）に該当する。ただし、（分類4）の条件を満たす企業を除く。

（4）次のいずれかの要件を満たし、かつ、翌期において一時差異等加減算前課税所得が生じることが見込まれる企業は、（分類4）に該当する。

　①過去（3年）又は当期において、重要な税務上の欠損金が生じている。

②過去（3年）において、重要な税務上の欠損金の繰越期限切れとなった事実がある。

③当期末において、重要な税務上の欠損金の繰越期限切れが見込まれる。

（5）過去（3年）及び当期のすべての事業年度において、重要な税務上の欠損金が生じており、かつ翌期においても重要な税務上の欠損金が生じることが見込まれる企業は、（分類5）に該当する。

解答：P.179

第20問

　企業会計基準適用指針第26号「繰延税金資産の回収可能性に関する適用指針」における繰延税金資産の回収可能性に関する次の記述について、最も不適切な選択肢を一つ選びなさい。

（1）（分類1）に該当する企業においては、繰延税金資産の全額について回収可能性があるものとする。

（2）（分類2）に該当する企業においては、一時差異等のスケジューリングの結果、繰延税金資産を見積もる場合、当該繰延税金資産は回収可能性があるものとする。

（3）（分類3）に該当する企業においては、将来の合理的な見積可能期間（概ね3年）以内の一時差異等加減算前課税所得の見積額に基づいて、当該見積可能期間の一時差異等のスケジューリングの結果、繰延税金資産を見積もる場合、当該繰延税金資産は回収可能性があるものとする。

（4）（分類4）に該当する企業においては、合理的な見積期間（概ね1年）以内の一時差異等加減算前課税所得の見積額に基づいて繰延税金資産を見積もる場合、当該繰延税金資産は回収可能性があるものとする。

（5）（分類5）に該当する企業においては、原則として、繰延税金資産の回収可能性はないものとする。

解答：P.179

第21問

　以下の正常先債権の貸倒実績データに基づいてＸ４期末における正常先債権に対する一般貸倒引当金を算定し、最も適切な選択肢を一つ選びなさい。なお、損失見込期間は１年として、損失見込率は過去３算定期間の平均貸倒実績率として計算しなさい。なお、最終計算結果の小数点第１位を四捨五入して算定することとする。

〈正常先債権の貸倒実績データ〉

	期末債権残高	期中に発生した 貸倒償却等毀損額
Ｘ１期	10,000	300
Ｘ２期	12,000	400
Ｘ３期	15,000	600
Ｘ４期	16,000	900

（1）551
（2）691
（3）800
（4）900
（5）960

解答：P.179

第22問

　以下の破綻懸念先に対する債権に係る貸倒引当金の額として最も適切な選択肢を一つ選びなさい。なお貸倒引当金の額は債権のⅢ分類額に予想損失率（60％）を乗じた金額とする。（単位：百万円）

〈条件〉

　当行の与信総額は160（融資シェア40％）であり、その内訳は決済確実な割引手形20、手形貸付80、証書貸付60（うち10は保証協会の保証付）である。なお、当該債務者の有する営業債権（受取手形・売掛金）は50（うち不良債

権額10)、棚卸資産は30、営業債務（支払手形・買掛金）は40である。

　保全面は、代表者の自宅（評価額50、処分可能見込額は評価額の7割）に極度額40（他行先順位債権額10）の根抵当権を設定している。また、預金担保として5の定期預金を徴求済である。

　なお、最終計算結果の小数点第1位を四捨五入して算定することとする。

（1）39
（2）51
（3）57
（4）60
（5）63

■ 第77回関連出題 ■

第23問 （第77回）

　銀行等監査特別委員会報告第4号における償却・引当に関する次の記述について、最も不適切な選択肢を一つ選びなさい。

（1）金融機関の保有する債権の信用リスクが毎期同程度であれば、将来発生する損失の見積りに当たって、過去の実績率を用いることが適切である。

（2）金融機関が信用リスクをより的確に引当に反映するため、将来見込み等必要な修正及び過去の実績率の補正を行う場合、現状は、会計基準等において具体的に明示された方法がないことから、経営者の判断によることになる。

（3）プロジェクト・ファイナンスの債権は、当該債権の回収の危険性の度合いに応じて、みなし債務者区分を付し、当該区分に応じた予想損失額を合理的に見積計上する。

（4）貸倒実績率又は倒産確率の適用に当たっては、信用リスクをより的確に引当に反映するため、信用格付制度における信用格付等により正常先債権及び要注意先債権を更に区分したグループ別に、又は住宅ローン等商品の特性別、業種別等のグループ別に適用することがより望ましい。

（5）破綻懸念先債権について、債権額から担保の処分可能見込額、保証による回収が可能と認められる額及び清算配当等を差し引いた差額に予想損失率を乗じることにより回収不能額を算出する場合、今後3年間の予想損失額を見込むことを原則とする。

解答：P.180

第24問 （第77回）

要注意先に対するＤＣＦ法による貸倒引当金の計上に関する次の記述について、最も適切な選択肢を一つ選びなさい。

（1）ＤＣＦ法の適用対象となるのは大口の債権に限定されている。

（2）適用する割引率は決算期末時点における、同等のリスクを有する債務者に対する新規貸出実行金利である。

（3）割引計算の対象になるのは将来キャッシュ・フローのうち、元本に係るキャッシュ・フローのみである。

（4）キャッシュ・フローを見込む場合の期間に関して、再建計画等に基づきキャッシュ・フローを合理的に見積もることが可能な場合には10年程度が目安となる。

（5）将来キャッシュ・フローの合理的な見積可能期間後の残債については不確実性が高いものの、より慎重な見積りに基づきキャッシュ・フローを見込むことは認められる。

解答：P.181

第25問 （第77回）

正常先債権及び要注意先債権の貸倒実績率又は倒産確率に基づく貸倒引当金の計上における一定期間に関する次の記述について、最も適切な選択肢を一つ選びなさい。

（1）正常先については今後1年間の損失を見込むことが原則である。

（2）その他の要注意先については今後1年間の損失を見込むことが原則であ

る。

（3）その他の要注意先については今後2年間の損失を見込むことが原則である。

（4）要管理先については今後3年間の損失を見込むことが原則である。

（5）いずれの債務者区分においても損失を見込む期間は貸出金等の平均残存期間が妥当とされている。

解答：P.181

第26問 （第77回）

貸倒実績率の算定に関する次の記述について、**最も不適切な選択肢を一つ選びなさい**。

（1）貸倒実績率の算定における貸倒償却等毀損額にはDES（デット・エクイティ・スワップ）による損失は含まれない。

（2）貸倒実績率の算定における貸倒償却等毀損額には債権売却損が含まれる。

（3）貸倒実績率の算定における貸倒償却等毀損額には債権放棄額が含まれる。

（4）貸倒実績率の算定における貸倒償却等毀損額には間接償却額が含まれる。

（5）貸倒実績率の算定における貸倒償却等毀損額には直接償却額が含まれる。

解答：P.182

第27問 （第77回）

以下の破綻懸念先に対する債権に対する引当額として**最も適切な選択肢を一つ選びなさい**。なお、引当額は債権のⅢ分類額に予想損失率（60％）を乗じた金額とする。

〈条件〉

当行の与信総額は100百万円（融資シェア50％）であり、その内訳は決済確実な割引手形10百万円、手形貸付40百万円、証書貸付50百万円（うち20百万円は保証協会の保証付）である。

なお、当該債務者の有する営業債権（受取手形・売掛金）は40百万円（不

良債権額10百万円）、棚卸資産は20百万円、営業債務（支払手形・買掛金）
は20百万円である。
　保全面は代表者の自宅（評価額40百万円、処分可能見込額は評価額の7割）
に極度額40百万円（他行先順位債権額10百万円）の根抵当権を設定している。
　また、預金担保として10百万円の定期預金を徴求済である。
（1）13.2百万円
（2）19.2百万円
（3）25.2百万円
（4）31.2百万円
（5）37.2百万円

解答：P.182

第28問 （第77回）

　破綻懸念先に対するＤＣＦ法による貸倒引当金の計上に関する次の記述について、最も適切な選択肢を一つ選びなさい。
（1）破綻懸念先に対する債権についてＤＣＦ法を適用する場合の割引率は不良債権市場における投資家の期待収益率である。
（2）破綻懸念先に対する債権についてＤＣＦ法を適用する場合の割引率は算定基準日におけるＤＣＦ対象債権の加重平均利子率である。
（3）破綻懸念先債権に対するＤＣＦ法は債務者単位で適用することが原則である。
（4）各金融機関の定める一定の金額以上の破綻懸念先債権に対しては、ＤＣＦ法を適用しなければならない。
（5）破綻懸念先にＤＣＦ法を適用する場合、再建計画等により将来キャッシュ・フローが合理的に見積ることが可能な場合は5年程度、それ以外の場合3年程度が目安となる。

解答：P.183

　実質破綻先及び破綻先の償却・引当に関する次の記述について、最も適切な選択肢を一つ選びなさい。

（1）予想損失額を債権額全体に対する予想損失率に基づき計上することも認められる。

（2）予想損失額を貸倒引当金として計上することも認められる。

（3）Ⅳ分類とされた全額及びⅢ分類とされた債権額のうち予想損失率を乗じた額の合計を予想損失額とすることが認められている。

（4）大口債務者の場合、ＤＣＦ法を適用することが望ましい。

（5）Ⅲ・Ⅳ分類とされた全額及びⅡ分類とされた債権額のうち予想損失率を乗じた額の合計を予想損失額とすることが認められている。

解答：P.183

　特定債務者支援引当金に関する次の記述について、最も適切な選択肢を一つ選びなさい。

（1）経済的困難に陥った債務者の再建・支援を図るため、債権放棄、現金贈与等の方法による支援を行っている場合には、原則として貸出金に対して特定債務者支援引当金の計上が必要である。

（2）経済的困難に陥った債務者の再建・支援を図るため、現金贈与の方法による支援を行っている場合には原則として特定債務者支援引当金の計上が必要である。

（3）経済的困難に陥った債務者の再建・支援を図るため、増資による支援を行う場合には、原則として特定債務者支援引当金の計上が必要である。

（4）自金融機関の連結対象子会社の支援に伴う損失見込額の算定においては、当該子会社のⅢ及びⅣ分類の合計額を損失見込額として特定債務者支援引当金に計上する。

（5）自金融機関の連結対象子会社の支援に伴う損失見込額の算定においては、

当該子会社のⅣ分類額を損失見込額として特定債務者支援引当金に計上する。

解答：P.183

■ 第75回関連出題 ■

第31問 （第75回）

　正常先又は要注意先の予想損失率に関する次の記述について、最も不適切な選択肢を一つ選びなさい。

（1）倒産確率による方法を採用している場合において、大口の損失が発生したことにより、貸倒実績率による方法により算定した予想損失額が倒産確率による方法により算定した予想損失額を上回ると見込まれる場合には、貸倒実績率による方法により算定した予想損失額を貸倒引当金として計上することが望ましい。

（2）倒産確率に無担保比率を乗じた金額を予想損失率とすることが認められている。

（3）貸倒実績のデータ収集期間は予想損失の見込期間よりも長い方が望ましい。

（4）倒産確率の算定においては、実質破綻先となったうち一定の件数を何らかの形で倒産件数として反映させることが適当である。例えば、実質破綻先となった件数に倒産確率を乗じて算出した件数を反映させる方法がある。

（5）予想損失率は、経済環境の変化、融資方針の変更、ポートフォリオの構成の変化等を斟酌の上、過去の倒産確率に将来の予測を踏まえた必要な修正を行い、決定する。

解答：P.184

第32問 （第75回）

正常先又は要注意先の予想損失率に関する次の記述について、最も不適切な

165

選択肢を一つ選びなさい。

（1）貸倒実績率は貸倒償却等毀損額を債権残高で除して算定されるが、この貸倒償却等毀損額には個別貸倒引当金繰入額が含まれるが、算定期間中に戻入があった場合には調整する。

（2）貸倒実績率は貸倒償却等毀損額を債権残高で除して算定されるが、この貸倒償却等毀損額にはDES（デット・エクイティ・スワップ）による損失も含まれる。

（3）貸倒実績率は貸倒償却等毀損額を債権残高で除して算定されるが、この貸倒償却等毀損額には債権売却損も含まれる。

（4）貸倒実績率は貸倒償却等毀損額を債権残高で除して算定されるが、この貸倒償却等毀損額には債権放棄額も含まれる。

（5）貸倒実績率算定における分母となる債権残高は各引当区分の実績率算定期間期首の債権残高（貸倒引当金控除後）である。

解答：P.184

第33問 (第75回)

　正常先又は要注意先の予想損失率に関する次の記述について、最も不適切な選択肢を一つ選びなさい。

（1）貸倒実績率が上昇している要因が特定の大口債務者の貸倒である場合、貸倒実績率の算定においては当該損失を異常値として除外して算定することが望ましい。

（2）特定の業種の貸倒実績率が他の業種に比べて高い場合には、異常値として控除するのではなく、当該業種を一つのグループとして貸倒実績率を算定した方がよい。

（3）内部格付制度が整備されている場合には、債務者区分よりも細分化された内部信用格付区分毎に一般貸倒引当金を算定することも可能である。

（4）債権残高を債権の金額別、債務者の規模別、個人・法人別、商品の特性別、債権の保全状況別などに応じてグルーピングして予想損失額を算定する方法が望ましい。

（5）経済情勢が急激に悪化している場合には、予想損失率の算定にあたり、直近の算定期間のウェイトを高めるなどの方法による調整を検討する必要がある。

解答：P.185

第34問 （第75回）

引当金に関する次の記述について、最も不適切な選択肢を一つ選びなさい。

（1）債権流動化等の方法によりオフバランス化を図っているもののうち、信用リスクが完全に第三者に転嫁されず、信用リスクの全部又は一部を自金融機関が抱えている場合は、偶発損失引当金の計上が必要である。

（2）自金融機関の連結対象子会社の支援に伴う損失見込額の算定においては、当該子会社のⅢ及びⅣ分類から回収見込額（資本の部に計上されている額及び経営改善計画期間中のキャッシュ・フローによる回収見込額の合計額）を控除した残額について、Ⅳ分類とされた部分は全額、Ⅲ分類とされた部分は破綻懸念先に対する債権と同様の方法により予想損失額の算定を行い、当該予想損失額を損失見込額として特定債務者支援引当金に計上する。

（3）特定海外債権引当勘定は、預金担保や対象国以外に居住する者による保証及び保険で保全されている等により回収が可能と見込まれる債権に対しては設定する必要はない。

（4）特定海外債権引当勘定は、対象となる債権に特定国の財政状況、経済状況、外貨繰り等を起因とする将来発生が見込まれる予想損失率を乗じた予想損失額として計上する。

（5）信用保証協会における責任共有制度において部分保証方式を選択している場合には負担金の支払いに備えるため、将来発生する可能性のある負担金支払見込額を偶発損失引当金として計上しなければならない。

解答：P.185

第35問

（模擬問題）

　実質破綻先及び破綻先の直接償却に関する次の記述の中から、誤っている選択肢を一つ選びなさい。

（1）実質破綻先及び破綻先のⅣ分類額は、直接償却しなければならない。

（2）実質破綻先及び破綻先のⅣ分類額は直接償却し、Ⅲ分類額は間接償却することもできる。

（3）実質破綻先及び破綻先に対する引当額の算定に、予想損失率を使用することはない。

（4）直接償却を実施すると、通常は開示不良債権額が減少する。

（5）一旦、直接償却した場合には、その後、担保価格が上昇しても、原則として対象債権が回収されるまで収益として計上されることはない。

解答：P.185

第36問

（模擬問題）

　償却・引当に関する次の記述について、誤っている選択肢を一つ選びなさい。

（1）貸出金についてⅣ分類とされた金額は、直接償却しなければならない。

（2）破綻懸念先に対する債権に係る貸倒引当金については、通常は、今後3年間の損失見積額を計上していれば妥当と認められる。

（3）破綻懸念先に対する債権に係る貸倒引当金については、Ⅲ分類とされた債権額に予想損失率を乗じた額を予想損失額とする方法が認められている。

（4）破綻懸念先に対する債権に係る貸倒引当金については、売却可能な市場を有する債権について、合理的に算定された当該債権の売却可能額を回収見込額とし、債権額から回収見込額を控除した残額を予想損失額とする方法が認められている。

（5）実質破綻先及び破綻先に対する債権については、通常、DCF法により予想損失額を計上する方法は想定されていない。

解答：P.186

第37問 (模擬問題)

その他有価証券に区分されている上場企業B社株式の決算前簿価が200、決算時の時価が180であった場合の自己査定による分類額として、適切なものを一つ選びなさい。なお、実効税率は40%とする。

（1）非分類180、Ⅱ分類20
（2）非分類180
（3）非分類200
（4）Ⅱ分類180
（5）Ⅱ分類200

解答：P.187

第38問 (模擬問題)

次の自己査定の結果を受けて、以下の予想損失率に基づいた償却・引当の金額を計算しなさい。

債務者区分	債権残高	資産分類			
		Ⅰ	Ⅱ	Ⅲ	Ⅳ
正常先	10,000	10,000			
要注意先	300	100	200		
破綻懸念先	200	50	100	50	
実質破綻先	100	50	30	10	10
破綻先	50	10	20	10	10
計	10,650	10,210	350	70	20

予想損失率

・正常先：2%

・要注意先：5%

・破綻懸念先：Ⅲ分類額の70%

償却・引当額＝

正常先：①

要注意先：②

破綻懸念先：③

実質破綻先：④

破綻先：⑤

計：⑥

解答：P.187

第39問

（模擬問題）

以下の要注意先債権の貸倒実績データに基づいて、X4期末における要注意先債権に対する一般貸倒引当金を算定しなさい。なお、損失見込期間は1年として、損失見込率は3算定期間（それぞれ1年）の平均貸倒実績率として計算しなさい。

	期末債権残高	貸倒償却等毀損額
X1期	2,000	省略
X2期	1,800	20
X3期	2,200	18
X4期	2,100	35.2

貸倒実績率の計算

第1算定期間：毀損額 ① ／債権残高 ②

＝実績率 ③ ％

第2算定期間：毀損額 ④ ／債権残高 ⑤

＝実績率 ⑥ ％

第3算定期間：毀損額 ⑦ ／債権残高 ⑧

＝実績率 ⑨ ％

貸倒実績率＝（ ③ ％＋ ⑥ ％＋ ⑨ ％）／ ⑩

＝ ⑪ ％

一般貸倒引当金の算定

一般貸倒引当金 ＝ ⑫ 　　　 × ⑪ 　　　 ％ ＝ ⑬ 　　　

解答：P.188

第40問 (模擬問題)

　以下の破綻懸念先債権に対する引当額を計算しなさい。ただし、引当方法は、Ⅲ分類から、今後回収が見込まれる額を差し引いた残額を引き当てるものとし、回収が見込まれる額は再建計画に基づいた今後5年間の回収見込額とする。

● 債権額：1,600
● 分類額：非分類　100
　　　　　　Ⅱ分類　200
　　　　　　Ⅲ分類　1,300
● 回収見込額
1年目：0
2年目：200
3年目：100
4年目：100
5年目：100

引当額 ＝ 　　　　　

解答：P.188

第41問 (模擬問題)

　DCF法に関する次の記述について、正しい選択肢を一つ選びなさい。

（1）預金担保によって、当初約定の元利金の全額が保全されている貸出金については DCF法を適用する必要がない。

（2）精緻な再建計画等が策定されていない場合においては、将来のキャッシュ・フローを合理的に見積もることができないため DCF法を使用することはできない。

（3）DCF法は原則として債務者単位で適用する。

（4）要注意先債権に対して適用する場合の割引率は、決算期末時点における
同等のリスクを有する債務者に対する新規貸出実行金利である。

（5）破綻懸念先に対する債権についてDCF法を適用する場合の割引率は、不
良債権市場における投資家の期待収益率である。

解答：P.188

═══════ 第3章　解答・解説 ═══════

〔第1問〕

正　解：（5）　　　　　　　　　　　　　　　　　　正答率：71.4%

（1）～（4）旧金融検査マニュアルに記載のとおりである。よって、正しい。

（5）貸倒実績がない場合であっても予想損失額を合理的に見積り計上する必
　　　要がある。よって、誤り。

〔第2問〕

正　解：（2）　　　　　　　　　　　　　　　　　　正答率：52.5%

（1）（3）～（5）旧金融検査マニュアルに記載のとおりである。よって、正
　　　しい。

（2）平均残存期間に対応する今後の一定期間における予想損失額を見積るこ
　　　とが基本であるが最低、2年という定めはない。よって、誤り。

〔第3問〕

正　解：（3）　　　　　　　　　　　　　　　　　　正答率：21.4%

（1）（2）（4）（5）旧金融検査マニュアルに記載のとおりである。よって、
　　　正しい。

（3）個別的に残存期間を算定し、その残存期間に対応する今後の一定期間に
　　　おける予想損失額を見積もることが望ましい。よって、誤り。

〔第4問〕

正　解：（4）　　　　　　　　　　　　　　　　　　正答率：55.5%

（1）直接償却をすることも認められる。よって、誤り。

（2）引当金を計上又は直接償却する必要がある。よって、誤り。

（3）貸倒引当金を計上することも認められる。よって、誤り。

（4）旧金融検査マニュアルに記載のとおりである。よって、正しい。

（5）回収が確実と見込まれる部分をすべてⅡ分類とし、Ⅲ分類とされた額からさらに回収見込額を貸倒引当金の設定対象から控除してはいけない。よって、誤り。

〔第5問〕

正　解：（3）　　　　　　　　　　　　　　　　　　　　　　正答率：48.9%

（1）（2）（4）（5）銀行等監査特別委員会報告第4号に記載の通りである。よって、正しい。

（3）債権額から担保の処分可能見込額及び保証による回収が可能と認められる額を減算し、残額を貸倒償却するか又は貸倒引当金として貸借対照表に計上する。よって、誤り。

〔第6問〕

正　解：（3）　　　　　　　　　　　　　　　　　　　　　　正答率：64.4%

（1）再建計画等が策定されていない場合においても、銀行等金融機関で所定の手続きを経た金融支援計画や貸出条件変更契約等により将来のキャッシュ・フローを合理的に見積もることができる場合があり、その場合にはDCF法の適用が可能である。よって、誤り。

（2）割引率は当初の契約利子率または実効金利である。よって、誤り。

（3）銀行等金融機関において貸倒引当金の計上方法としてキャッシュ・フロー見積法（DCF法）が採用されている場合の監査上の留意事項に記載のとおりである。よって、正しい。

（4）DCF法において割引計算の対象になるのは、将来の元本及び利息に係るCFである。よって、誤り。

（5）原則として債権単位である。よって、誤り。

〔第7問〕

正　解：（2）　　　　　　　　　　　　　　　　　　正答率：42.5%

（1）（3）（5）旧金融検査マニュアルに記載のとおりである。よって、正しい。

（2）旧金融検査マニュアルに記載のとおり除外した損失額又は倒産件数を破綻懸念先に対する債権の予想損失額の算定に反映するなど、何らかの方法により貸倒引当金の算定に反映していれば認められる。よって、誤り。

（4）債務者のリスク特性に応じたグルーピングを行い、グループ毎の貸倒実績率又は倒産確率を算定し、これに基づき予想損失率を求めることが望ましい。よって、正しい。

第3章

〔第8問〕

正　解：（3）　　　　　　　　　　　　　　　　　　正答率：73.0%

（1）（2）（4）旧金融検査マニュアルに記載のとおりである。よって、正しい。

（3）要管理先に対する債権以外の要注意先債権については、今後1年間の予想損失額を見込んでいる場合、妥当なものと認められている。よって、誤り。

（5）旧金融検査マニュアルに記載のとおりである。よって、正しい。なお、要注意先債権（要管理先を含む）についても同様である。

〔第9問〕

正　解：（2）　　　　　　　　　　　　　　　　　　正答率：49.5%

（1）（3）（4）（5）旧金融検査マニュアルに記載のとおりである。よって、正しい。

（2）国が出資する法人に対しては、通常どおり、貸倒引当金の設定が必要で

ある。よって、誤り。

〔第10問〕

正　解：（5）   正答率：60.4%

（1）～（4）金融商品に関する会計基準に記載のとおりである。よって、正しい。

（5）破産更生債権等の貸倒見積高は、原則として、貸倒引当金として処理する。ただし、債権金額又は取得価額から直接減額することもできる。よって、誤り。

〔第11問〕

正　解：（2）   正答率：41.8%

（1）（3）（4）（5）銀行等金融機関において貸倒引当金の計上方法としてキャッシュ・フロー見積法（ＤＣＦ法）が採用されている場合の監査上の留意事項に記載のとおりである。よって、正しい。

（2）当初実行時の約定利子率である。よって、誤り。

〔第12問〕

正　解：（3）   正答率：27.6%

（1）算定期間中に個別貸倒引当金を計上した債権について、その後算定期間内に戻入があった場合には、貸倒実績とはしない。よって、正しい。

（2）旧金融検査マニュアルに記載のとおりである。よって、正しい。

（3）債権売却総額ではなく売却損が含まれる。よって、誤り。

（4）旧金融検査マニュアルの記述のとおりである。よって、正しい。

（5）貸倒実績率の算定に際しては、算定期間の期首に存在した債権から、損失が発生した割合を算定する。正しい。

〔第13問〕

正　解：（3）　　　　　　　　　　　　　　　　　　　正答率：57.8%

（1）（2）（4）（5）旧金融検査マニュアルに記載のとおりである。よって、正しい。

（3）実質破綻先となったすべての件数が反映される必要がある。破綻懸念先については、何らかの形で反映することが適当である。よって、誤り。

〔第14問〕

正　解：（1）　　　　　　　　　　　　　　　　　　　正答率：50.5%

（1）貸倒実績率は少なくとも過去の3算定期間の実績に基づいて算定することが必要であり、3年間ではない。よって、誤り。

（2）～（5）旧金融検査マニュアルに記載のとおりである。よって、正しい。

〔第15問〕

正　解：（2）　　　　　　　　　　　　　　　　　　　正答率：73.8%

（1）債権の元本の回収及び利息の受取に係るキャッシュ・フローを合理的に見積ることができる債権について、ＤＣＦ法の適用ができる。よって、正しい。

（2）将来キャッシュ・フローを合理的に見積ることが困難なため、やむを得ずＤＣＦ法を適用できなかった債務者に対する債権については、個別的に残存期間を算定し、その残存期間に対応する今後の一定期間における予想損失額を見積ることが望ましい。よって、誤り。

（3）要注意先に対する債権に係る貸倒引当金は、あくまで一般貸倒引当金である。よって、正しい。

（4）旧金融検査マニュアルに記載のとおりである。よって、正しい。なお、債務者単位での適用も容認されており、実務的には債務者単位の方が多いと考えられる。

（5）旧金融検査マニュアルに記載のとおりである。よって、正しい。

〔第16問〕

正　解：（4）　　　　　　　　　　　　　　　　　　　　　　　正答率：61.5%

（1）Ⅲ分類及びⅣ分類とされた債権額全額を予想損失額とする。よって、誤り。
（2）Ⅲ分類及びⅣ分類とされた債権額全額を予想損失額とする。よって、誤り。
（3）Ⅲ分類及びⅣ分類とされた債権額全額を予想損失額とする。よって、誤り。
（4）旧金融検査マニュアルに記載のとおりである。よって、正しい。
（5）実質破綻先以下の債務者にＤＣＦ法を適用することはできない。よって、誤り。

〔第17問〕

正　解：（2）　　　　　　　　　　　　　　　　　　　　　　　正答率：40.0%

（1）（3）（4）（5）旧金融検査マニュアルに記載のとおりである。よって、正しい。
（2）破綻懸念先、実質破綻先及び破綻先に対する債権のうち、特定海外債権引当勘定の対象となるものについて、個別債務者毎の財務状況等による予想損失額に加え、当該債務者の債権のうち当該予想損失額を除いた部分に対象国の財政状況等による予想損失率を乗じた予想損失を特定海外債権引当勘定又は個別貸倒引当金に計上する。よって、誤り。

〔第18問〕

正　解：（4）　　　　　　　　　　　　　　　　　　　　　　　正答率：45.5%

（1）（2）（3）（5）旧金融検査マニュアルに記載のとおりである。よって、

正しい。

（4）他の金融機関の連結対象子会社に対する債権については一般事業法人に対する債権と同様の方法により分類を行い、貸倒引当金を計上する。よって、誤り。

〔第19問〕

正　解：（2）　　　　　　　　　　　　　　　　　　　　正答率：23.6%

（1）（3）（4）（5）繰延税金資産の回収可能性に関する適用指針に記載のとおりである。よって、正しい。

（2）過去（3年）及び当期のすべての事業年度において、臨時的な原因により生じたものを除いた課税所得が、期末における将来減算一時差異を下回るものの、安定的に生じており、当期末において、近い将来に経営環境に著しい変化が見込まれず、かつ過去（3年）及び当期のいずれの事業年度においても重要な税務上の欠損金が生じていない企業は（分類2）に該当する。よって、誤り。

〔第20問〕

正　解：（3）　　　　　　　　　　　　　　　　　　　　正答率：17.8%

（1）（2）（4）（5）繰延税金資産の回収可能性に関する適用指針に記載のとおりである。よって、正しい。

（3）将来の合理的な見積可能期間は概ね5年とされている。よって、誤り。

【第21問】

正　解：（3）　　　　　　　　　　　　　　　　　　　　正答率：55.3%

貸倒実績率は前期末債権残高に対する当期の損失額の比率を実績率として計算する方が損失と債権の対応の観点から望ましい。

X1期末債権残高に係る貸倒実績率：400／10,000＝4％（X2期期中の毀

損額÷Ｘ１期末残高）

　Ｘ２期末債権残高に係る貸倒実績率：600 ／ 12,000 ＝ 5 ％（Ｘ２期期中の毀
損額÷Ｘ１期末残高）

　Ｘ３期末債権残高に係る貸倒実績率：900 ／ 15,000 ＝ 6 ％（Ｘ２期期中の毀
損額÷Ｘ１期末残高）

　16,000×（ 4 ％＋ 5 ％＋ 6 ％） ／ 3 ＝800

〔第22問〕

正　解：（4）　　　　　　　　　　　　　　　　　　　　正答率：76.4%

　破綻懸念先のため、債権額のうち非分類及びⅡ分類額以外がⅢ分類額となる。
なお、非分類及びⅡ分類額には、正常運転資金相当額が含まれないことに留意
する。

・非分類額　35

（決済確実な割引手形20＋保証協会の保証付貸付10＋預金担保 5 ）

※正常運転資金を非分類にしないこと。

・Ⅱ分類額　25

（不動産処分可能見込額35（＝50×70％）－先順位債権額10）

・Ⅲ分類額　100

（与信総額160－（非分類額35＋Ⅱ分類額25））

・引当額　60

（Ⅲ分類額（100）×予想損失率（60％）＝60）

〔第23問〕

正　解：（5）　　　　　　　　　　　　　　　　　　　　正答率：50.8%

（1）～（4）銀行等監査特別委員会報告第 4 号に記載の通りである。よって、
　　正しい。

（5）該当する記載はない。なお、旧金融検査マニュアルにおいても、 3 年間
　　の損失見込みを容認する規定はあったが、「原則」とはしていない。よっ

て、誤り。

〔第24問〕

正　解：（5）　　　　　　　　　　　　　　　　　正答率：69.4%

（1）要管理先債権のうち、ＤＣＦ法の適用対象となるのは将来キャッシュ・フローが合理的に見込める債権である。よって、誤り。

（2）割引率は当初の契約利子率または実効金利である。よって、誤り。

（3）ＤＣＦ法において割引計算の対象になるのは、将来の元本及び利息に係るＣＦである。よって、誤り。

（4）5年程度が目安となる。よって、誤り。

（5）不確実性が高いためより慎重な見積りを行う必要がある。よって、正しい。

〔第25問〕

正　解：（5）　　　　　　　　　　　　　　　　　正答率：63.5%

（1）いずれの債務者区分においても損失を見込む期間は貸出金等の平均残存期間が妥当とされている。なお、「1年－3年ルール」は貸出金等の平均残存期間の基礎データが蓄積されるまでの当面の取り扱いとして認められたものであり、原則ではない。よって、誤り。

（2）いずれの債務者区分においても損失を見込む期間は貸出金等の平均残存期間が妥当とされている。なお、「1年－3年ルール」は貸出金等の平均残存期間の基礎データが蓄積されるまでの当面の取り扱いとして認められたものであり、原則ではない。よって、誤り。

（3）いずれの債務者区分においても損失を見込む期間は貸出金等の平均残存期間が妥当とされている。なお、「1年－3年ルール」は貸出金等の平均残存期間の基礎データが蓄積されるまでの当面の取り扱いとして認められたものであり、原則ではない。よって、誤り。

（4）いずれの債務者区分においても損失を見込む期間は貸出金等の平均残存

期間が妥当とされている。なお、「1年－3年ルール」は貸出金等の平均
残存期間の基礎データが蓄積されるまでの当面の取り扱いとして認められ
たものであり、原則ではない。よって、誤り。
（5）日本公認会計士協会「銀行等金融機関の正常先債権及び要注意先債権の
貸倒実績率又は倒産確率に基づく貸倒引当金の計上における一定期間に関
する検討」に記載の通りである。よって、正しい。

〔第26問〕

正　解：（1）　　　　　　　　　　　　　　　　　　　　　正答率：54.8%

（1）DESによる損失額も含まれる。よって、誤り。
（2）～（5）旧金融検査マニュアルの記述のとおりである。よって、正しい。

〔第27問〕

正　解：（3）　　　　　　　　　　　　　　　　　　　　　正答率：67.8%

　破綻懸念先のため、債権額のうちⅠⅡ分類額以外がⅢ分類額となる。
　ⅠⅡ分類額に、正常運転資金相当額が含まれないことに留意する。
・非分類額　40百万円
（決済確実な割引手形　10百万円＋保証協会貸出20百万円＋預金担保10百万円）
※正常運転資金を非分類にしないこと。
・Ⅱ分類額　18百万円
（不動産処分可能見込額　28百万円（40百万円×70%）－先順位債権額10百万円）
・Ⅲ分類額　42百万円
　与信総額　100百万円－（非分類40百万円＋Ⅱ分類額18百万円）
・引当額　25.2百万円
　Ⅲ分類額（42百万円）×予想損失率（60%）＝25.2百万円

〔第28問〕

正　解：（5）　　　　　　　　　　　　　　　　　　正答率：62.8%

（1）割引率は当初の契約利子率または実効金利である。よって、誤り。

（2）割引率は当初の契約利子率または実効金利である。よって、誤り。

（3）原則として債権単位である。よって、誤り。

（4）破綻懸念先債権のうち、債権の元本の回収及び利息の受け取りに係るキャッシュ・フローを合理的に見積もることができる債権に限られる。よって、誤り。

（5）「銀行等金融機関において貸倒引当金の計上方法としてキャッシュ・フロー見積法（ＤＣＦ法）が採用されている場合の監査上の留意事項（日本公認会計士協会）」に記載の通りである。よって、正しい。

〔第29問〕

正　解：（2）　　　　　　　　　　　　　　　　　　正答率：55.1%

（1）Ⅲ分類及びⅣ分類とされた債権額全額を予想損失額とする。よって、誤り。

（2）予想損失額に相当する額を貸倒引当金として計上するか、直接償却すればよい。よって、正しい。

（3）Ⅲ分類及びⅣ分類とされた債権額全額を予想損失額とする。よって、誤り。

（4）実質破綻懸念先及び破綻先について該当規定はなく、通常は将来ＣＦも合理的に見込めないことから、ＤＣＦ法は適用できない。

（5）Ⅲ分類及びⅣ分類とされた債権額全額を予想損失額とする。よって、誤り。

〔第30問〕

正　解：（2）　　　　　　　　　　　　　　　　　　正答率：24.6%

（1）特定債務者支援引当金は貸出金に対して設定するものではない。よって、誤り。

（2）旧金融検査マニュアルに記載のとおりである。よって、正しい。

（3）特定債務者支援引当金は増資に対して設定するものではない。よって、誤り。

（4）自金融機関の連結対象子会社の支援に伴う損失見込額の算定においては、当該子会社のⅢおよびⅣ分類から回収見込額を控除した残額について、Ⅳ分類とされた部分は全額、Ⅲ分類とされた部分は破綻懸念先に対する債権と同様の方法により予想損失額の算定を行い、当該予想損失額を損失見込額として特定債務者支援引当金に計上する。よって、誤り。

（5）自金融機関の連結対象子会社の支援に伴う損失見込額の算定においては、当該子会社のⅢおよびⅣ分類から回収見込額を控除した残額について、Ⅳ分類とされた部分は全額、Ⅲ分類とされた部分は破綻懸念先に対する債権と同様の方法により予想損失額の算定を行い、当該予想損失額を損失見込額として特定債務者支援引当金に計上する。よって、誤り。

〔第31問〕

正　解：（4）　　　　　　　　　　　　　　　　　　　　　　正答率：57.1%

（1）（2）（3）（5）旧金融検査マニュアルに記載のとおりである。よって、正しい。

（4）実質破綻先及び破綻先となった全ての件数に加え、破綻懸念先となった件数を合理的に反映させることが望ましい。よって、誤り。

〔第32問〕

正　解：（5）　　　　　　　　　　　　　　　　　　　　　　正答率：64.0%

（1）算定期間中に個別貸倒引当金を計上した債権について、その後算定期間内に戻入があった場合には、貸倒実績とはしない。よって、正しい。

（2）（3）（4）旧金融検査マニュアルに記載のとおりである。よって、正しい。

（5）債権残高に対する予想損失額を見積もるため、分母となる債権残高は貸倒引当金控除前残高である。よって、誤り。

〔第33問〕

正　解：（1）　　　　　　　　　　　　　　　　　　　　正答率：59.9%

（1）大口先に貸倒が発生したことによって貸倒実績率が上昇している場合、当該損失を異常値として除外して算定することは望ましくない。よって、誤り。

（2）～（5）旧金融検査マニュアルに記載のとおりである。よって、正しい。

〔第34問〕

正　解：（5）　　　　　　　　　　　　　　　　　　　　正答率：59.9%

（1）～（4）旧金融検査マニュアルに記載のとおりである。よって、正しい。

（5）部分保証方式の場合には負担金は発生しない。部分保証による非保証部分について貸倒引当金の算定に反映する。よって、誤り。

〔第35問〕

正　解：（1）　　　　　　　　　　　　　　　　　　　　（模擬問題）

（1）誤り。（2）および（3）正しい。実質破綻先および破綻先に対する債権についてはⅢ分類及びⅣ分類の全額を償却引当の対象とするが、間接償却（貸倒引当金を設定する）か直接償却（元本を直接減額する）かは決まっていない。各金融機関が回収の可能性の判断によって決めることになる。つまり、回収可能性がないと判断される場合には直接償却することとなる。実務では、Ⅲ分類は間接償却、Ⅳ分類は直接償却という場合が多いと思われる。

（4）正しい。直接償却すると元本を減額するので不良債権額は減少する。ただし、これは法的な債権額の減額（債権放棄など）ではなく、あくまでも会計的な処理である。

（5）正しい。直接償却した場合には、その後、担保価格が上昇しても、原則として対象債権が回収されるまで収益として計上されることはない。これ

を切離法という。これに対して、理論的には毎期、改めて算定する方法（洗替法）もあるが、原則として切放法で処理しなければならない。

〔第36問〕

正　解：（1）　　　　　　　　　　　　　　　　　　　　正答率：68.5%

（1）実質破綻先および破綻先に対する債権については Ⅲ 分類及び Ⅳ 分類の全額を償却引当の対象とする（よって、通常はDCF法は想定されていない）。

　　　ただし、Ⅲ・Ⅳ 分類について間接償却（貸倒引当金を設定する）か直接償却（元本を直接減額する）かは決まっていない。各金融機関が回収の可能性の判断によって決めることになる。つまり、回収可能性がないと判断される場合には直接償却することとなる。実務では、Ⅲ 分類は間接償却、Ⅳ 分類は直接償却という場合が多いと思われる。よって、誤り。

（2）〜（5）正しい。破綻懸念先に対する債権に係る貸倒引当金については、原則として Ⅲ 分類のうち必要額を貸倒引当金として計上することになる。必要額の算定方法としては、以下のものがある。なお、通常は、今後３年間の損失見積額を計上していれば妥当と認められる。

①債務者ごとの Ⅲ 分類額に予想損失率を乗じて算定する方法

・貸倒実績率による方法

・倒産確率による方法

②債務者ごとの Ⅲ 分類額から合理的に見積もられたCFにより回収可能な部分を除いた残額を予想損失額とする方法

　この他、以下のような方法もある。

③DCF法

④債務者グループごとの債権額に貸倒実績率を乗じて算定する方法

⑤売却可能額を回収可能額とし残額を予想損失額とする方法

〔第37問〕

正　解：（2）　　　　　　　　　　　　　　　　　　　　　（模擬問題）

　時価のある株式は、帳簿価額（時価評価後の貸借対照表価額）が非分類となるため、（2）が正しい。なお、査定の対象を評価減前の簿価とすると20がⅣ分類となるが選択肢にはないため、評価後の簿価を対象として査定を行うことを前提として解答することになる。

〔第38問〕

正　解：①200　②15　③35　④20　⑤20　⑥290　　　　　　（模擬問題）

①200

正常先：$10{,}000 \times 2\% = 200$

②15

要注意先：$300 \times 5\% = 15$

③35

破綻懸念先：$50 \times 70\% = 35$

④20

実質破綻先：$10 + 10 = 20$

⑤20

破綻先：$10 + 10 = 20$

⑥290

① + ② + ③ + ④ + ⑤ = 290

　実質破綻先及び破綻先に関しては、Ⅲ分類額及びⅣ分類額の全額を償却・引当の対象とすることが必要である。

〔第39問〕

正　解：　①20　　②2,000　　③1　　④18　　⑤1,800　　⑥1　　⑦35.2　　⑧2,200
⑨1.6　　⑩3　　⑪1.2　　⑫2,100　　⑬25.2　　　　　　　　　　　　（模擬問題）

〔第40問〕

正　解：800　　　　　　　　　　　　　　　　　　　　　　　　　　　　（模擬問題）

今後5年間の回収見込額は500
引当額＝1,300－500＝800

〔第41問〕

正　解：（1）　　　　　　　　　　　　　　　　　　　　　　　　　　　（模擬問題）

（1）預金担保によって、当初約定の元利金が保全されている貸出金について
　　はDCF法を適用しても、減価が発生しないため適用する必要はないと考
　　えられる。よって、正しい。
（2）再建計画等が策定されていない場合においても、銀行等金融機関で所定
　　の手続きを経た金融支援計画や貸出条件変更契約等により将来のキャッシ
　　ュ・フローを合理的に見積もることができる場合があり、その場合には
　　DCF法の適用が可能である。よって、誤り。
（3）DCF法は原則として債権単位で適用する。よって、誤り。
（4）割引率は当初の契約利子率または実効金利である。よって、誤り。
（5）割引率は当初の契約利子率または実効金利である。よって、誤り。

資本性借入金

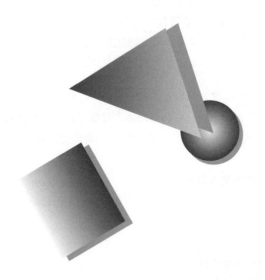

第4章

～学習の手引き（第4章)～

テーマ	80回	81回
1．資本性借入金の効果		
2．資本性借入金の種類		
3．資本的劣後ローン（早期経営改善特例型）		
（1）資本的劣後ローン（早期経営改善特例型）の定義		
（2）DDS（デット・デット・スワップ）		
（3）資本的劣後ローン（早期経営改善特例型）の要件		
（4）貸出条件緩和債権の判断		
4．資本性借入金（准資本型）		
（1）資本性借入金（准資本型）とは	○	○
（2）担保解除を行うことが事実上困難な場合		
（3）貸出条件緩和債権の判断		
5．資本性借入金に係る償却・引当		
（1）資本性借入金を有する金融機関の会計処理	○	○
（2）DDSを実施しない金融機関の会計処理		

　金融検査マニュアルは廃止されたものの、資本性借入金についての取扱いは変わらないことが示されているため、従前どおり、旧金融検査マニュアルにおける要件を解説していく。（一部は監督指針に受け継がれている。）

1．資本性借入金の効果
・金融機関等が有する劣後ローンのうち、一定の要件を満たすものは査定においては自己資本とみなすとされている。

2．資本性借入金の種類
・自己資本とみなすことができる借入金のことを資本的借入金といい、資本的劣後ローン（早期経営改善特例型）、資本的借入金（准資本型）の2種類があり、さらに准資本型には、劣後ローンと有担保で劣後性を有しないものがある。

・上記１、２は直接出題されてはいないが、問題に取り組む上で必要不可欠な知識である。

３．資本的劣後ローン（早期経営改善特例型）

・金融機関が中小・零細企業向けの要注意債権（要管理先への債権を含む）を、債務者の経営改善計画の一環として資本的劣後ローンに転換している場合には、一定の要件を満たす限り債務者区分等の判断において、当該資本的劣後ローンを資本とみなすことができることとされている。

・この資本的劣後ローン（早期経営改善特例型）については、その要件を問う出題が中心であり、旧金融検査マニュアル別冊〔中小企業融資編〕に基づきしっかりとした学習が望まれる。

４．資本性借入金（准資本型）

・十分な資本的性質が認められる借入金については、上記資本的劣後ローン（早期経営改善特例型）の諸条件を満たしているか否かにかかわらず、当該借入金を当該債務者の資本とみなすことができ、当該借入金を資本性借入金という。

・資本性借入金（准資本型）についての要件は、「金融検査マニュアルに関するよくあるご質問（ＦＡＱ）」の改正によって明確化されている。過去出題されたこともあるので留意しておきたい。

５．資本性借入金に係る償却・引当

・資本性借入金の償却・引当については、日本公認会計士協会業種別委員会実務指針32号では、資本性借入金に劣後性を有する場合と有しない場合に分けて、有しない場合には通常債権と同様の引当を行い、有する場合には原則法、簡便法、准株式法[注]という方法を示している。

・この分野で単独に出題される場合と、上記３.４.の要件を問う問題に絡めた選択肢として出題される場合がある。

（注）第５節１.（２）ⅱ）参照。

第1節
資本性借入金の効果

　資本性借入金とは貸出金でありながら、金融機関の貸出金の自己査定においては資本とみなすことが認められる貸出金である。当該取扱いは、旧金融検査マニュアルにおいて次のように定められていた。

　（参考）

　　「債務者の実態的な財務内容」の把握にあたり、十分な資本的性質が認められる借入金は、新規融資の場合、既存の借入金を転換した場合のいずれであっても、負債ではなく資本とみなすことができることに留意する」（旧金融検査マニュアル「別表1」1.（3））

　なお、資本性借入金という呼称については、以下の第2節にて整理する。

　資本性借入金による債務者の財政状態の変化を図解すると図表4－1のとおりである。

図表4－1　資本性借入金による債務者の財政状態の変化

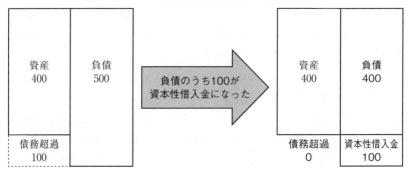

　　効果1：実質債務超過の解消
　　効果2：負債の減少　500　⇒　400
　　効果3：元本の支払い繰り延べによるキャッシュ・フローの改善

(1) 債務者の純資産算定上の効果

　債務者区分の判断における着眼点として、債務者の純資産（債務超過の有無）がある。債務超過の解消が長期にわたって継続するような場合には債務者区分を破綻懸念先とする実務も定着している[注]

　この債務者の純資産の判断において、資本性借入金を自己資本とみなすことによって、債務超過の解消や、債務超過解消期間の短縮が期待できる。図表5－1では負債のうち100が資本性借入金となることで、これを自己資本とみなすことにより、債務超過が解消している。

　　(注)　査定の実務では、他の要素、例えばキャッシュ・フローによる償還能力なども勘案し、総合的な判断によって行うため、必ずしも債務超過であることだけで破綻懸念先にするということではない。

(2) 償還能力の判断

　資本性借入金を当該債務者の資本としてみなすことによって、要償還債務の金額が減少し、営業キャッシュ・フローによる要償還債務の返済年数も短期化されることになる。図表4－1では負債が500から400に減少している。

第2節
資本性借入金の種類

　まず、2004年の金融検査マニュアル別冊改正時に、資本的劣後ローン（早期経営改善特例型）の要件が定められた。その後、08年に資本的劣後ローン（准資本型）が定められたが、当初、要件があいまいであったことから実務での普及を促進するため、11年末から12年初めにかけて金融検査マニュアルに関するよくあるご質問（ＦＡＱ）に、関連するＱ＆Ａが追加されて要件が明確になった。

　その際に、担保付貸付金も対象にできることとされたため、資本性借入金は必ずしも劣後ローンではなくなり、現状では、劣後性を有しない資本性借入金が存在している。

図表4−2　資本性借入金のタイプ

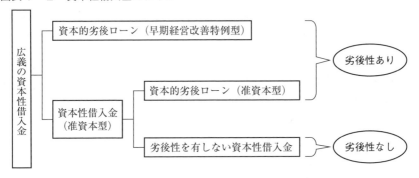

図表4−2においては資本的劣後ローン（早期経営改善特例型）も資本と見なすことのできる借入金である点では資本性借入金といえるので広義の資本性借入金としている。このあたりの整理方法については金融機関によって相違があると推定されるため注意が必要である。

また、「資本性」、「資本的」あるいは、債権者から見て「貸出金またはローン」、債務者から見て「借入金」という表現の相違があるが、それぞれが同じ意味で使用されているので、ここでは資本とみなすことのできる借入金全体を示す場合には「資本性借入金」と表記している。

第3節
資本的劣後ローン（早期経営改善特例型）

1. 資本的劣後ローン（早期経営改善特例型）の定義

資本的劣後ローン（早期経営改善特例型）とは、中小・零細企業向けの要注意先債権（要管理先への債権を含む）のうち、債務者の合理的かつ実現可能性が高い経営改善計画と一体として劣後ローンに転換された貸出金（全部または一部）で、資本的劣後ローンについての契約が原則として旧金融検査マニュアル別冊に定められた全ての要件を満たすものをいう。

2．DDS（デット・デット・スワップ）

　DDS（デット・デット・スワップ）とは、一般に、債権者が既存の債権を別の条件の債権へ転換することをいう。

　金融機関が行うDDSのうち、中小・零細企業に対する既存の債権を一定の要件を満たす劣後ローンに転換することは、実質的には貸出条件の緩和であるが、旧金融検査マニュアル別冊における、一定の要件を満たす当該劣後ローンを自己資本とみなすことが認められている。

　これは、資本調達手段が限られている中小・零細企業においては、事業の基盤となっている資本的性格の資金が債務の形で調達されていることが多い（擬似エクイティ的融資）という状況を踏まえた取扱いである。

```
Ｄ e b t ……通常ローン
Ｄ e b t ……劣後ローン（要件を満たせば株式と同様に自己資本とみなす）
Ｓ w a p
```

　ただし、当該劣後ローンは、金銭消費貸借契約の条件変更または準消費貸借という法律行為として既存債権との法的同一性を維持して実施されているのであれば、原則として金融資産の消滅の認識要件を満たしていない取引と判断され、既存債権の消滅及び新債権の取得という会計処理は行われない。

　また、法律的な性格が株式になったわけではなく、やはり金銭債権であるということには変化がないという点がDES（Debt　Equity　Swap（貸出金と株式の交換））とは異なっている点である。

3．資本的劣後ローン（早期経営改善特例型）の要件

　DDS（デット・デット・スワップ）による劣後ローンを、査定上は自己資本として取り扱うための条件の詳細は以下のとおりである。

（1）対象債権

　対象債権が中小・零細企業向けの要注意先債権（要管理先への債権を含む）であること。

　なお中小・零細企業とは、「中小企業基本法」で規定する中小企業者及びこ

れに準じる医療法人、学校法人等とする。ただし、出資比率や経営の状況から
みて大企業の関連会社（財務諸表等規則における関連会社をいう）と認められ
る企業を除く。

このように、対象は要注意先債権（要管理先への債権を含む）とされている
が、再建計画の内容によっては、破綻懸念先への債権に適用することもできる
ものと考えられる。

例えば、債権放棄やＤＥＳと組み合わせることによって、ＤＤＳによる劣後
ローンを自己資本とみなさなくとも要注意先のレベルになるのであれば、必ず
しも破綻懸念先に対する適用を否定するものでもないと考えられる。

ただし、その場合には、ＤＤＳ実施前の段階で要注意先のレベルになってい
ることを明確に示す必要があり、その前提として、明確な査定基準の設定が不
可欠である。

(2) 合理的かつ実現可能性が高い経営改善計画（「合実計画」）

「合実計画」と一体として行われていることが必要である。

なお、中小・零細企業について「合実計画」が策定されている場合には、当
該債務者に対する債権は貸出条件緩和債権には該当しないことに留意する。

(3) 資本的劣後ローン（早期経営改善特例型）についての契約

① 資本的劣後ローンについての契約が、金融機関（注）と債務者との間で双
方合意の上、締結されていること

（注）複数の金融機関と債務者の間で契約を結ぶこともある。

② 原則として以下の全ての要件を満たしていることが必要

ⅰ）資本的劣後ローンの返済（デフォルトによらない）については、資本
的劣後ローンへの転換時に存在する他の全ての債権及び計画に新たに
発生することが予定されている債権が完済された後に償還が開始する
こと（注）

（注）経営改善計画が達成され、債務者の業況が良好となり、かつ、資
本的劣後ローンを資本と見なさなくても財務内容に特に問題がな
い場合には、債務者のオプションにより早期償還することができ
る旨の条項を設けることは差し支えない。

ⅱ）債務者にデフォルトが生じた場合、金融機関の資本的劣後ローンの請

求権の効力は、他の全ての債権が弁済された後に生ずること

ⅲ）債務者が金融機関に対して財務状況の開示を約していること及び、金融機関が債務者のキャッシュ・フローに対して一定の関与ができる権利を有していること（コベナンツ）

ⅳ）資本的劣後ローンがⅲ）その他の約定違反により、期限の利益を喪失した場合には、債務者が当該金融機関に有する全ての債務について、期限の利益を喪失すること（クロスデフォルト条項）

4.　貸出条件緩和債権の判断

　資本的劣後ローン（早期経営改善特例型）は、「合実計画」が要件となっており、対象会社も中小零細企業なので、卒業基準を満たし、当該債務者に対する債権は貸出条件緩和債権には該当しない。

第4節
資本性借入金（准資本型）

1.　資本性借入金（准資本型）とは

　資本性借入金（准資本型）とは、貸出債権の全部または一部の転換または新規実行により発生する劣後ローンのうち十分な資本的な性質が認められる貸出金である。資本的劣後ローン（早期経営改善特例型）が劣後ローンであるのに対して、この資本性借入金（准資本型）には経営破綻時の劣後性を有さないものが含まれるなど、資本的劣後ローン（早期経営改善特例型）と比較すると適用要件が緩和されている（図表4－3）。

2.　担保解除を行うことが事実上困難な場合

　担保付であることから経営破綻時の劣後性を有さない場合でも担保解除を行うことが事実上困難であればよい。この「担保解除を行うことが事実上困難」というのは既存の担保付借入金から転換する場合のように、一部でも担保からの回収が見込まれるか、または将来においては、担保からの回収を一定程度見

図表4−3　早期経営改善特例型と准資本型の相違点

	早期経営改善特例型	准資本型
対象債務者	中小・零細企業（法定）	制限はない（大企業や個人も対象となる）
対象債務者の債務者区分	要注意先	制限はない（破綻懸念先も対象となる）
債権者	金融機関に限定	金融機関に限定されない
発生	DDS	DDS及び新規実行
与信期間	制限はないが、実質的に経営改善計画後に償還	長期　5年超　（FAQ 9-15） ・原則として期限一括返済 ・ただし、期限一括償還でなくても、長期の据置期間があればよい
期限前返済	期限前弁済（または相殺）の禁止 ・ただし、経営改善計画が達成され、債務者の業況が良好となり、かつ、資本的劣後ローンを自己資本と見なさなくても財務内容に特に問題がない場合、債務者の早期償還オプション行使による弁済は可 ・債務者の早期償還オプションに行使要件あり ・債権者が早期償還オプションを保有することは不可	同左　（FAQ 9-23） ・ただし、債務者自らの意思により期限前弁済を行うことは差し支えない ・債務者の早期償還オプション行使要件についての制限はない ・債権者が早期償還オプションを保有することは不可
劣後性	償還開始に関する劣後性とデフォルト時の劣後性が必要	原則として、「法的破綻時の劣後性」が確保されていることが必要（FAQ 9-18）

	早期経営改善特例型	准資本型
担保・保証	非保全 ※DDS契約において不担保特約を設けることで実務的には担保付貸出金も対象としている	原則として非保全 ・「法的破綻時の劣後性」が必ずしも確保されていない場合でも、既存の担保付借入金から転換する場合のように、一部でも担保からの回収が見込まれるか、または将来においては、担保からの回収を一定程度見込むことができる場合など、「担保解除を行うことが事実上困難」な場合には、少なくとも法的破綻に至るまでの間において、他の債権に先んじて回収しない仕組みが備わっていれば可（FAQ9-19） ・新規融資では基本的に担保付貸出金は認められない（FAQ9-23） ・保証付借入金は原則として該当しないが、「法的破綻時の劣後性」が、保証の実行後においても確保されていれば差し支えない（FAQ9-22）
金利	制限はない	業績連動型が原則であり、赤字の場合には利子負担がほとんど生じない（FAQ9-16） ・ただし、株式の株主管理コストに準じて、金融機関や債務者の状況等に応じた事務コスト相当の金利見合い分は可（FAQ9-16、17） 〔例〕 日本政策金融公庫の「挑戦支援資本強化特例制度」では0.4％または0.9％（FAQ9-16）
コベナンツ・制約	①財務状況の開示 ②債務者のキャッシュ・フローに対して一定の関与ができる権利	なし

	早期経営改善特例型	准資本型
経営改善計画	「合実計画」が要件	破綻懸念先に適用する場合には詳細かつ具体的な経営改善計画までは不要だが、ランクアップするには一定の経営改善見通しがあることが必要と考えられる　（FAQ9-31）
貸出条件緩和債権	「合実計画」が要件となっているため、卒業基準を満たす	通常の債権と同様に判定する（FAQ9-32）
資本とみなす額	全額	残存期間が5年未満となった場合には1年毎に20%ずつ資本とみなす部分を逓減させる（FAQ9-29）

込むことができる場合をいう。ここでは、この資本性借入金以外の債権に優先的に保全を充当しても、資本性借入金に保全が残っていることが必要である。つまり、他の債権に保全を充当した結果、余りがないのであれば、法的にも非保全状態にすること、すなわち劣後ローンにすることが求められている。

　当該要件の判定においては、特に根担保の割付に注意が必要である。つまり、通常、根担保の各債権への割付は無担保部分の金額割合で実施するのであるが、この判定においては、便宜的に保全部分が優先的に通常債権に充当されると仮定する。その結果、ＤＤＳ対象債権に対する保全がなくなる場合には有担保のままでＤＤＳを実施することはできない（資本性が認められない）。

　なお、有担保のままで実施することができないだけで、実務的には、担保権を解除することなく、当該資本性借入金については担保権を行使しない特約（不担保特約）を入れたＤＤＳ契約書を締結することで無担保債権に転換して実施することができる。

▌3.　貸出条件緩和債権の判断

　劣後性があり、期間が長期である場合には、貸出条件緩和債権に該当する可能性が高く、合実計画が要件となっていないため、通常ローンと同様に基準金利と経営改善計画での判断を行う。

第5節
資本性借入金に係る償却・引当

　資本性借入金の償却・引当は、日本公認会計士協会業種別委員会実務指針第32号「資本性適格貸出金に対する貸倒見積高の算定及び銀行等金融機関が保有する貸出債権を資本性適格貸出金に転換した場合の会計処理に関する監査上の取扱い」（以下「32号」という）に基づいて行う。

　ここにいう資本性適格貸出金とは資本的劣後ローン（早期経営改善特例型）も含む広義の資本性借入金である。

　先に確認したように資本性借入金には劣後性を有するものと有しないものがあり、特に劣後性を有する資本性借入金については、他の一般債権より高い信用リスクを引き受けることとなるため、債務者の状態及び経営成績にかかわらず、その発生し得る損失見積額（以下「予想損失額」という）に基づいて貸倒見積高を算定することが必要である。このため、32号では劣後性を有する場合と有しない場合に分けて、有しない場合には通常債権と同様の引当を行い、有する場合には原則法、簡便法、準株式法という方法を示している。

1.　資本性借入金を有する金融機関の会計処理

　ＤＤＳを実施した金融機関は資本性借入金と残債及びその他の債権を有することになる（図表4－4）。また、准資本型の資本性借入金は新規実行によることもできる。

第4章

図表4−4　ＤＤＳによる債権の区分け

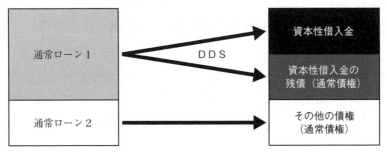

　この資本性借入金が劣後性を有するかどうかで償却引当方法が変わってくる。それをまとめると図表4−5のとおりである。なお、32号では資本性適格貸出金という用語を使用しているが、資本性借入金と同義であり、以下では32号における資本性適格貸出金の意味で資本性借入金という用語を使用している。

図表4−5　資本性借入金の償却引当方法

資本性借入金	劣後性を有する場合	原則法、簡便法、準株式法 ※引当方法の選択について文書をもって合理的な基準を設け継続的に適用することが必要
	劣後性を有しない場合	資本性借入金を債務者区分等の判断において自己資本とみなし、併せて提示される経営改善計画等その他の条件も考慮した上で、適正な自己査定手続により決定された債務者区分等に応じて、予想損失額を算定
通常債権		
他の金融機関が有する通常債権		

(1) ＤＤＳ実施時における会計処理

　ＤＤＳが、金銭消費貸借契約の条件変更または準消費貸借という法律行為として既存債権との法的同一性を維持して実施されているのであれば、原則として金融資産の消滅の認識要件を満たしていない取引と判断され、既存債権の消滅及び新債権の取得という会計処理は行われないと考えられる。

　この場合、このようなＤＤＳの実施については、既存債権の条件変更として取り扱うことになり、従前の取得原価または償却原価のまま「貸出金」として

処理し、当該取引により交換損益は認識しない。

(2) 劣後性を有する資本性借入金に対する資本性借入金の算定方法

劣後性を有する資本性借入金の貸倒見積高の算定に際しては、その劣後性という特性を考慮し、実態に合った算定方法を採用する必要がある。具体的には32号に示された方法によって引当を行うこととなる。

ｉ）　発生が見込まれる損失見積額により貸倒見積高を算定する方法

原則法	イ．倒産確率及び劣後性を考慮した倒産時損失率に基づく予想損失率により算定する方法
	ロ．元本の回収及び利息の受取りに係るキャッシュ・フローを劣後性を考慮して合理的に見積もり、ＤＣＦ法により算定する方法
簡便法	全債権者が保有する当該債務者に対するすべての金銭債権の予想損失額を算定し、取得原価または償却原価を上限として、当該予想損失額を劣後性を有する適格貸出金の貸倒見積高とする方法
	ハ．当該債務者に対する金銭債権全体について、優先・劣後の関係を考慮せずに算定された倒産確率及び倒産時損失率に基づく予想損失率を用いて算定する方法
	ニ．当該債務者に対する金銭債権全体について、優先・劣後の関係を考慮せずに算定された予想損失率を用いて算定する方法

原則法によることが実務的に困難な場合には簡便法を用いる。

ｉｉ）劣後性を有する資本性適格貸出金の回収可能性をゼロとみなして貸倒見積高を算定する方法（準株式法[注]）

資本性借入金を資本と見なしても実質債務超過に相当する部分が残存している場合には準株式法が適用できる。この場合、実質債務超過相当額に対応する部分は全額を引当し、残りの部分は通常債権に対する引当等の合理的な方法で引当てる。

　（注）32号では準株式法という表記は削除されているが、当該呼称が否定されているわけではないため、本章では「準株式法」と表記する。

(3) 劣後性を有する資本性借入金の引当事例

以下の【設例】は 32 号において示された計算例である。

【設例】

A 銀行が 600 について DDS を実施した

	A銀行	B銀行	C銀行	計
優先債権	100	50	50	200
劣後債権	600	0	0	600
	700	50	50	800

甲社B／S

諸資産	1,500	借入金	800
		うち優先	200
		うち劣後	600
		借入金以外の諸負債	1,400
純資産 ▲ 700	{	うち金銭債務	1,000

劣後債権は資本性借入金に該当し本指針（32 号）を適用する要件を満たしている。

甲社に適用される倒産確率（ＰＤ）は 50％とする。また、倒産時損失率（ＬＧＤ）は以下のとおりとする。

○優先・劣後の関係を考慮してＬＧＤを算定する場合
優先債権のＬＧＤ　　　10％
劣後債権のＬＧＤ　　　100％
○優先・劣後の関係を考慮せずに債務者に対する金銭債権全体に対してＬＧＤを算定する場合債務者に対する金銭債権全体のＬＧＤ…40％
○債務者全体に対する（ＤＤＳ実施前の債務者区分に対応する）予想損失率…20％
　劣後債権を資本的劣後ローンとみなして分類した甲社の債務者区分に対応するＤＤＳ実施後の貸倒引当金の引当率は、5％であるものとする。

ＰＤ ＝ Probability of Default（ある格付けの債務者がデフォルトする確率）
ＬＧＤ ＝ Loss Given Default（デフォルトが生じた際に被る経済的損失率）

劣後債権を有するＡ銀行においては、以下のように引当を行う。

ｉ）原則法（前項（2）ｉ）イ. により劣後債権の予想損失額を算定する方法）

優先・劣後に区分して算定したＬＧＤを用いて以下のように引当を行う。

劣後債権	600 × 50％（ＰＤ）× 100％（ＬＧＤ）	300
残債	100 × 5％	5
	引当額	305

　なお、残債については、100 × 50%（ＰＤ）× 10%（ＬＧＤ）= 5 を
引き当てることも考えられる。

ⅱ）簡便法（前項（2）ⅰ）ハ．またはニ．により劣後債権の予想損失額を
　　算定する方法）

　ａ．甲社に対するすべての金銭債権に対する予想損失額が劣後ローンの金
　　　額を下回っている場合

　　　予想損失額を甲社の倒産確率（ＰＤ）と甲社に対するすべての金銭債
　権について算定された損失率（ＬＧＤ）によって計算する。

　　　（1,000 + 800）× 50%（ＰＤ）× 40%（ＬＧＤ）=360

　　　または甲社に対するすべての金銭債権に対する予想損失率を用いて計
　算する。

　　　（1,000 + 800）× 20% = 360

　　　上記予想損失額（いずれも 360）が劣後債権の金額（600）以下であ
　るため、予想損失額の全額を貸倒見積高として劣後債権に対して引き当
　てる。

　　　この場合には、残債に対する予想損失額についても上記の 360 の中に
　含まれていると考えられることから、残債について別途の引当を行わな
　いことが合理的である。ただし、貸倒引当金の対象債権と考えて当該部
　分について別途引当を行っても差し支えない。

図表4－6　簡便法の考え方（債権全体の損失見込額＜劣後ローン）

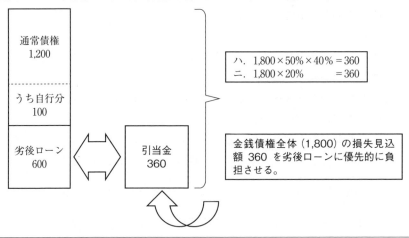

ハ．1,800×50％×40％＝360
ニ．1,800×20％　　　　＝360

金銭債権全体（1,800）の損失見込額 360 を劣後ローンに優先的に負担させる。

劣後ローンの引当額：360　（引当率60％）
通常ローン（自行分100）に対する引当額
①　0　（劣後ローンだけが負担する）
②残債の債務者区分（例えば「その他の要注意先」）に応じた引当
　　100×5％　＝　5

b．甲社に対するすべての金銭債権に対する予想損失額が劣後債権の金額を超える（例えば660と算定される）場合

　　まず、劣後債権の全額（600）について引当を行う。残債について劣後債権を資本とみなして分類した甲社の債務者区分に対応する貸倒引当金の引当率を用いて別途の引当を行う方法の他に、予想損失額の残余の金額（660-600 = 60）のうち優先債権及びその他の金銭債権の残高比率で按分した金額（60 × 100 ／（200 + 1,000）= 5）を残債に引き当てる方法もより精緻な方法として認められている（図表4 - 7 参照）。

図表4－7　簡便法の考え方（債権全体の損失見込額＞劣後ローン）

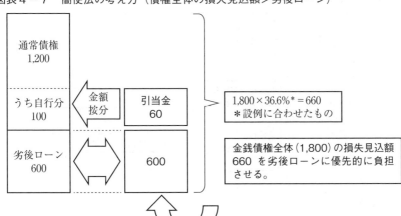

劣後ローンの引当額：600　（引当率100%）
通常ローン（自行分100）に対する引当額
　①残りの60を残高比率で按分　60 × 100／1,200 ＝ 5……より精緻な方法
　②残債の債務者区分（例えば「その他要注意先」）に応じた引当
　　100 × 5％　＝　5
　※必ずしも①と同じ額にはならない

ⅲ）準株式法

　　資本性借入金を資本とみなしても従前の実質債務超過の状態が残存している場合には準株式法を採用することができる。つまり、市場価格のない株式または種類株式の評価に準じて貸倒見積高を算出する。

　　資本性借入金のうち対応する資産がない部分（従前の実質債務超過の残存部分）については対応する資産はないため、回収可能見込額はゼロとなる。対応する資産がある部分については劣後債権を資本的劣後ローンとみなして決定した甲社の債務者区分に対応する貸倒引当金の引当率を用いて通常債権と同様の方法で引当てる。

ケース1

　　資本性借入金を資本とみなしても実質債務超過であり、債務者区分は破綻懸念先にとどまっている。劣後性を有する資本性借入金の全額が実質債務超過に対応する部分となっている。

図表4－8

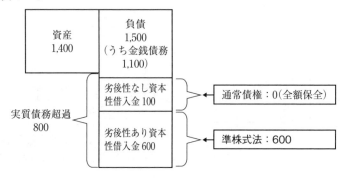

ケース2

　資本性借入金を資本とみなすと実質債務超過は解消し要注意先となった
が、劣後性を有する資本性借入金には実質債務超過に対応する部分が残存
している。劣後性のある資本的借入金は貸出条件緩和債権に該当し、劣後
性のない資本的劣後ローンは該当しなかった。
　・要管理先の引当＝債権残高×20％
　・その他要注意先の引当＝債権残高×5％

図表4－9

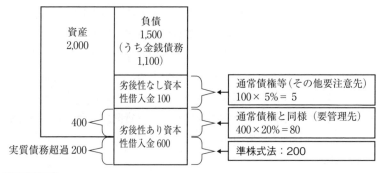

ケース3

　適格貸出金を資本とみなさなくても実質債務超過は解消した。債務者区
分は引き続き要注意先であり、劣後性のある資本性借入金は貸出条件緩和

債権に該当し、劣後性のない資本性借入金は該当していない。この場合、劣後性を有する資本性借入金について実質債務超過に相当する部分はないので、準株式法は適用できないため、簡便法による引当を行うことになる。

図表4−10

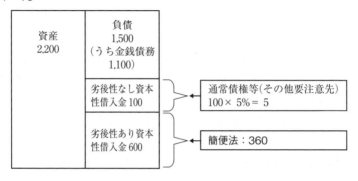

iv）引当方法の選択

　原則法が最優先であるが、必要なデータが揃わないなどの理由で採用できない場合には簡便法または準株式法を検討しなければならない。

　この簡便法または準株式法との間には優先順位はないが、採用基準を設けて継続的に適用することが求められている。

（4）貸倒引当金の実質的戻入

i）DDS実施時の取扱い

　資本的劣後ローン及びその他の債権については上記により、それぞれ貸倒引当金を計上することになるが、経営改善計画の内容等によっては、資本的劣後ローンの予想損失額と残債の予想損失額の合計がDDS実施前の引当額を将来的に下回ることも想定される。

　しかしながら、ここで取り上げているDDSについては、債務者が財務的に困難な場合に債務者の経営改善の一手法として行われるものであるため、DDS実施時点においては、債務者に対する信用リスクの総額は減少しないのが一般的であると想定される。このため、DDSを実施した時点において貸倒引当金を実質的に戻入れることは、通常合理的とは認められ

ない。

　なお、ＤＤＳを実施した後一定期間経営改善計画の履行状況を厳格に検証し、計画どおり経営改善が進行していると合理的に確認できた場合は、当該確認ができた時点において貸倒引当金の引当額の十分性を改めて判断することになる。

ⅱ）通常ローンに対する引当

　資本性借入金を債務者区分等の判断において自己資本とみなし、併せて提示される経営改善計画等その他の条件も考慮した上で、適正な自己査定手続により決定された債務者区分等に応じて、予想損失額を算定する。劣後性を有する適格貸出金について原則法を採用している場合には、通常債権について原則法を適用することも認められる。

▌2. 資本性適格貸出金を有しない金融機関が保有する債権に対する貸倒見積高の算定方法

　資本性適格貸出金を有しない金融機関が保有する債権については、資本性適格貸出金が供与されたことにより間接的にその回収条件の改善が図られることになるが、その効果が期待できる一方、経営改善計画の履行に関する不確実性も引き続き存在する。また、資本性適格貸出金の内容により、回収条件の改善内容にも幅があるものと考えられる。このため、資本性適格貸出金を有しない金融機関が保有する債権に対する貸倒見積高の算定に当たっては、経営改善計画等その他の条件を踏まえ、資本性適格貸出金が与える影響を適切に考慮して適正な自己査定手続により決定された債務者区分等に応じて、予想損失額を算定する。

　なお、ＤＤＳを実施した金融機関が、資本的劣後ローンの貸倒引当金の算定方法として簡便法を採用して算出した引当額が、残債の予想損失額をも充分にカバーされる水準であると判断できる場合には、ＤＤＳを実施した金融機関の残債については引当を行わないことが合理的であるとも考えられるが、他の金融機関が債務者の情報を直接的に十分に把握することが困難であることも多いと考えられ、貸倒引当金が不要とまでは言えないと思われる。よって、この場合にも資本性借入金を含む再建計画の評価を行い、各金融機関の判断によって貸倒引当金を計上することになるものと思われる。

第4章　出題

■ 第81回関連出題 ■

第1問 （第81回）

　資本的劣後ローン（早期経営改善特例型）の要件に関する次の記述について、最も不適切な選択肢を一つ選びなさい。

（1）資本的劣後ローン（早期経営改善特例型）への転換は、合理的かつ実現可能性が高い経営改善計画と一体として行われることが求められている。

（2）資本的劣後ローン（早期経営改善特例型）の対象債権は金融機関の中小・零細企業向けの要注意先債権（要管理先への債権を含まない）である。

（3）資本的劣後ローン（早期経営改善特例型）が約定違反等により、期限の利益を喪失した場合には、債務者が当該金融機関に有する全ての債務について、期限の利益を喪失することが必要である。

（4）資本的劣後ローン（早期経営改善特例型）について、債務者のオプションにより早期償還することができる旨の条項を設ける場合には、経営改善計画が達成され、債務者の業況が良好となり、かつ、資本的劣後ローンを資本とみなさなくても財務内容に特に問題がない状況になることが必要である。

（5）返済については、資本的劣後ローン（早期経営改善特例型）への転換時に存在する他のすべての債権及び計画に新たに発生することが予定されている貸出債権が完済された後に、償還が開始することが求められている。

解答：P.220

第2問 （第81回）

　Ａ社に対するＢ銀行の劣後貸出金に対する貸倒引当金として最も適切な選択

肢を一つ選びなさい。ただし、算定方法は公認会計士協会　業種別委員会実務指針第32号「資本性適格貸出金に対する貸倒見積高の算定及び銀行等金融機関が保有する貸出債権を資本性適格貸出金に転換した場合の会計処理に関する監査上の取扱い」において計算例として示された方法のうち簡便法（当該債務者に対する金銭債権全体について、優先・劣後の関係を考慮せずに算定された倒産確率及び倒産時損失率に基づく予想損失率を用いて算定する方法）に準じて算定することとする。

（A社の貸借対照表）

諸資産　6,000	借入金　5,000
	（うち優先）　4,000
	（うち劣後）　1,000
	借入金以外の諸負債　2,500
	（うち金銭債務）　1,000
	純資産　△1,500

※劣後借入金は資本性適格貸出金に該当する。B行が全額である1,000を融資しており、優先債権のうちB行融資は2,000である。その他にB行からA社に対する与信はない。

A社に対して適用される倒産確率は40％とする。

倒産時損失率は以下の通り。

　優先債権のLGD・・・10％

　劣後債権のLGD・・・100％

　金銭債権全体のLGD・・・40％

予想損失率は以下の通り。

　資本性適格貸出金を資本とみなさなかった債務者区分に対応する予想損失率・・・20％

　資本性適格貸出金を資本とみなした債務者区分に対応する予想損失率・・・5％

（1）300

（2）560

（3）800

（4）960

（5）1,200

解答：P.220

第3問 (第81回)

　前【第2問】の債務者A社に対するB銀行の劣後貸出金に対する貸倒引当金として最も適切な選択肢を一つ選びなさい。ただし、算定方法は、日本公認会計士協会業種別委員会実務指針第32号「資本性適格貸出金に対する貸倒見積高の算定及び銀行等金融機関が保有する貸出債権を資本性適格貸出金に転換した場合の会計処理に関する監査上の取扱い」において計算例として示された方法のうち「劣後性を有する資本性適格貸出金の回収可能見込額をゼロとみなして貸倒見積高を算定する方法」に準じて算定することとする。

（1）1,000

（2）1,100

（3）1,200

（4）1,250

（5）1,400

解答：P.220

■ 第80回関連出題 ■

第4問 (第80回)

　資本的劣後ローン（早期経営改善特例型）の要件に関する次の記述について、最も不適切な選択肢を一つ選びなさい。

（1）返済については、資本的劣後ローン（早期経営改善特例型）への転換時に存在する他のすべての債権及び計画に新たに発生することが予定されている貸出債権が完済された後に償還が開始すること。

（2）対象債権が「中小企業基本法」で規定する中小・零細企業向けの要注意先債権（要管理先への債権を含む）であることが求められている。

（3）経営改善計画が達成され、債務者の業況が良好となり、かつ、資本的劣後ローン（早期経営改善特例型）を資本と見なすことで財務内容に特に問題がない場合には、債務者のオプションにより早期償還することができる旨の条項を設けることは差し支えない。

（4）資本的劣後ローン（早期経営改善特例型）への転換は、合理的かつ実現可能性が高い経営改善計画と一体として行われることが求められている。

（5）資本的劣後ローン（早期経営改善特例型）についての契約が、金融機関と債務者との間で双方合意の上、締結されていることが求められている。

解答：P.221

第5問 (第80回)

日本公認会計士協会業種別委員会実務指針第32号「資本性適格貸出金に対する貸倒見積高の算定及び銀行等金融機関が保有する貸出債権を資本性適格貸出金に転換した場合の会計処理に関する監査上の取扱い」における資本性借入金（十分な資本的性質が認められる借入金）に関する次の記述について、最も不適切な選択肢を一つ選びなさい。

（1）劣後性を有する資本性適格貸出金に対する貸倒見積高の算定方法のうち、原則法として、①倒産確率及び劣後性を考慮した倒産時損失率に基づく予想損失率により算定する方法、②元本の回収及び利息の受取りに係るキャッシュ・フローを劣後性を考慮して合理的に見積もり、ＤＣＦ法により算定する方法が例示されている。

（2）劣後性を有する資本性適格貸出金に対する貸倒見積高の算定方法のうち、簡便法としては、①当該債務者に対する金銭債権全体について、優先・劣後の関係を考慮せずに算定された倒産確率及び倒産時損失率に基づく予想損失率を用いて算定する方法、②当該債務者に対する金銭債権全体について、優先・劣後の関係を考慮せずに算定された予想損失率を用いて算定する方法が例示されている。

（3）簡便法は、予想損失率を算定する上で、劣後性を有する資本性適格貸出金の劣後性を勘案して合理的に見積もることができない場合など原則法

によることが実質的に困難な場合に用いられる。

（4）劣後性を有する資本性適格貸出金を資本とみなしても実質債務超過の状態が解消しない場合や、劣後性を有する資本性適格貸出金を資本とみなすことで実質債務超過の状態が解消した場合における解消前の実質債務超過に相当する部分の劣後性を有する資本性適格貸出金の回収可能性は、劣後性を有する資本性適格貸出金（実質債務超過の状態が解消した場合には、解消前の実質債務超過に相当する部分）の回収可能見込額をゼロとみなし、取得原価又は償却原価と同額（実質債務超過の状態が解消した場合には、解消前の実質債務超過に相当する部分）を貸倒見積高として算定する方法を適用することも認められる。

（5）劣後性を有しない資本性適格貸出金に対する貸倒見積高は、当該債権を資本とみなさず、通常債権と同様に、併せて提示される経営改善計画等その他の条件も考慮して適正な自己査定手続により決定された債務者区分等に応じて、予想損失額を算定することとなる。

解答：P.221

第6問 　　　　　　　　　　　　　　　　　　　　　　（第80回）

　A社に対するB銀行の貸出金に対する貸倒引当金として最も適切な選択肢を一つ選びなさい。ただし、算定方法は、日本公認会計士協会業種別委員会実務指針第32号「資本性適格貸出金に対する貸倒見積高の算定及び銀行等金融機関が保有する貸出債権を資本性適格貸出金に転換した場合の会計処理に関する監査上の取扱い」において計算例として示された方法のうち「倒産確率及び劣後性を考慮した倒産時損失率に基づく予想損失率により算定する方法」に準じて算定することとする。なお、単位未満の端数は小数点第1位を四捨五入することとし、端数が生じた場合には近似値を選択するものとする。

（A社の貸借対照表）

諸資産　5,000	借入金　5,000
	（うち優先）　4,000

	（うち劣後）　1,000
	借入金以外の諸負債　1,500
	（うち金銭債務）　1,000
	純資産　△1,500

※劣後債権は資本性適格貸出金に該当する。

※劣後債権はＢ行が全額である1,000を融資しており、優先債権のうちＢ行融資は2,000である。その他にＢ行からＡ社に対する与信はない。

Ａ社に対して適用される倒産確率は40％とする。

倒産時損失率は以下の通り。

　　優先債権のＬＧＤ・・・30％

　　劣後債権のＬＧＤ・・・100％

　　金銭債権全体のＬＧＤ・・・40％

予想損失率は以下の通り。

　　債務者全体に対する（適格貸出金を資本とみなさなかった場合の債務者区分に対応する）予想損失率・・・20％

　　資本性適格貸出金を資本とみなして判定したＡ社の債務者区分に対応する予想損失率・・・7％

（1）540

（2）640

（3）800

（4）1,240

（5）1,600

解答：P.221

第7問

【第6問】の債務者Ａ社に対するＢ銀行の貸出金に対する貸倒引当金として最も適切な選択肢を一つ選びなさい。ただし、算定方法は、日本公認会計士協会業種別委員会実務指針第32号「資本性適格貸出金に対する貸倒見積高の算定及び銀行等金融機関が保有する貸出債権を資本性適格貸出金に転換した場合

の会計処理に関する監査上の取扱い」において計算例として示された方法のうち「劣後性を有する資本性適格貸出金の回収可能見込額をゼロとみなして貸倒見積高を算定する方法」に準じて算定することとする。なお、単位未満の端数は小数点第1位を四捨五入することとし、端数が生じた場合には近似値を選択するものとする。

（1）540
（2）1,140
（3）1,240
（4）1,400
（5）1,600

解答：P.222

■ 第78回関連出題 ■

第8問　　　　　　　　　　　　　　　　　　　　　　　　　（第78回）

　資本的劣後ローン（早期経営改善特例型）の要件に関する次の記述について、最も不適切な選択肢を一つ選びなさい。

（1）対象債権が「中小企業基本法」で規定する中小・零細企業向けの要注意先債権（要管理先への債権を含む）であること。

（2）債務者のオプションにより早期償還することができる旨の条項を設ける場合には、経営改善計画が達成され、債務者の業況が良好となり、かつ、資本的劣後ローンを資本と見なさなくても要注意先となること。

（3）債務者にデフォルトが生じた場合、資本的劣後ローン（早期経営改善特例型）の請求権の効力は、他の全ての債権が弁済された後に生ずること。

（4）債務者が金融機関に対して財務状況の開示を約していること及び、金融機関が債務者のキャッシュ・フローに対して一定の関与ができる権利を有していること。

（5）約定違反により期限の利益を喪失した場合には、債務者が当該金融機関に有する全ての債務について、期限の利益を喪失すること。

解答：P.222

第9問

　日本公認会計士協会業種別委員会実務指針第32号「資本性適格貸出金に対する貸倒見積高の算定及び銀行等金融機関が保有する貸出債権を資本性適格貸出金に転換した場合の会計処理に関する監査上の取扱い」における資本性借入金（十分な資本的性質が認められる借入金）に関する次の記述について、最も不適切な選択肢を一つ選びなさい。

（1）劣後性を有する資本性適格貸出金に対する貸倒見積高の算定方法のうち、原則法として、①倒産確率及び劣後性を考慮した倒産時損失率に基づく予想損失率により算定する方法、②元本の回収及び利息の受取りに係るキャッシュ・フローを劣後性を考慮して合理的に見積もり、ＤＣＦ法により算定する方法が例示されている。

（2）劣後性を有する資本性適格貸出金に対する貸倒見積高の算定方法のうち、簡便法として、①当該債務者に対する金銭債権全体について、優先・劣後の関係を考慮せずに算定された倒産確率及び倒産時損失率に基づく予想損失率を用いて算定する方法、②劣後性を有する資本性適格貸出金の回収可能見込額をゼロとみなして貸倒見積高を算定する方法が例示されている。

（3）簡便法は、予想損失率を算定する上で、劣後性を有する資本性適格貸出金の劣後性を勘案して合理的に見積もることができない場合など原則法によることが実質的に困難な場合に用いられる。

（4）劣後性を有しない資本性適格貸出金に対する貸倒見積高は、当該債権を資本とみなし、併せて提示される経営改善計画等その他の条件も考慮して適正な自己査定手続により決定された債務者区分等に応じて算定することとなる。

（5）資本性適格貸出金以外の通常債権については、資本性適格貸出金を債務者区分等の判断において資本とみなし、併せて提示される経営改善計画等その他の条件も考慮した上で、適正な自己査定手続により決定された債務者区分等に応じて、予想損失額を算定することとなる。

解答：P.222

■ 模擬問題等 ■

第10問　　　　　　　　　　　　　　　　　　　　　（模擬問題）

　資本性借入金に関する次の記述について、最も不適切なものを一つ選びなさい。

（1）資本的劣後ローン（早期経営改善特例型）が約定違反等により、期限の利益を喪失した場合には、債務者が当該金融機関に有する全ての債務について、期限の利益を喪失することが必要である。

（2）資本的劣後ローン（早期経営改善特例型）について債務者のオプションにより早期償還することができる旨の条項を設ける場合には、経営改善計画が達成され、債務者の業況が良好となり、かつ、資本的劣後ローンを資本と見なして正常先となることが必要である。

（3）劣後性を有する資本性借入金については、日本公認会計士協会・業種別委員会実務指針第32号に基づいて原則法、簡便法または準株式法の適用が認められている。

（4）劣後性を有しない資本性借入金については通常債権と同様の引当が可能である。

（5）劣後性を有する資本性借入金について原則法により貸倒引当金を算定する場合の倒産確率については、保守的にＤＤＳ実施前の債務者に適用される倒産確率を用いることができる。

解答：P.223

〔第１問〕

正　解：（２）　　　　　　　　　　　　　　　　　　　　正答率：48.3%

（１）（３）～（５）旧金融検査マニュアル別冊〔中小企業融資編〕に記載のと
　　　おりである。よって、正しい。
（２）資本的劣後ローン（早期経営改善特例型）の対象債権は金融機関の中
　　　小・零細企業向けの要注意先債権（要管理先への債権を含む）である。よ
　　　って、誤り。

〔第２問〕

正　解：（４）　　　　　　　　　　　　　　　　　　　　正答率：53.8%

・金銭債務合計（5,000＋1,000＝6,000）に対する予想損失額・・・960
　6,000×倒産確率40％×倒産時損失率40％＝960
・予想損失額は劣後債権1,000の金額以下であることから、貸倒引当額は予想
　損失額の全額=960となる。

〔第３問〕

正　解：（１）　　　　　　　　　　　　　　　　　　　　正答率：19.7%

・劣後債権（1,000）に対する貸倒引当金
　劣後債権を資本とみなしても債務超過▲500の状態であるため、劣後債権の
回収可能見込額はゼロとなる。したがって貸倒引当金は1,000となる。

〔第4問〕

正　解：（3）　　　　　　　　　　　　　　　　　　　　正答率：51.1%

（1）（2）（4）（5）旧金融検査マニュアル別冊〔中小企業融資編〕に記載の通りである。よって、正しい。

（3）資本的劣後ローン（早期経営改善特例型）を資本と見なさなくても財務内容に特に問題がないことが必要である。よって、誤り。

〔第5問〕

正　解：（5）　　　　　　　　　　　　　　　　　　　　正答率：18.5%

（1）～（4）業種別監査委員会報告第32号に記載のとおりである。よって、正しい。

（5）劣後性を有しない資本性適格貸出金に対する貸倒見積高は、当該債権を資本とみなし、併せて提示される経営改善計画等その他の条件も考慮して適正な自己査定手続により決定された債務者区分等に応じて、予想損失額を算定することとなる。よって、誤り

〔第6問〕

正　解：（2）　　　　　　　　　　　　　　　　　　　　正答率：35.6%

・劣後債権1,000に対する貸倒引当金・・・400
　1,000×倒産確率40％×倒産時損失率100％＝400
・優先債権2,000に対する貸倒引当金・・・240
　2,000×倒産確率40％×倒産時損失率30％＝240
・以上より、貸倒引当額合計は400＋240＝640となる。

第4章

〔第7問〕

正　解：（2）　　　　　　　　　　　　　　　　　　　正答率：37.3％

・劣後債権（1,000）に対する貸倒引当金

　劣後債権を資本とみなしても債務超過の状態であるため、劣後債権の回収可能見込額はゼロとなる。したがって貸倒引当金は1,000となる。

・優先債権（2,000）に対する貸倒引当金

　優先債権について適格貸出金を資本とみなして決定したA社の債務者区分に対応する予想損失率を用いて別途の引当を行う。

　優先債権2,000×7％＝140

・以上より、貸倒引当額合計は1,000＋140＝1,140となる。

〔第8問〕

正　解：（2）　　　　　　　　　　　　　　　　　　　正答率：69.5％

（1）（3）（4）（5）旧金融検査マニュアル別冊〔中小企業融資編〕に記載の
　　とおりである。よって、正しい。

（2）資本的劣後ローンを資本と見なさなくても財務内容に特に問題がない
　　（＝正常先）場合とする必要がある。よって、誤り。

〔第9問〕

正　解：（2）　　　　　　　　　　　　　　　　　　　正答率：31.3％

（1）（3）（4）（5）業種別監査委員会報告第32号に記載のとおりである。よ
　　って、正しい。

（2）劣後性を有する資本性適格貸出金に対する貸倒見積高の算定方法のうち、
　　簡便法としては、①当該債務者に対する金銭債権全体について、優先・劣
　　後の関係を考慮せずに算定された倒産確率及び倒産時損失率に基づく予想
　　損失率を用いて算定する方法、②当該債務者に対する金銭債権全体につい
　　て、優先・劣後の関係を考慮せずに算定された予想損失率を用いて算定す

る方法が例示されている。簡便法は、発生が見込まれる損失見積額により貸倒見積高を算定する方法であり、回収可能見込額をゼロとみなして貸倒見積高を算定する方法とは異なる。よって、誤り。

〔第10問〕

正　解：（2）　　　　　　　　　　　　　　　　　　　正答率：51.8%

（1）旧金融検査マニュアル別冊〔中小企業融資編〕に記載のとおりである。よって、正しい。

（2）資本的劣後ローンを資本と見なさなくても財務内容に特に問題がない（＝正常先）場合とする必要がある。よって、誤り。

（3）（4）業種別監査委員会報告第32号に記載のとおりである。よって、正しい。なお、準株式法という名称は32号では使用されていないが、従前の準株式法と同等の方法であるため、誤りとはしない。

（5）倒産確率は劣後性を有する資本性適格貸出金を資本とみなした場合の債務者区分等に基づいたものを使用することが考えられるが、その場合の債務者に適用される倒産確率や予想損失率の妥当性は、十分に信頼性の高い統計値を基礎とするなど強い証拠によって裏付けられなければならない。ただし、当該裏付けが得られない場合には、保守的にDDS実施前の債務者に適用される倒産確率を用いることが認められる。よって、正しい。

第4章

金融検査マニュアル廃止による
自己査定と償却・引当への影響

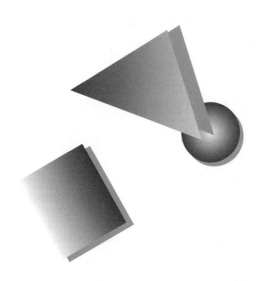

第5章

～学習の手引き（第5章）～

・2019年12月、わが国の銀行等金融機関の自己査定や償却・引当に関する実務上の指針とされてきた「金融検査マニュアル」が廃止され、新たにディスカッション・パーパー「検査マニュアル廃止後の融資に関する検査・監督の考え方と進め方」（以下、DP）が公表された。

・50回、51回試験では、DPから3題の出題があり、今後も引続き、複数問の出題が予想される。

※本稿は、藪原康雅（有限責任監査法人トーマツ・公認会計士）「金融検査マ
　ニュアル廃止による自己査定と償却・引当への影響」（月刊『銀行実務』
　2020年1月号）を改訂・再編集して掲載しました。

第1節
DP公表まで

　金融庁は、2019年12月18日にディスカッションペーパー「検査マニュアル廃
止後の融資に関する検査・監督の考え方と進め方」[注1]（以下「DP」という）
を公表した。DPの公表経緯を振り返ると、金融庁は2018年6月29日に公表し
た「金融検査・監督の考え方と進め方（検査・監督基本方針）」[注2]において、
個々のテーマ・分野ごとに具体的な考え方と進め方を議論するための材料を文
書の形で示すこととしていた。上記のテーマ・分野のうち、銀行等金融機関の
融資に関する検査・監督については、金融庁が18年7月以降に関係者や有識者
からなる「融資に関する検査・監督の実務についての研究会[注3]」を計4回開
催して議論を重ねてきた。

　DPは、上記研究会における議論の内容を踏まえ、融資の観点から「金融シ
ステムの安定」と「金融仲介機能の発揮」のバランスの取れた実現を目指す金
融庁の検査・監督の考え方と進め方を整理したものと位置付けられる。本稿で
は、DPの概要について、特に1999年に「金融検査マニュアル」が発出されて
以来、実質的に我が国の銀行等金融機関の自己査定や償却・引当に関する実務
上の指針とされてきた別表に示されている内容の取扱いに関する影響に留意し
て解説を進めることとしたい。なお、本記事は執筆者の私見であり、所属する
有限責任監査法人トーマツの公式見解ではないことを予めお断りする。

第5章

（注1）https://www.fsa.go.jp/news/rl/yuushidp/yushidp_final.pdf
（注2）概要については、「金融庁「金融検査監督の考え方と進め方（検査・監督基本方針）」（案）の
　　　　解説」参照。（トーマツ　会計情報、2018年2月号（Vol.498）、リンク先:https://www2.
　　　　deloitte.com/content/dam/Deloitte/jp/Documents/get-connected/pub/atc/201802/jp-atc-
　　　　kaikeijyoho-201802-05.pdf）
（注3）https://www.fsa.go.jp/singi/yuusiken/index.html

第2節
DPの骨子

（1）従来の検査・監督に関する当局の問題意識

　金融庁は、旧金融検査マニュアルの硬直的な運用が、実態バランスシートベースの債務者区分判定と過去実績や財務データ等を重視し、金融機関による自己査定や償却・引当の検討プロセスの細目を指摘する検査の風潮を助長してきたと考えている。また、そのような風潮に対して、金融機関は担保・保証へ過度に依存した融資方針の傾向を強め、その結果として貸出先の事業に対する目利き力の低下といった影響を及ぼしたと分析している。つまり、不良債権問題を解消するために金融機関の自己査定や償却・引当を画一的に検査するために作成された旧金融検査マニュアルが、過去の貸倒実績を偏重して引当を見積る実務を広く定着させる状況を招き、金融機関が実態に即した将来の貸倒れリスクを適時適切に認識して引当へ反映する柔軟な運用が困難になったという仮説を置いている。尤も、近年の金融庁検査は、各金融機関による自己査定の結果を基本的に尊重する姿勢で実施されてきており、償却・引当に関しては、日本銀行の金融システムレポート別冊で実施したアンケート調査結果 (注4) において示されている通り、太宗の地域金融機関が、会計ルールに準拠しつつ、将来に対する備えとして引当方法に係る何らかの見直しをすでに対応していることから、DPで示されている金融庁の問題意識は業界サイドにおいても十分に認識されているところと推察される。

（2）DPが志向する今後の検査・監督に関する基本的な考え方

　上記の問題意識を踏まえ、金融庁は、償却・引当を含む融資全般に関する今後の検査・監督の進め方として、各金融機関の置かれた経営環境を背景に、経営理念から出発する融資ビジネスに係る一連のプロセスについて、将来を見据えたビジネスモデルの持続可能性の観点から対話を行っていく方向性を打ち出

（注4）「金融システムレポート」（2019年10月、日本銀行）P 47

図表 5 − 1　融資に関する検査・監督の進め方

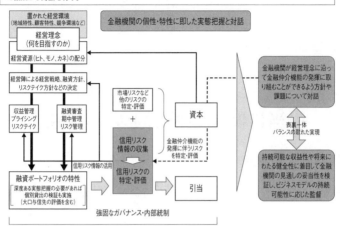

（出典）DP（P13）に掲載されている図を元に筆者編集

している。

　銀行等金融機関は、人口減少・高齢化の進展、超低金利環境の長期化等に起因する厳しい経営環境に置かれており、従来と同じ前提で預貸業務の収益性を改善していくことは極めて困難な情勢にある。したがって、金融庁は、DPに基づく銀行等金融機関の融資に関する検査・監督の進め方を整理した図表1の左サイドに示されているとおり、各金融機関が、経営理念にまで遡って融資ビジネスに係る経営戦略、融資方針、内部管理態勢、リスク管理、融資実務、引当、経営資源の配分について再点検するよう求めている。

　また、超低金利環境の長期化や比較的良好な景気状況の下で銀行等金融機関の与信コストは低位で推移してきたところ、日本銀行が公表した直近の金融システムレポート[注5]において「金融機関の信用コスト率（信用コスト／貸出残高）は、引き続き低水準ながら地域金融機関を中心に、上昇に転じている」旨

（注5）「金融システムレポート別冊シリーズ 地域金融機関における貸倒引当金算定方法の見直し状況」（2018年4月、日本銀行 金融機構局）P 2

に言及している。金融庁は、クレジット循環の局面変化も視野に入れた場合、将来的に信用状態が大きく悪化する潜在リスクにも対応できるよう、上記のプロセスの中で、多様化・複雑化する融資ポートフォリオに内在する不確実性要因に関し、これまで以上に信用リスク情報を活用することで適時適切なリスクの特定及び評価を促しているものと解される。

第3節
償却・引当に関する検討上の留意点

（1）基本的な留意点

　金融検査マニュアルの廃止に伴い、現行の償却・引当に対する実務影響に留意してDPの要旨をまとめると、①旧金融検査マニュアルに基づいて定着した現状の引当実務（主に過去実績を基に算定）は否定されないこと、及び②旧金融検査マニュアルに記載がなくとも、各金融機関の創意工夫に基づいて、足元や将来の情報に基づきより的確な引当と早期の支援を可能にすること、の2点に集約される。

　①に関しては、DPの別紙として「自己査定・償却・引当の現状の枠組み」が示され、旧金融検査マニュアルに定められた自己査定（債務者区分や債権分類等）や償却・引当（一般貸倒引当金や個別貸倒引当金の算定方法等）に関する基本ルールを再掲して、現行の引当実務を継続することを直ちに否定するものではないことを再確認している。旧金融検査マニュアルは、金融監督庁（現金融庁）による金融検査を通じて、銀行等金融機関の償却・引当実務に大きな影響を与えてきたものである一方、その策定経緯に照らすと本来的な位置づけは検査官の手引きである。したがって、金融検査マニュアルの廃止を以って現行の会計基準が直接影響を受けるものではなく、現行の償却・引当実務が会計基準に則っている限り否定されることがないのは当然であるといえる。裏返して言えば、金融検査マニュアルが廃止されたからという理由で、会計基準に反した会計処理が容認されるわけでもない点に留意が必要である。

　②に関しては、上記2.（2）の基本的な考え方で述べたように、各金融機

関の置かれた経営環境を背景に、将来を見据えたビジネスモデルの持続可能性の観点から対話を行う旨が示されている。したがって、足元や将来の情報を反映して十分かつ適切に引当を計上するという最終ゴールへ到達するまでには少なくとも以下のプロセスを点検する必要がある。

ａ．経営戦略・融資方針

上記２．（２）で述べたように、融資ビジネスを取り巻く経営環境の重大な変化に対応しつつ、金融仲介機能を発揮し続けるため、まず各金融機関の経営陣は、自社の経営環境と経営理念に基づいて経営戦略、融資方針が決定されているかを再点検することが求められる。点検に当たっては、他の金融機関の動向を過度に意識する結果として、自社の融資ビジネスが包含する地域特性、顧客特性、競争環境等が適切に勘案されない事態に陥らないよう、まさに自社のポリシーを再確認することが重要である。リスクテイクの方針に基づき、リスクアペタイトの設定や収益管理・プライシング等についても見直し要否が検討されるものと考える。

ｂ．リスク管理態勢

上記の経営戦略や融資方針を実行に移すうえで、リスク管理所管部が、融資

図表５－２　信用リスク情報の引当への反映について

信用リスクに係る情報の例

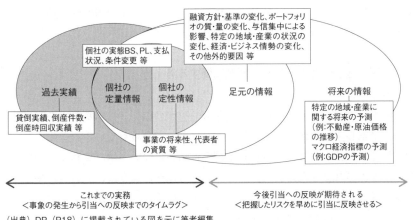

（出典）DP（P18）に掲載されている図を元に筆者編集

審査、期中管理や信用リスク管理に係る基本方針や細則の見直し要否を検討することになると考えられる。リスク管理態勢の高度化を検討する際には、上記2.（2）で述べたように、特に信用リスク情報を活用することで適時適切なリスクの特定及び評価を行えるよう、利用可能な全ての情報を選定・蓄積し、その利用方法を適切に検証することが重要である。

ｃ．引当への反映方法

上記ｂ．で選定・蓄積した信用リスク情報のうち財務報告プロセスに利用可能である合理的で裏付け可能なものを反映しつつ、会計基準に基づいて、引当水準の十分性に留意した最善の見積り方法を検討していくことになる。詳細は下記（2）以降で考察することとする。

このように、上記ａ．からｃ．の融資ビジネスに係る一連のフローが整合的に評価された結果として適切な将来の信用損失が見積られることが最も重要であり、経営陣の将来に向けた経営ビジョンのもとで営業所管部、リスク管理所管部及び経理担当部署が連携して組織横断的に取組むべき経営課題であると考える。

（2）一般貸倒引当金に関する留意点

DPが一般貸倒引当金に関して言及しているポイントとしては、ａ．信用リスク情報の引当への反映に関する考え方、ｂ．集合的に見積もることが適切な債権に関する考え方、ｃ．個社に帰属しない足元や将来の情報の引当への反映の例、ｄ．大口与信先債権についての考え方の4項目に大別される。以下で各項目について考察する。

ａ．信用リスク情報の引当への反映に関する考え方

金融庁は、引当に反映する信用リスク情報を、図表2に示すとおり、時系列の観点から「過去実績」、「足元の情報」、「将来の情報」に大別し、さらに「個社の定量情報」と「個社の定性情報」を区分して整理している。このうち、一般的に過去実績と個社の定量情報及び定性情報については、これまでの引当実務にも反映されてきたが、上記2.（1）でも述べたように、過去実績や財務データを重視した見積り方法では、信用リスクに重大な変化が生じた場合に、その影響を引当へ機動的に反映することが難しいことから、足元の情報やフォワ

ードルッキングな観点に基づく将来の情報を見積りに反映できるよう各金融機関に創意工夫を促している。

　足元の情報については、一般的に信用格付へ反映している実務が多いと考えられる一方、信用格付の検討プロセスでは捕捉されない情報が生じていないかという視点や、信用格付へ反映した内容が結果的として引当計算には考慮されているかという視点から見直す意味があると考える。

　また、必要な場合には将来の情報を反映すべき点については、旧検査マニュアル（下記（参考1）に抜粋）において明示されているとおり、ルール上は従前から要請されていたものである。日本公認会計士協会（以下「JICPA」という）が公表する銀行等監査特別委員会報告第4号「銀行等金融機関の資産の自己査定並びに貸倒償却及び貸倒引当金の監査に関する実務指針」（以下「銀行等監査特別委員会報告第4号」という）においても、必要な場合には将来の情報を反映するよう要請していたが、金融検査マニュアルの廃止とDPの公表を受けた最終改定が2020年3月に公表され、その中において「貸倒実績率又は倒産確率による貸倒引当金の計上における将来見込み等」に関する定めを追加している（下記（参考2）に抜粋）。将来の情報を引当へ反映するには実務上の検討課題が多い一方、上記2．(2)で述べたように、クレジット循環の局面変化も視野に入れた場合、将来的に信用状態が大きく悪化する潜在リスクに対応するうえで、合理的で裏付け可能な情報については引当へ反映するよう求める銀行監督上の要請を改めてアナウンスする意図があると考えられる。加えて、国際的な会計基準に着目すると、国際財務報告基準（IFRS）では、将来予測を反映した予想信用損失の算定を求めるIFRS第9号「金融商品」（2014年）が2018年1月1日以降開始される事業年度より適用されており、米国会計基準でも、予想信用損失を見積る際、キャッシュ・フローの回収可能性の評価に関連する利用可能な情報を考慮することで将来予測も反映されるよう求める会計基準更新書（ASU）第2016-13号「金融商品－信用損失（Topic326）：金融商品の信用損失の測定」が（米国証券取引委員会（SEC）登録企業については）2019年12月16日以降開始する事業年度より適用されている。日本基準に関しては、企業会計基準委員会（以下「ASBJ」という）が我が国の会計基準を国際

的に整合性のあるものとする取組みの一環として、2019年10月に予想信用損失モデルに基づく金融資産の減損についての会計基準の開発に着手することを決定している（ただし、開発の目標時期は未定）^(注6)であるが、DPはすでに国際的な会計基準の適用が開始されている中で検討及び導入される引当実務が参考にされることも念頭に置かれているものと推察する。

（参考1^(注7)）

> 予想損失率は、経済状況の変化、融資方針の変更、ポートフォリオの構成の変化（信用格付別、債務者の業種別、債務者の地域別、債権の金額別、債務者の規模別、債務者の個人・法人の別、債権の保全状況別等の構成の変化）等を斟酌の上、<u>過去の貸倒実績率又は倒産確率に将来の予測を踏まえた必要な修正を行い、決定する。</u>
>
> 特に、経済状況が急激に悪化している場合には、貸倒実績率又は倒産確率の算定期間の採用に当たり、直近の算定期間のウェイトを高める方法、最近の期間における貸倒実績率又は倒産確率の増加率を考慮し予想損失率を調整するなどの方法により、決定する。

（下線は筆者による）

（参考2^(注8)）

> ③貸倒実績率又は倒産確率による貸倒引当金の計上における将来見込み等
>
> 必要な修正及び貸倒実績率又は倒産確率の補正貸倒実績率又は倒産確率による貸倒引当金の計上の具体的計算方法について、以下にその一例を示す。
>
> 今後1年間の予想損失額は、1年間の貸倒実績又は倒産実績を基礎とした貸倒実績率又は倒産確率の過去3算定期間の平均値に基づき損失率を求め、<u>これに将来見込み等必要な修正を加えて算定する。</u>

（注6）「現在開発中の会計基準に関する今後の計画」（2019年10月30日、企業会計基準委員会）
（注7）「償却・引当（別表2）、1.（1）一般貸倒引当金」（検査マニュアル、金融庁）
（注8）「銀行等監査特別委員会報告第4号、Ⅵ 貸倒償却及び貸倒引当金の計上に関する監査上の取扱い（注3）」

今後３年間の予想損失額は、３年間の貸倒実績又は倒産実績を基礎とした貸倒実績率又は倒産確率の過去３算定期間の平均値に基づき損失率を求め、これに将来見込み等必要な修正を加えて算定する。

金融機関の保有する債権の信用リスクが毎期同程度であれば、将来発生する損失の見積りに当たって、過去の実績率を用いることが適切であるが、期末日現在に保有する債権の信用リスクが、金融機関の債権に影響を与える外部環境等の変化により過去に有していた債権の信用リスクと著しく異なる場合には、過去の実績率を補正することが必要である（金融商品会計に関する実務指針第111項参照）。

金融機関が信用リスクをより的確に引当に反映するため、上記の将来見込み等必要な修正及び過去の実績率の補正を行う場合、現状は、会計基準等において具体的に明示された方法がないことから、経営者の判断によることになる。この場合、例えば以下の点に留意が必要である。
・金融機関に貸倒引当金の見積プロセスや見積結果の承認を行う仕組みが導入されているか。
・金融機関の経営陣に偏りのない情報が提供される体制が整備されているか。

（下線は筆者による）

なお、信用リスクに関する情報は、主観的な判断や恣意的な偏向が介入するリスクを伴うことから、DPはこれを適切に反映するうえで以下に掲げる３つの留意点を示している。

（ア）内外の検証可能性

事実に基づく経営陣の判断に係る適切な文書化とともに、事実については、基本的に金融機関が自ら保有しているものを用いることが考えられるが、必要に応じて、外部の共通データベース（CRITS[注9]、SDB[注10]等）の情報を利用することも想定されている。

（イ）見積りプロセスの公正性（ガバナンス等）

ガバナンス等のポイントとして、（ａ）融資方針と整合した引当の見積りに関する方針の整備、（ｂ）リスクの発生源である事業部門等における偏りや不

足のない情報収集・評価、（ｃ）リスク管理部門における、多角的な視点から引当の見積りに関する議論と経営宛報告、（ｄ）内部監査部門における、ビジネスモデルに基づくリスク・アセスメントおよび引当の見積りまでのプロセス等に関するモニタリング等の４点に言及している。

（ウ）財務諸表利用者にとっての比較可能性

　開示に関しては、各金融機関の創意工夫に基づき、多様な償却・引当が行われると想定されることから、投資家にその内容が理解されるよう開示・注記の充実が要請されている。詳細は下記３．（4）参照。

ｂ．集合的に見積もることが適切な債権に関する考え方

　所謂グルーピングは、貸倒引当金の算定対象となる個々の債権が膨大な数になる上、将来の見積りには不確実性が伴うため、統計的な手法を用いることで全体として見積りの精度を高めることを目的に行うものである。したがって、引当の見積りに当たっては、共通の信用リスク特性を有する債権群を別グループとして識別する必要があり、現状の実務を出発点とした事例として、DPでは、債務者区分の中でのグルーピング（業種、地域、資金使途、貸出商品、メイン先・非メイン先、与信額、内部格付等）や、債務者区分を横断するグルーピング（景気変動等の影響を受けて債務者区分が変動しやすい貸出先を切り出して別グループで評価）が挙げられている。

　また、上記ａ．との関係では、各金融機関が融資ポートフォリオの重要な信用リスク情報を引当に反映し易くするような適切な方法を用いるべきである一方、債務者の数や債権額が限定的なポートフォリオを過度に細分化すると、１グループ当たりの母集団の数が減少して統計的な効果が引当算定に反映されない事態に陥る可能性があることに留意する必要がある。

ｃ．個社に帰属しない足元や将来の情報の引当への反映の例

　DPでは、個社に帰属しない足元や将来の情報の類型として次の３点が挙げられている。

（注9）　一般社団法人全国地方銀行協会が運営する信用リスク情報統合サービス（Credit Risk Information Total Service）の略称

（注10）　信金中央金庫が運営する信用金庫業界の中小企業信用リスクデータベース（Shinkin Data Bank）の略称

（ア）内部環境の変化（金融機関内部の融資方針、管理態勢の見直し、融資ポートフォリオの変化など）

（イ）外部環境の変化（相対的にミクロな指標（特定地域の不動産データや船舶種別傭船料等）とマクロな指標（GDP、金利、為替、失業率等））

（ウ）貸出条件先の信用状態に大きな影響を与え得る出来事（例：大規模な災害、産業構造の変化、規制の導入、競合他社の参入等）

　いずれも例示であって、必ずしも上記に限られるものではないと考えるが、上記ａ．で述べた検証可能性やガバナンス等の観点からは、反映する情報が引当対象のポートフォリオに内在する信用リスクとどのような関係にあるのかを客観的に疎明できるよう、選定プロセスを明確にする必要があると考える。

ｄ．大口与信先債権についての考え方

　DPは、要管理先や景気変動等の影響を受けて債務者区分が変動しやすい貸出先等であって、経営に大きな影響を与えるような大口与信先等、他の貸出先とリスク特性が異なる場合は個別に引当を見積もることが考えられる点に言及している。個別見積りの方法については、与信額、ボラティリティ等を考慮した経営上の重要性、個別貸出のリスク特性や金融機関の方針等に照らして、適切な方法を選択すべきとし、以下の方法を例示している。

（ア）DCF法

（イ）PD法

　（集合的な見積りにおいて貸倒実績率法を採用している金融機関であっても、大口与信先に関しては、過去・現在・将来の信用リスク情報（業種特性、景気感応度等）を勘案した倒産確率（Probability of Default）と倒産時損失率（Loss Given Default）を用いて個別に予想損失額を算出することが考えられる。

（ウ）債権額から市場における売却可能見込額を減じる方法

　このうち、DCF法に関し、JICPAが公表する「銀行等金融機関において貸倒引当金の計上方法としてキャッシュ・フロー見積法（DCF法）が採用されている場合の監査上の留意事項」のなかで例示する二分岐の決定モデルによる方法は、過度に複雑な見積過程を要するとの指摘もあるため、JICPAに対して一定数以上の個別見積りを行うために適した方法を検討・研究するよう要請されている。

第
5
章

なお、正常先であっても他の貸出とリスク特性が異なる貸出先で、（足元の財政状態や経営成績に問題がなくとも）景気サイクルの影響を受けやすく将来のキャッシュ・フローの変動性が高い場合には、将来のキャッシュ・フローの変動性も考慮した見積りを行うことが適切とされている。

（3）個別貸倒引当金に関する留意点

　破綻懸念先に関する評価に関し、DPでは、債務者の実質的な財政状態（債務超過性）を把握することは重要であるが、最終的には、元本及び利息の回収に重大な懸念があり、貸出の全部又は一部の貸倒れに至る可能性が高いかどうかが重要である点を明記している。

　そのため、破綻懸念先かどうかの判定においては、貸出先の過去の経営成績や経営改善計画だけでなく、事業の成長性・将来性や金融機関による再生支援等も勘案した、実質的な返済可能性（将来のキャッシュ・フロー）の程度を重視すべき旨を強調すると共に、自己査定の検証に関する着目点として、（a）経済合理性のない追い貸しがなされていないか、（b）貸出先の状況を把握できているか、（c）正常先や要注意先からの突発破綻が不自然に増えていないかが例示されている。実務上は、金融仲介機能を発揮すべく事業性評価に基づく再生支援等に取組む方針と、廃業リスクの顕在化等に伴う突発破綻に備えた適切な予兆管理を求められる方針との間で悩ましい与信運営を迫られるケースが多いと思われる。

　また、DPは、旧金融検査マニュアルに基づく引当算定方法に関し、以下を含むいくつかの方法が実務上定着しており、個別貸出のリスク特性や各金融機関の方針等に合った方法を採用すべき旨を明記している。

①個別の債務者毎に担保・保証等による回収見込額（Ⅰ・Ⅱ分類）を控除した
　上で、残額（Ⅲ分類額）に対して必要な引当を設定
　（Ⅲ分類額に対する引当の算定方法）
　（ア）予想損失率法
　（イ）キャッシュ・フロー控除法
②債権額から市場における売却可能見込額を減じる方法
③大口与信先に対するDCF法の適用

（4）ディスクロージャーに関する留意点

　信用リスク情報の引当への反映をはじめ、各金融機関が独自に創意工夫し、上記で述べた貸倒引当金に係る見積り方法や算定方法の見直しを行うと、それらの方法や引当影響額は金融機関ごとに相当のばらつきが生じると想定される。したがって、上記3.（2）aで述べたように、財務諸表利用者にとっての比較可能性の観点からは、個別債務者に関する憶測を招くような可能性に留意しつつ、引当金に係る見積り方法や算定方法の開示や注記を充実させることが重要である。

　開示に関しては制度改正がなされ、「企業内容等の開示に関する内閣府令の一部を改正する内閣府令」（平成31年1月31日内閣府令第3号）に基づき、有価証券報告書等に記載する財務情報及び記述情報の充実が要求されているところ、償却・引当の見積り方法を創意工夫する対象とされる融資ビジネスや融資ポートフォリオ等に「事業等のリスク」を識別している場合には、顕在化する可能性の程度や時期、リスクの事業へ与える影響の内容、リスクへの対応策について府令（企業内容等の開示に関する内閣府令第二号様式　記載上の注意(31)、第三号様式　記載上の注意（11）等）に基づく開示が求められることから、与信所管部や経理部門等の関係部署間で開示内容を協議する必要がある。

　また、財務諸表注記に関し、現行実務では、銀行法施行規則に基づいて一般社団法人全国銀行協会が作成した別紙様式のひな型に記載されている「記載上の注意」のひな型文案を踏襲してきた銀行等金融機関が多いと思われるが、今後は銀行等監査特別委員会報告第4号において明記された留意事項（例えば、①今後の予想損失額を見込む一定期間、②貸倒実績率または倒産確率の適用におけるグルーピング、③貸倒実績率または倒産確率による貸倒引当金の計上における将来見込み等必要な修正および貸倒実績率または倒産確率の補正、については多様な方法が考えられるため、財務諸表利用者の理解に資する適切な記載が必要と考えられること）を踏まえ、金融機関ごとに文言や会計上の見積りの変更に係る注記要否を検討し、財務諸表利用者の理解に資する注記内容を開示するケースが増加することから、開示と同様に関係部署間の協議や会計監査人との協議を計画的に進めるのが望ましいと考える。

第5章

DPに示された留意点を踏まえ、銀行の引当方法の多様化が進む中、金融庁では、主要行等及び地域銀行の有価証券報告書における引当開示にかかる記載（具体的には、①貸倒引当金の計上基準、②重要な会計上の見積り、③将来予測情報を活用した引当方法を採用した場合に考え得る開示要素）を比較・分析し、情報開示の望ましい水準やあり方を整理した成果を「銀行の引当開示の充実に向けて」（令和4年3月）及び「銀行の引当開示の状況」（令和4年12月）として公表した。

　これらの資料は、各金融機関における引当に関する開示の充実に向けた取組みを後押しする観点から、上記の比較・分析において開示の進展が見られた特徴的な事例を中心に共有するものと位置付けられており、本資料を参考に、各金融機関の実態に即した引当方法の開示の充実が図られることが期待されている。

　上記に加えて、監査基準の改訂に伴い、監査報告書に監査上の主要な検討事項（Key Audit Matters；KAM）が記載されている。KAMは、監査の過程で監査役等と協議した事項の中から、特に注意を払った事項を決定し、さらに、当年度の監査において、職業的専門家として特に重要であると会計監査人が判断した事項を絞り込んで決定する。実際に監査報告書に記載されているKAMの内容を分析すると、ほぼ全ての銀行で貸倒引当金がKAMに選定されている。今後、KAMの記載内容は毎期見直されることが想定され、その内容は証券アナリスト等の投資家も注視していることから、引続きディスクロージャーの重要なテーマとして取扱われることが見込まれる。

第4節
今後に向けて

　DPは、現行実務を否定するものではない旨を明確にしている一方、DPの別紙に記載された「自己査定・償却・引当の現状の枠組み」には、旧金融検査マニュアルの該当部分と一部異なる内容が含まれていることから、引続き金融庁の対処方針を注視していく必要がある。

　また、DPの考え方に沿った銀行等金融機関の対応を考えると、上記2．(2)で述べたように、経営戦略や融資方針の再点検を踏まえて将来的な貸倒引当金の不足や安定性に係る課題を正しく把握することが必要になる。DPの公表後検討を進めている銀行等金融機関が多いと推察されるが、例えば信用リスク情報を引当へ反映する際に必要となるデータの特定・蓄積をはじめ、具体的な見積り方法の検討や、検証プロセス及びガバナンス体制等の整備には相当程度の期間を要すると考えられることから、銀行等金融機関は計画的に検討を進めると共に、会計監査人と協議を実施していく必要がある。

■ 第81回関連出題 ■

第1問 (第81回)

　金融庁資料「銀行の引当開示の充実に向けて」（令和4年3月）において示されている投資家等の声（総論）に関する次の記述について、最も不適切な選択肢を一つ選びなさい。

（1）比較可能性の観点からは、例えば銀行間の引当水準の比較を行うため、独自の算定式による数値指標を用いたりしているが、この数値比較がより意味を持つためには、背景にある各行の引当に対する考え方（算定根拠）がより開示されることを期待する旨が言及されている。

（2）貸倒引当金に関する注記は決算毎に着目しており、今回の取組みは、開示の充実が期待される意義深い取組みだと捉えている旨が言及されている。

（3）企業価値に与える影響の観点からは、将来の損益計算書に対する影響等を把握するため、各行の引当の動き方がある程度予見できることが望ましく、そのためには引当に対する考え方の他、各行の将来見通しに関する情報がより開示されることを期待する旨が言及されている。

（4）金融機関と貸倒引当金に関する対話を行う際、今回の取組みを通じて、有価証券報告書における追加的な情報の開示に係る先行事例を把握することができる点は非常に有用である旨が言及されている。

（5）継続性の観点から、銀行毎の時系列分析を行うために引当の見直しを行うことは望ましくなく、引当の見直しには否定的な意見である旨が言及されている。

解答：P.247

金融庁資料「銀行の引当開示の状況」（令和4年12月）において進展が見られた開示事例として紹介している内容について、最も不適切な選択肢を一つ選びなさい。

（1）将来予測情報を活用した引当方法を採用した場合に考え得る開示要素に関し、各社の開示を分析したうえで進展が見られた開示事例として、「会計上の見積りの変更注記において、将来予測情報を活用した引当方法の採用背景を開示する事例」、「採用指標、モデルの考え方、ガバナンスについて開示する事例」、「モデルの考え方について開示する事例」等が列挙されている。

（2）有価証券報告書の注記事項である「重要な会計上の見積り」に関し、各社の開示を分析したうえで進展が見られた開示事例として、「重要な会計上の見積り」の注記対象とした科目の重要性の判断理由を記載する事例」、「新型コロナウイルス感染症の影響を引当に反映している旨を開示する事例」、「主要な仮定として、過去の貸倒実績率等を使用する際の仮定を開示する事例」等が列挙されている。

（3）将来予測情報を活用した引当方法を採用した場合に考え得る開示要素に対して投資家側等が期待する開示内容のうち、「最善の見積りのための態勢について」に関し、将来予測情報を活用した引当方法において適用しているモデルについては、内容が専門的になる可能性があることから、記載の要否は各金融機関の判断に委ねる旨が言及されている。

（4）有価証券報告書の注記事項である「貸倒引当金の計上基準」に関し、各社の開示を分析したうえで進展が見られた開示事例として、「グルーピング（債務者区分の細分化を含む）を開示する事例」、「損失見込期間を債務者区分ごとに開示する事例」、「破綻懸念先債権における、必要と認める額の計上方法を具体的に開示する事例」等が列挙されている。

（5）「重要な会計上の見積り」に関して追加的な情報の開示に対して投資家側等が期待する開示内容のなかで、銀行業等における貸倒引当金の重要性はある程度共通認識があると考えられ、加えて重要な会計上の見積り注

記の対象となり得る他の項目（例えば、繰延税金資産や固定資産の減損）も勘案すると 銀行がどのように重要性を判断しているのかを示すことは有用である旨が言及されている。

解答：P.247

■ 第80回関連出題 ■

第3問 （第80回）

「検査マニュアル廃止後の融資に関する検査・監督の考え方と進め方」（令和元年12月）において言及されている「将来を見据えた信用リスクの特定・評価の重要性」に関する次の記述について、最も不適切な選択肢を一つ選びなさい。

（1）融資ポートフォリオの信用リスクを特定・評価することは、償却・引当の適切性の議論のみならず、経営戦略におけるリスクテイクや内部管理態勢のあり方、自己資本の十分性、収益性、ビジネスモデルの持続可能性についての対話を進めるためにも必要である。

（2）上記（1）で述べた対話は、リスクアペタイト・フレームワークの考え方にも通じるところがあるが、当局が全金融機関に対して一律に同フレームワークの導入を促すものではなく、各金融機関の個性・特性に応じて、ビジネスモデルの持続可能性の対話に対する金融機関の納得感を高めていくことに主眼がある。

（3）当局としては、従来と同様、償却・引当の水準の適切性（特に前提としての自己査定の正確性）に重点を置いて議論していく。

（4）融資ポートフォリオの信用リスクに関しては、金融機関の個性・特性を基礎として、過去実績や個社の定量・定性情報に限られない幅広い情報から、将来を見据えて適切に特定・評価することが重要である。

（5）融資ポートフォリオの信用リスクは、その一部が財務会計上の償却・引当によりカバーされるが、償却・引当に反映されない信用リスクについては、健全性の観点からは自己資本によりカバーされることになる。

解答：P.247

第4問 （第80回）

　「検査マニュアル廃止後の融資に関する検査・監督の考え方と進め方」（金融庁：令和元年12月）において、信用リスク情報を引当へ反映するにあたっての基本的な視点として当局が掲げている内容に関する次の記述について、最も不適切な選択肢を一つ選びなさい。

（1）基本的な視点にしたがい、見積りに関する基本的な考え方について、一般貸倒引当金及び個別貸倒引当金に分けて記載されている。

（2）融資について、担保・保証からの回収可能性だけでなく、将来のキャッシュ・フローに基づく返済可能性にも着目して金融仲介機能を発揮しようとする金融機関の取組みを妨げないとされている。

（3）損失の的確な見積りという観点から、いわばミニマムスタンダードとしての自己査定・償却・引当の態勢に問題が認められる金融機関に対しては、深度ある検証を行った上で、ガバナンス・内部管理態勢の是正を求めるとされている。

（4）金融機関が自らの経営理念を出発点として、これと整合的な形で経営戦略や各方針を策定し、それに即した形での将来を見通した信用リスクの特定・評価や、自己査定・償却・引当への反映を行いやすくしていくとされている。

（5）金融検査マニュアル別表に基づいて定着している現状の実務を大幅に見直し、国際的な会計基準の考え方を取り入れて、認識している信用リスクをより的確に引当に反映するよう検討が求められている。

解答：P.248

第5問 （第80回）

　「検査マニュアル廃止後の融資に関する検査・監督の考え方と進め方」（金融庁：令和元年12月）において述べられている金融機関の方針・行動と引当との関係に関する次の記述について、最も不適切な選択肢を一つ選びなさい。

（1）特定の顧客に複数の金融機関が融資を行っている場合の引当に関しては、

金融機関の方針・行動によってそれぞれの金融機関の引当の見積額に違いが生じ得ると考えられる。

（2）実効的な再生支援態勢を整備し、信用状態が悪化した貸出先についても、できる限り融資取引関係を維持して支援する方針の金融機関では、当該支援による事業継続可能性も勘案して、引当を見積もることが考えられる。

（3）上記（2）のような場合、当局としては、仮に金融機関による再生支援が実効性を欠き、損失先送りのために合理的でない追い貸しを行うことで貸出先の事業継続可能性が仮装されているような場合には、増大した与信を含めて適切に把握し、当該貸出先の実態に即した償却・引当の見積りについて再考を促す。

（4）自行では再生支援のために割く人員を抑えて、信用状態が悪化した貸出先については事業再生支援を行っている第三者に債権売却を行う方針の金融機関では、当該債権売却に伴う損失は勘案せずに、引当を見積もることが考えられる。

（5）信用状態が悪化した特定顧客への貸出の引当を見積もる場合、実効的な再生支援を行っているメインの取引金融機関と、取引を維持しているものの再生の成否はメイン行次第という非メインの金融機関では、貸出先の事業継続可能性に関する見通しがそれぞれ異なることが考えられる。

解答：P.248

━━━━第5章　解答・解説━━━━

〔第1問〕

正　解：(5)　　　　　　　　　　　　　　　　　　　　　　正答率：84.9%

（1）～（4）金融庁資料（P4）に記載のとおりである。よって、正しい。

（5）ある時期に引当の見直しを行っているのであれば、その修正内容・修正
　　理由・修正金額がより開示されることを期待する旨が言及されている。よ
　　って、誤り。

〔第2問〕

正　解：(3)　　　　　　　　　　　　　　　　　　　　　　正答率：76.5%

（1）金融庁資料（P19～22）記載のとおりである。よって、正しい。

（2）金融庁資料（P11～17）記載のとおりである。よって、正しい。

（3）金融庁資料（P19）2022年11月に金融庁より公表されている「モデル・
　　リスク管理に関する原則」等を踏まえ、どのようなモデル・リスク管理態
　　勢を構築しているのかについて記載することが望ましい旨が記載されてい
　　る。よって、誤り。

（4）金融庁資料（P4～9）記載のとおりである。よって、正しい。

（5）金融庁資料（P11）記載のとおりである。よって、正しい。

〔第3問〕

正　解：(3)　　　　　　　　　　　　　　　　　　　　　　正答率：46.8%

（1）（2）（4）（5）「検査マニュアル廃止後の融資に関する検査・監督の考
　　え方と進め方」に記載のとおりである。

（3）「検査マニュアル廃止後の融資に関する検査・監督の考え方と進め方」に
　　は、「当局としては、今後このような観点での議論だけでなく、実態把握

を通じて当該金融機関が会計上の引当や自己資本比率規制で捕捉できない
信用リスクを抱えていることを把握した場合には、当該リスクをも勘案し
た実質的な自己資本の十分性の議論を行っていく」とある。よって、誤り。

〔第4問〕

正　解：（5）　　　　　　　　　　　　　　　　　　　正答率：58.4%

（1）〜（4）「検査マニュアル廃止後の融資に関する検査・監督の考え方と進
　　め方」に記載のとおりである。
（5）「検査マニュアル廃止後の融資に関する検査・監督の考え方と進め方」に
　　よると、金融検査マニュアル別表に基づいて定着している現状の実務を否
　　定せず、現在の債務者区分を出発点に、現行の会計基準に沿って検討する
　　ことが想定されている。よって、誤り。

〔第5問〕

正　解：（4）　　　　　　　　　　　　　　　　　　　正答率：89.3%

（1）〜（3）（5）「検査マニュアル廃止後の融資に関する検査・監督の考え
　　方と進め方」に記載のとおりである。
（4）「検査マニュアル廃止後の融資に関する検査・監督の考え方と進め方」に
　　よると、当該債権売却に伴う損失を勘案して、引当を見積もることが考え
　　られる。よって、誤り。

資　料

検査マニュアル廃止後の
融資に関する検査・監督の考え方と進め方
（抜粋）

（金融庁、令和元年12月）

Ⅰ．はじめに

　人口減少や低金利環境の長期化等、金融を巡る環境が大きく変化し、金融サービスの受け手のニーズも多様化している。金融機関においては、融資業務についても、経営理念を明確にし、自らの強みを活かして独自の取組みを行う動きが広がりつつある。

　他方、これまでの融資に関する検査・監督は、各金融機関のビジネスモデルとは切り離して、特定の内部管理態勢のあり方を想定して設計されてきたため、金融機関の融資に関する様々な取組みや将来損失の的確な見積りを制約する結果となっている可能性が指摘されている。

　本来、金融機関の融資業務については、経営理念を出発点として、これと整合的な形で経営戦略・各方針が策定され、内部管理態勢が構築され、融資方針からリスク管理、自己査定・償却・引当までの実務が一貫性をもって進められることが望ましく、当局の検査・監督もこの点を踏まえて設計されるべきである。

　本文書は、金融システムの安定を確保するための健全性の維持を前提としつつ、金融機関が顧客の多様なニーズに応えるための創意工夫に取り組みやすくなるよう、融資に関する検査・監督の考え方と進め方を提示することを目的としている。

　金融庁では、金融モニタリング有識者会議が公表した「検査・監督改革の方向と課題」（平成29年3月）を踏まえ、検査・監督全般に共通する基本的な考え方と進め方を整理した「金融検査・監督の考え方と進め方（検査・監督基本方針）」を公表（平成30年6月）した。同方針においては、平成31年4月1日以降を目途に検査マニュアルを廃止する予定としている。また、この基本方針を踏まえ、個々のテーマ・分野ごとのより具体的な考え方と進め方を、議論のための材料であることを明示した文書（ディスカッション・ペーパー）の形で示すこととしている。

　金融庁は、平成30年7月以降、関係者や有識者からなる「融資に関する検査・監督実務についての研究会」を開催し、現状の実務を出発点として、より的確な将来見通しに基づく引当を可能にする枠組みを含め、金融機関の融資に

関する検査・監督実務について議論してきた。

　本文書は、上記研究会における議論の内容を踏まえ、個別分野毎の考え方と進め方を示すディスカッション・ペーパーの一環として、融資の観点から、「金融システムの安定」と「金融仲介機能の発揮」のバランスの取れた実現を目指す当局の検査・監督の考え方と進め方を整理したものである。

　また、本文書は、主として預金取扱金融機関を念頭に置いて記述しているが、他の業態の検査・監督においても対話の材料として活用することが考えられる。

　本文書については、令和元年10月11日までの間、意見募集手続に付し、様々な意見を頂いた。コメントの概要及びそれに対する金融庁の考え方は、金融庁のホームページで公表している。

（https://www.fsa.go.jp/news/r１/yuushidp/20191218.html）

　なお、今後も、金融機関や利用者をはじめとした幅広い関係者との議論を行い、継続的な改善に努めていく。

　本文書は、よりよい実務に向けた対話の材料とするためのものであり、検査や監督において、本文書の個々の論点を形式的に適用したり、チェックリストとして用いたりするものではない。また、本文書を用いた対話に当たっては、後述のとおり、金融機関の個性・特性を十分に踏まえた議論を行っていく。

Ⅱ．融資に関する検査・監督の現状と課題（略）

Ⅲ．融資に関する検査・監督の基本的な考え方
1．金融機関の健全性と金融仲介機能の発揮との関係

　金融機関は、冒頭で述べたとおり、それぞれの経営環境の下で、金融仲介機能の継続的な発揮を通じて、安定した収益と将来にわたる健全性を確保し、企業・経済の持続的な成長に貢献していくために、経営陣が経営理念に基づいて適切な経営戦略を策定・実行し、また、取締役会等がガバナンスを発揮していくことが期待される[1]。

　そのため、当局は、個別金融機関の健全性を評価するに際して、その前提となる各金融機関の個性・特性や実態の正確な把握を通じて、どのような形で金融仲介機能の発揮に取り組んでいるのか、又は取り組もうとしているのかを理

解した上で、金融仲介に伴い発生するリスクを特定・評価し、健全性上の優先課題について対話を行っていく。

以上のように、健全性政策と金融仲介機能の発揮に向けた取組みは表裏をなすものであり、一体として議論すべきものである。

2. 金融機関の個性・特性に即した検査・監督

冒頭で述べたとおり、本来、金融機関の経営陣は、経営理念に基づき、自らの意思と責任をもって、経営資源（ヒト、モノ、カネ（自己資本））を前提に、経営戦略としてどのような種類のリスクをどのような規模・バランスで許容するのかを決定し、また、そのリスクをどのようにモニタリングしコントロールするかという観点から、経営戦略から一貫した形で内部管理態勢を構築することが望ましい。

そのため、当局としては、金融機関それぞれの経営理念・戦略が多様であることから、これらに基づく金融機関の内部管理態勢にも多様性があることを理解し、金融機関の個性・特性に着目し、これに即した検査・監督を行っていく。

なお、本文書で、「金融機関の個性・特性」とは、金融機関がどのような経営環境（顧客特性、地域経済の特性、競争環境等）の中で何を目指しているのか（経営理念）、それをどのようなガバナンスや企業文化の下で、どのように具体的な経営戦略、経営計画、融資方針、融資実務、リスク管理、コンプライアンス態勢、自己査定・償却・引当実務として進め、どのような融資ポートフォリオや有価証券ポートフォリオを構築し、どのようなビジネス（顧客向けサービス業務や有価証券運用を含む）からどの程度の収益を上げ、どのような財務状況となっているかの全体像をいう。

また、個別の金融機関の内部管理態勢の構築に当たって、方針や規程の整備・周知、適切な人員配置と権限分配、リスク管理部門や内部監査部門の独立性や牽制機能の発揮、PDCAの重要性等といった検査マニュアルにおいて従来から前提とされていた基本的な考え方は今後も引き続き重要であるが、当局は、

---

1 「コーポレートガバナンス・コード」【原則4-1. 取締役会の役割・責務（1）】では、「取締役会は、会社の目指すところ（経営理念等）を確立し、戦略的な方向付けを行うことを主要な役割・責務の一つと捉え、具体的な経営戦略や経営計画等について建設的な議論を行うべきであり、重要な業務執行の決定を行う場合には、上記の戦略的な方向付けを踏まえるべきである。」とされている。

一律の内部管理態勢の構築を求めるのではなく、個別の金融機関の個性・特性
に照らして実効的な内部管理態勢が構築されているかどうかや、経営理念・戦
略が組織全体に浸透し、これらと整合的に営業推進やリスク管理が行われてい
るか等を評価していく。

　なお、個別の金融機関が採用するリスク評価方法やその水準は、本来、金融
機関の経営戦略・経営目標、業務の多様性、金融機関がとるリスクの複雑さに
よって判断されるべきであり、当局が、ビジネスモデルやリスク特性が単純な
金融機関において複雑なリスク評価やリスク管理態勢の構築を求めるべきでは
ない。金融機関が定着した実務を変更した場合には、必要に応じて、当局も金
融機関との間で変更に伴い考えられるリスクについての対話を行うが、その際
には、金融機関のビジネスモデルや顧客の特性に応じた改善の取組みを制約す
ることがないよう留意する。

3．将来を見据えた信用リスクの特定・評価の重要性

　融資ポートフォリオの信用リスクを特定・評価することは、償却・引当の適
切性の議論のみならず、経営戦略におけるリスクテイクや内部管理態勢のあり
方、自己資本の十分性、収益性、ビジネスモデルの持続可能性についての対話
を進めるためにも必要である[2]。

　融資ポートフォリオの信用リスクに関しては、金融機関の個性・特性を基礎
として、過去実績や個社の定量・定性情報に限られない幅広い情報から、将来
を見据えて適切に特定・評価することが重要である。

　融資ポートフォリオの信用リスクは、その一部が財務会計上の償却・引当に
よりカバーされるが、償却・引当に反映されない信用リスクについては、健全
性の観点からは自己資本によりカバーされることになる。

　従前の検査・監督では、償却・引当の水準の適切性（特に前提としての自己
査定の正確性）に重点が置かれてきた。しかし、当局としては、今後このよう
な観点での議論だけでなく、実態把握を通じて当該金融機関が会計上の引当や

---

[2]　このような対話は、リスクアペタイト・フレームワーク（Risk Appetite Framework）の考え方に
も通じるところがあるが（「金融システムの安定を目標とする検査・監督の考え方と進め方（健全
性政策基本方針）」（以下「健全性政策基本方針」という。）40、41頁を参照）、当局が全金融機関に
対して一律に同フレームワークの導入を促すものではなく、各金融機関の個性・特性に応じて、ビ
ジネスモデルの持続可能性の対話に対する金融機関の納得感を高めていくことに主眼がある。

自己資本比率規制で捕捉できない信用リスクを抱えていることを把握した場合には、当該リスクをも勘案した実質的な自己資本の十分性の議論を行っていく。

なお、ビジネスモデルの持続可能性等、健全性に関する検査・監督一般についての考え方と進め方については、健全性政策基本方針において取りまとめている。

Ⅳ. 融資に関する検査・監督の進め方

1. 金融機関の個性・特性に即した実態把握と対話

金融機関との対話にあたっては、当局側の思い込みや仮説の押し付けを行わず、事実から出発し、事実に立ち戻り、事実を最優先することを、検査・監督の全過程を通じて徹底する。

具体的には、金融機関がどのような環境にあって、何を目指しているのか（経営理念）、そのためにどのような融資方針を採っているのか、実際の融資業務の進め方や収益状況と融資方針との関係はどうか、融資業務からどのような信用リスクが生じるのかといった観点から、各金融機関の個性・特性に即した切り口から着眼点を検討し、リスクベースでの実態把握を行う。

その際には、地域経済の状況、融資ポートフォリオの特性、資本配賦や収益管理の状況等の観点からの実態把握のみならず、金融仲介機能の発揮状況をより深く理解するための個別貸出についての対話や、融資審査、期中管理、信用リスク管理、自己査定、償却・引当等の融資に関する各態勢の実効性評価のための個別貸出の検証も必要に応じて行う。

その上で、把握した融資ポートフォリオの信用リスクをベースとして、償却・引当の水準の適切性のみならず、経営戦略におけるリスクテイクや内部管理態勢のあり方、実質的な自己資本の十分性、収益状況等も考慮してビジネスモデルの持続可能性について議論していく。

2. 今後の融資に関する検査・監督の進め方のイメージ

当局が融資に関してどのような検査・監督を行うのかについて見える化する観点から、現時点で考えられる具体的な対話のイメージについて以下に記載する。なお、本事例はあくまでもイメージであり、当然のことながら個別の状況や今後の状況の変化に応じて検査・監督の進め方は異なる。

《金融機関の個性・特性に関する認識の共有の例》

　例えば、ある地域金融機関では、自己資本比率を意識して、経費を圧縮するとともにリスクを制御した有価証券運用を行っている。融資は、古くからの関係性の深い顧客（コア先）との長期的な取引に基づいているものの、既存先のボリューム指向ではなく、ボラティリティの高い業種を抑制した上で、営業店の目利き力向上により地元で中小企業向け融資を伸ばすとともに、業績が悪化した地元のコア先に対して積極的に再生支援していく方針を採用している。地元では人口減少が進んでいるが、不動産賃貸業者向け貸出の割合は高い。他方で、余資運用のため、大都市圏への越境貸出を拡大している。

《金融機関の個性・特性に即した実態把握の着眼点》

　上述のような金融機関の個性・特性を前提に、例えば、当局と金融機関の間で以下のような点に着眼して実態把握を行うことが考えられる。また、顧客等、地域のステークホルダーとの対話を通じて、地域経済、競争環境、個別金融機関の取組み等についての実態把握も行う。

①今後の経営方針に関する経営陣の議論状況

・例えば、自行の経営理念との整合性、足元の貸出先の状況や収益・コスト状況との整合性、融資施策の具体性等に着目することが考えられる。

②策定された経営計画や方針と実際の融資業務との整合性

・コア先との関係性

　✓例えば、地元コア先の貸出残高は横ばいであるものの、貸出先数が減少している場合、その原因やその対応策の実効性に着目することが考えられる。

・ボラティリティの高い業種の抑制

　✓例えば、業種毎の過去の貸倒れの実績や内部格付の遷移状況と外部環境の変化との関係等に着目して、実際の景気変動の影響等を検証することが考えられる。

・中小企業向けの貸出の状況

　✓顧客との関係性に基づいて、顧客の実態をどのように把握しているのか（例えば、顧客の事業、正常な運転資金、貸出の資金使途、返済財源などを踏まえた将来のキャッシュフローの把握）や再生支援先の経営改善状況に着目することが考えられる。

✓中小企業向け貸出に注力するという方針と実際の融資ポートフォリオの状況との関係（例えば、融資方針とは異なり、実際には大企業向けの大口貸出が伸びているような場合、地元の中小企業向け融資に取り組んでいるが現状が厳しく伸びていない場合等があり得る。）

・大口与信先向けの貸出の状況

　✓大口貸出が増えているような場合、どの大口与信先が経営に対して大きな影響を及ぼすと考えているか、大口与信先向けの貸出はどのような経営戦略・方針や融資方針に基づくものか（事業再生支援も含む）等に着目することが考えられる。

③資本配賦や収益管理の実施状況

・例えば、配賦可能な自己資本が比較的限られている中で、経営方針との整合性やリスクテイクによりどの程度の収益を見込んでいるか等に着目することが考えられる。

《把握した実態に基づく対話の例》

　金融機関の個性・特性に即した実態把握に基づき、どのようなリスクがあるのかを特定・評価し、リスクテイク、収益性を含むビジネスモデルの持続可能性の観点からの対話を行う。

①重要な信用リスクの特定・評価・対応

・注力している中小企業向け貸出について、景気変動の影響が小さい（ボラティリティが低い）ことが確認された場合は、顧客特性等や金融機関の内部環境が変化していなければ過去の実績をベースとして信用リスクを推計する。

・既存顧客とはリスク特性の異なる新規顧客層（越境貸出等）を開拓している場合には、その特性から想定される信用リスクを推計し、金融機関が実質的な自己資本や適切な引当の水準をどのように考えているかを対話することが考えられる（引当に関しては、Ⅴ．２．（３）①の調整例も参照）。直ちに判断できなければ継続的にモニタリングしていくこともあり得る。

・不動産賃貸業者向け貸出については、当該地域の過去の空室率や賃料水準の変動に伴って、貸倒れが増減する傾向にあることが確認された場合には、過去の実績に加え、これらの外部環境の変化をも考慮して信用リスクを推計し、金融機関が実質的な自己資本や適切な引当の水準をどのように考えているか

を対話する。

・大口与信先の与信管理については、監督指針にも同様の趣旨を示しているように、以下のような観点から対話を行うことが考えられる。

　✓ 経営に対して大きな影響を及ぼす可能性のある大口与信先の信用状況や財務状況（貸出の資金使途、債務者の事業の今後の見通し、将来のキャッシュフロー等）の把握やモニタリングの状況。

　✓ 信用リスクが高まった場合の対応方針（引当や自己資本による備えの他、債務者の経営改善支援、債務者が経営改善計画を策定している場合には、その妥当性・有効性等についての検証状況等）。

　✓ 金融機関側に実効的な事業再生支援を行う能力・体力があるかといった観点から、リスクが顕在化した場合の自己資本への影響の程度等。

②金融仲介機能の発揮

・例えば、「営業店の目利き力向上により地元で中小企業向け融資を伸ばすとともに、業績が悪化した地元のコア先に対して積極的に再生支援していく」という金融機関の方針が、営業現場においてどのように実現され、顧客に付加価値を提供しているかを把握し、金融機関のガバナンスの発揮状況について対話することが考えられる。

・また、上記方針の実現に寄与している要因や、実現を困難にしている要因を具体的に明らかにし、当局と金融機関との間で今後の課題を共有することが考えられる。

　　例えば、融資業務の進め方が融資方針と相違する場合であっても、当該相違自体を問題とするのではなく、その要因や足元の状況を踏まえた経営陣の今後の方針について対話することが考えられる。

③ビジネスモデルの持続可能性

・上記の実質的な自己資本の水準や資本配賦や収益管理の方針等も踏まえ、例えば、ビジネスモデルの持続可能性については、既存の顧客との関係が維持できるか、経営陣の意図が浸透しているか、全体として、自己資本等の経営資源の範囲内で経営戦略が検討されているか、能力ある人材の採用・育成や人事・業績評価制度などを含め、経営戦略に沿って経営資源が適切に配分され、収益やコストが適切に管理されているか等、経営戦略・方針が金融機関

全体で実現されていく態勢となっているかという観点から議論していく。

〔融資に関する検査・監督のイメージ〕

<BOX1> 信用リスクとコンプライアンス・リスクとの関係

当局の検査・監督において、金融機関がどのような経営理念の下で、どのような方針を採っているのか、当該方針に基づいて行われる融資業務からどのようなリスクが生じるのかというプロセスからリスクを特定・評価するという考え方は、信用リスクに限らず、コンプライアンス・リスクにも共通する。

当局が金融機関の実態把握を行う場合には、信用リスクのみならず、他のリスクが問題事象として判明する可能性も踏まえて、多角的な検証を行うことになる。

例えば、収益至上主義の傾向を有する企業文化の下で、無理な営業活動、杜撰な与信審査、審査関係書類の改竄等の不正が行われるようなケースでは、信用リスクとコンプライアンス・リスクが表裏一体のものとして問題

となることが考えられる。

　上記のように信用リスクとコンプライアンス・リスクが関連する可能性を踏まえると、金融機関の個性・特性から、どのようなコンプライアンス・リスクが考えられるかを念頭に置きつつ、融資ポートフォリオの分析を行い、不自然に貸出残高や収益が拡大している融資商品、地域、業種等がある場合、金融機関内外の情報からコンプライアンス・リスク管理上の問題事象が疑われる場合等には、コンプライアンス・リスク管理態勢の実効性の観点からも、必要に応じて個別貸出の検証を行う等の対応が考えられる。

Ⅴ．信用リスク情報の引当への反映

1．基本的な視点

　従前の検査・監督においては、当局は、金融検査マニュアル別表の枠組み（別紙参照）に基づいて、金融機関に償却・引当の適切性を検証してきた。

　金融検査マニュアル別表の枠組みは、金融商品に関する会計基準（以下「金融商品会計基準」という。）の枠組みを基礎としつつ、さらに区分を細分化する形で債務者を正常先、要注意先（要管理先を含む）、破綻懸念先、実質破綻先及び破綻先に区分し、正常先及び要注意先（要管理先を含む）については原則として債務者区分毎の債権額に対して予想損失率を乗じて予想損失額を確定し、予想損失額に相当する額の貸倒引当金を計上する（一般貸倒引当金）、破綻懸念先、実質破綻先、破綻先については個別債務者毎の回収不能見込額に貸倒引当金を計上する（個別貸倒引当金）こととしていたものである。

　これは、債務者区分の中でも、正常先及び要注意先（要管理先を含む）については、過去の実績を基礎として将来の見通しを反映した予想損失率を用いて集合的に将来の損失を見積もることを基本とし、破綻懸念先、実質破綻先、破綻先については、回収不能見込額を見積もることで、個別の債権について適切に償却・引当を行うことを基本とした枠組みであった。

　しかしながら、金融検査マニュアルが長年運用される中で、一般貸倒引当金に関して過去の貸倒実績をベースとした定量的かつ一律・客観的な手法で見積もる実務が金融機関に定着し、当局の検査・監督手法も相まって、過去の実績

に限られない幅広い情報から将来を見通して引当を見積もる取組みが制約されたという指摘もある。また、金融機関において債務者の実態よりも形式を重視する債務者区分がなされる傾向が生じた。この結果、金融機関が認識している信用リスクを引当に適切に反映することが難しい事例や、債務者の実態から乖離した債務者区分を行い、全体として適切な水準の引当額を保つという迂遠な方法が用いられる事例も見られた。

　また、当局の検査・監督においても、個別の債務者区分の相違を指摘することで金融機関に引当の追加計上を求めることに力点が置かれた。債務超過に陥っており債務者区分を破綻懸念先としているが、事業継続は可能であるとの判断の下、積極的に再生支援を行っている場合に、当局検査で債務者区分の相違を指摘され、結果として追加融資を行うことを留保した事例が見られ、金融機関の円滑な融資行動の制約につながったとの指摘もある。

　このような長年の運用において生じた問題を改善していくために、金融機関が自らの融資ポートフォリオの信用リスクを引当に反映しようとする取組みについて検査・監督を行うに際しては、以下のような基本的な視点が重要と考えられる。

①金融機関が自らの経営理念を出発点として、これと整合的な形で経営戦略や各方針を策定し、それに即した形での将来を見通した信用リスクの特定・評価や、自己査定・償却・引当への反映を行いやすくしていく。
②融資について、担保・保証からの回収可能性だけでなく、将来のキャッシュフローに基づく返済可能性にも着目して金融仲介機能を発揮しようとする金融機関の取組みを妨げない。

　他方、より良い見積りに向けた取組みを検討する金融機関の多くは、別紙記載の債務者区分の枠組みを出発点とすることが想定される。

　これを踏まえ、本文書では、金融検査マニュアル別表に基づいて定着している現状の実務を否定せず、現在の債務者区分を出発点に、現行の会計基準に沿って、金融機関が自らの融資方針や債務者の実態等を踏まえ、認識している信用リスクをより的確に引当に反映するための見積りの道筋を示している[3]。

　このような見積りに関する基本的な考え方について、一般貸倒引当金及び個別貸倒引当金に分けて以下に述べる。

（1）一般貸倒引当金の見積りにあたっての基本的考え方

　債務者区分の中でも、一般貸倒引当金の対象となっている正常先及び要注意先（要管理先を含む）については、個別の債務者の将来の経営状態に不確実性が伴うところ、統計的に信用リスクを分析することで、融資ポートフォリオ全体として将来の損失に関する見積りの精度が高まると考えられる。そのため、各金融機関の経営陣の適切な判断により、各金融機関のポートフォリオの特性を把握・分析し、他の債権と異なる特異なリスク特性を有する債権群を別グループとした上で、過去実績に加えて、外部や内部の環境変化など足元や将来の情報を集合的に引当に反映することも考えられる。

　その際、金融機関の経営陣の判断は、合理的に可能な範囲で収集された事実に基づいて行われるべきではあるが、将来の見通しである以上、最終的には金融機関によって幅のある推計となり得る。

　そのため、当局は、金融機関の経営陣の判断が、各金融機関の経営理念・戦略などと整合的であり、（過去実績に加えて、）将来見通しに係る経営陣の判断のプロセスが適切かつ合理的になされているかどうかを評価することとなる。ただし、要管理先の内の大口与信先等、集合的評価では捉えられない当該与信先の固有の事情が金融機関の経営に大きな影響を与えうるような場合には、ＤＣＦ法により個別に引当を見積もることにより、見積りの精度が高まると考えられる。

---

[3] 過去においては、健全性に課題を抱えていることを背景に、貸出先の信用状態を意図的に仮装した事例（例えば、返済可能性があると見せるための利息追貸し、迂回融資、循環取引を用いた売上の仮装、信用力の無いグループ会社による保証等）、貸出先の信用状態の悪化を把握できていないか、把握しながら放置した事例（例えば、延滞や破綻に至るまで見直しを行わず正常先に区分している等）、恣意的に引当額を少なく見積もった事例（例えば、貸倒れが少ない一部の過去実績のみを重視）等、損失の的確な見積りという観点から、自己査定・償却・引当の態勢に問題のある事例が見られた。
　当局としては、当然ながら、このようにいわばミニマムスタンダードとしての態勢に問題が認められる金融機関に対しては、深度ある検証を行った上で、ガバナンス・内部管理態勢の是正を求める。
　併せて、当該金融機関の健全性を適切に評価するために必要と認められる場合には、改めて償却・引当の適切な見積りを求める。
　これらは、金融仲介機能の発揮や健全性の適切な評価の基礎となる事項について一定の信頼性を欠き、ミニマムスタンダードとしての態勢も確保されていないことを根拠として行うものである。

（2）個別貸倒引当金の見積りにあたっての基本的考え方

　債務者区分の中でも、個別貸倒引当金の対象となっている破綻懸念先、実質破綻先、破綻先については、個別の債務者の経営状態に重大な問題が生じており、個々のリスク特性が異なるものと考えられることから、個別の債権の返済可能性を的確に把握した上で、個別に回収不能見込額を見積もり、適時に償却・引当を計上することが適切である。

〔参考１〕金融商品会計基準との関係

> 　我が国の現行の金融商品会計基準は、債務者の財政状態及び経営成績等に応じて、債権を①一般債権、②貸倒懸念債権、③破産更生債権等に区分した上で、その区分毎に貸倒引当金を見積もることとしている（「金融商品会計に関する実務指針」や「金融商品会計に関するQ＆A」が、定義や見積方法についての詳細を定めている。）
>
> 　このような金融商品会計基準の枠組みは、債務の弁済に重大な問題が生じる可能性が高いか否かで大きく取扱いを分け、一般債権を集合的に、貸倒懸念債権と破産更生債権等を個別に評価するとしている点で、現状の債務者区分と引当の考え方の基礎となったものと言える。

〔参考２〕米国の実務

> 　米国における現行の会計基準下における償却・引当の実務は、債権を毀損している債権（Impaired）と毀損していない債権（Non-Impaired）に分けた上で、毀損債権については個別に担保等による回収見込額を考慮し、早期に償却（charge-off）を行うのに対し、非毀損債権については過去の実績のみならず、足元の定性的な要因を勘案し、経営陣の判断を踏まえて引当額を決定している。
>
> 　本文書の基本的な視点は、貸出を大きく二種類の債権に分類した上で、毀損していない債権について、過去の実績よりも広範囲の情報から認識された信用リスクを経営陣の判断により引当に反映するとしている点で、米国の償却・引当の枠組みと類似していると言える。

２．一般貸倒引当金の見積りにあたっての視点

（１）基本的な視点

　上記のとおり、将来の貸倒れのリスクに対応するためには、各金融機関が、それぞれの経営理念・戦略等に照らして借り手の状態や事業環境の把握を行い、経営陣の判断により隠れたリスクを評価し、引当に反映させるという取組みを進めやすくしていくことが適切と考えられる。

　そのため、当局は、引当の見積りの適切性・合理性について、以下のような視点から評価していく。

①信用リスクに関する情報

　上記「Ⅲ．３．将来を見据えた信用リスクの特定・評価の重要性」の箇所でも触れたように、当局は、金融機関が、過去の貸倒実績等[4]や個社の定量・定性情報[5]に限らず、個社に帰属しない足元の情報、将来予測情報等、幅広い情報から信用リスクをどのように認識し、対応を検討しているかを評価していく。

　信用リスクに関する情報（以下「信用リスク情報」という。）は、下記図のように様々な情報が考えられるが、どのような情報をどの程度勘案すべきかは、各金融機関の融資方針や融資ポートフォリオの特性等によっても異なると考えられる。

　当局としては、金融機関が、幅広い情報から認識した信用リスクを自己資本の十分性の検証や融資方針の検討等にどのように用いているかについて対話し、さらに、その経営陣の判断により、引当に反映させている場合には、後述のとおり、その判断プロセスの妥当性を検証していく。なお、引当に反映する信用リスク情報は、合理的で裏付け可能であることを要し、過大なコストや労力を掛けずに利用可能である限り、信用リスクの増大につながる情報と減少につながる情報を偏りなく考慮する必要があると考えられる。

---

[4] 過去の情報に関しては、損失見込期間に関するいわゆる１－３年ルール（別紙参照）が実務上定着しており、当局が当該実務を否定するものではない。各金融機関において、自らの融資方針、融資ポートフォリオのリスク特性等を踏まえ、特定の与信先グループについて平均残存期間を採用することも考えられる。なお、融資ポートフォリオの中で、異なる損失見込期間を採用する場合には、その理由の説明が求められる。

[5] 個社の内部格付や債務者区分の判断過程で、当該個社に関連する足元や将来の情報を勘案している事例もある。

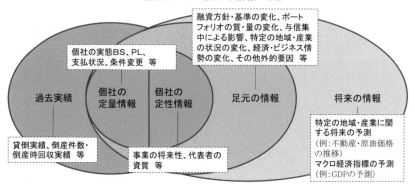

〔信用リスクに関する情報の例〕

融資方針・基準の変化、ポートフォリオの質・量の変化、与信集中による影響、特定の地域・産業の状況の変化、経済・ビジネス情勢の変化、その他外的要因　等

個社の実態BS、PL、支払状況、条件変更　等

過去実績　個社の定量情報　個社の定性情報　足元の情報　将来の情報

特定の地域・産業に関する将来の予測
（例：不動産・原油価格の推移）
マクロ経済指標の予測
（例：GDPの予測）

貸倒実績、倒産件数・倒産時回収実績　等

事業の将来性、代表者の資質　等

〈BOX 2〉金融機関の個性・特性と経営上重要な情報

　金融機関の個性・特性によって、融資業務に伴って得られる信用リスク情報の範囲が異なることや、融資ポートフォリオの信用リスクを評価する際に鍵となる情報が異なることが考えられる。

　例えば、融資審査、期中管理、再生支援等において、顧客との関係性により得られる個社の定性情報を重視し、特定地域に根ざした融資に取り組む金融機関では、信用リスクの特定・評価や引当の見積りにあたっても、同様の情報を勘案することが重要となることが多いと思われる。また、特定の顧客に帰属しない足元や将来の情報を加味する際にも、特定地域の産業構造の変化や、特定地域の賃貸不動産の入居率や賃料水準の変化等、特定地域・業種の貸出先に影響を与え得る情報を勘案することで、きめ細かく信用リスクを評価することができる。

　他方、顧客との関係構築にかかるコストを抑えて、財務情報や口座情報等の定量的な情報を重視して融資審査を行い、国内外の広範囲で融資を行っている金融機関では、得られる個社の定性情報も限定的であり、定量的な情報を中心に信用リスクの評価や引当の見積りを行うことが考えられる。また、特定の顧客に帰属しない足元や将来の情報を加味する際にも、前者のような特定地域に根ざした融資に取り組む金融機関に比べ、得られる特定業種や特定地域の情報の入手も限定的であり、多業種間にまたがる企業

グループを形成している顧客への貸出が多いために、GDP成長率、金利、為替、失業率等、ある程度マクロな情報が信用リスクの評価に馴染むことも考えられる。

②見積りプロセスの公正性（ガバナンス等）

　足元の情報や将来予測情報を勘案した引当の見積りは、見積りの不確実性と経営陣の判断を伴うため、適切なガバナンスと内部統制により、当該見積りプロセスの公正性を担保する必要がある。

　上記①の信用リスク情報の反映は、あくまで将来の損失をより的確に見積もることを目的とするものであり、引当額を恣意的に調整することが許容されるものではない。例えば、金融機関の経営者としては、利益水準が下がる不況期においては、信用リスクの実態に反して、引当金繰入額が減るか、または引当金戻入額が増えるような見積りを行う恣意性が働きかねないが、このような見積りは、適正な財務報告の観点からも許容されるものではなく、検査・監督においても許容されるものではない。

　そのため、取締役会、監査役（会）、監査等委員会、監査委員会等（協同組織金融機関においては理事会、監事（会）等）を中心に、経営陣に対する牽制機能が働く適切なガバナンス態勢を構築し、利益調整等、恣意的な目的での一方向の議論ではなく、的確な見積りに向けた十分な議論を行っているかどうかを検証していく。

（参考）

　　米国では、引当の見積りの公正性を確保するため、当該分野に関して専門的な知見を有する社外取締役が過半数を占めるリスク委員会を設置し、引当の見積プロセスや見積結果の承認を行う仕組みが導入されている。

　また、適切な経営陣の判断が行われる前提として、以下のような点を含め、経営陣に偏りのない適切な情報が提供される態勢が整備されているかどうかを検証していく。例えば、重要な信用リスク情報が収集されない、一部の情報のみが恣意的に収集されない、一方向の分析のみがなされる等により、経営陣に適切な情報が提供されない場合には、適切な経営陣の判断の前提を欠くことになる。

・融資方針に照らしてどのようなリスクが想定されるか、どのような信用リスク情報を収集すべきかといった観点から引当の見積りに関する方針が整備されていること

・リスクの発生源である事業部門（その他、調査部門や経営企画部門など信用リスク情報を収集・保有する部門を含む）において顧客情報や外部環境に関する情報が偏りや不足なく収集・評価され、リスク管理部門へ共有されていること

・リスク管理部門において、上記方針・内部規程に従って信用リスク情報が収集・評価され、多角的な視点から引当の見積りに関する議論がなされ、これらの結果が経営陣に報告されていること

・内部監査部門において、当該金融機関のビジネスモデルに基づくリスク・アセスメントが実施され、事業部門の情報収集・評価プロセスやリスク管理部門の引当の見積りプロセス等に関するモニタリングを通じて、経営理念・戦略が組織の末端まで浸透しているか、実効的な内部管理態勢が構築されているかについて評価・検証がなされ、問題が認められた場合に改善提案が行われていること

③内外の検証可能性

・事実に基づく経営陣の判断

　　将来見通しにかかる経営陣の判断は、内部監査部門、社外役員等、会計監査人、当局等による適切性・合理性の検証が可能である必要がある。

　　そのため、当局は、引当の見積りにあたって、経営陣の判断の基礎となる事実と当該事実から見積結果に至る考え方の確認を通じて経営陣の判断の適切性・合理性を検証する。

　　事実については、基本的に金融機関が自ら保有しているものを用いることが考えられるが、必要に応じて、外部の共通データベース（CRITS[6]、SDB[7]等）の情報を利用することも考えられる。

　　なお、信用リスク情報から引当の見積りを行うに際してモデルを構築して

---

[6]　地方銀行業界の信用リスク情報統合サービス（財務・信用情報 データベース、スコアリングモデル、ポートフォリオ分析の機能から構成）

[7]　信用金庫業界の中小企業信用リスクデータベース

用いることも考えられるが、モデルの構築自体が重要ではなく、あくまで経営陣の判断の過程の検証可能性を担保するための一つの手段にすぎない。

　将来的にはAI等を含めたIT技術を引当の見積りに活用することも考えられるものの、その活用に際しては、導入プロセスの見える化等、見積りの過程の検証可能性を確保することが必要である。

　また、データやモデルの精度は、あくまでも上記関係者が判断を行うために必要な水準であれば足り、その作業自体が自己目的化し、必要以上に精緻化することは本来の趣旨に反する。

・適切な文書化（経営陣の判断プロセスの「見える化」）

　引当の見積りに際しては、各金融機関の融資方針や融資ポートフォリオの特性等に照らして適切な見積方法がそれぞれ異なると考えられる。そのため、当局は、金融機関が、引当の見積りにあたって、検証可能性を担保するため、以下のような文書を含め、経営陣の判断プロセスが見えるよう適切に文書化を行っているかどうかを確認する。

（文書化の例）

・当該金融機関が採用した引当の方針や見積方法

・融資に関連する内部統制の枠組み

・引当額の見積りの過程（見積りの基礎となった事実やその収集過程、適切な見積手法の検討過程、経営陣が使用した仮定やその合理性の検討過程、代替的な仮定又は結果の検討過程、経営陣の議論の内容等を含む。）

④財務諸表利用者にとっての比較可能性

　引当の目的が、将来の損失をより的確に見積もるという点にあることからすれば、融資ポートフォリオの信用リスクの実態をより的確に表現することを目指す本文書の方向性は、当局が金融機関の健全性を評価する際の視点として有用であるだけでなく、財務諸表利用者の意思決定にも有用なものとなり、その意味で財務諸表の比較可能性を向上させると考えられる。

　他方、本文書の方向性に照らせば、引当の見積方法が、各金融機関によって異なることが想定されるところ、財務情報の利用者が見積方法を理解することで財務諸表（引当額）を比較することを可能とするため、個別債務者に関する憶測を招くような可能性に留意しつつ、引当の計上基準に係る注記の記載を充

実させる等により、引当方針や引当の見積方法の開示を充実させることも重要である。

（2）集合的に見積もることが適切な債権についての考え方

　金融機関の個々の債権は膨大な数になる上、好調な貸出先であっても常に業況が悪化する等の不確実性が伴うため、統計的な手法を用いることで全体として見積りの精度が高まると考えられる。そのため、引当の見積りに関しては、原則として集合的な見積りを行うことが合理的であると考えられる。また、下記（3）のとおり、足元や将来の情報を引当に反映しようとする場合には、個別に見積りを行うよりも、他の債権と異なる特異なリスク特性を有する債権群については、別グループとした上で、集合的に引当額を見積もる方法が適当であると考えられる。

　グルーピングは、各金融機関の融資ポートフォリオの重要な信用リスク情報を引当に反映し易くすることが目的であるため、その方法は一律に定まるものではなく、各金融機関において、当該目的に照らして適切な方法を採用すべきものであり、重要ではない信用リスク情報を引当に反映するために過度にグループを細分化することは適切ではない。

　なお、個別の金融機関では、当該グループに含まれる貸出数が少なくなり、統計的な見積りを行うためのデータ数が不足する場合には、外部データの活用等を関係者間で検討することもあり得るものと考える。

《現状の実務を出発点としたグルーピングの例》

　既存の債務者区分と全く異なる新たな債務者のグループを作るよりは、現状の実務を出発点としたグルーピングを行うことが多いのではないかと考えられる。その場合、例えば、以下のような例が考えられる。

・債務者区分の中でのグルーピング（業種、地域、資金使途、貸出商品、メイン先・非メイン先、与信額、内部格付等）
・債務者区分を横断するグルーピング（景気変動等の影響を受けて債務者区分が変動しやすい貸出先を切り出して別グループで評価）

（3）個社に帰属しない足元や将来の情報の引当への反映の例

　上記（1）①で述べたように、信用リスク情報には、個社の財務諸表に反映されていないものの、将来的には個社に影響を及ぼすことが見込まれる足元の

268

情報や将来予測情報も含まれる。過去の貸倒実績等の対象となった期間と比べて、現在において状況が大きく変化している場合又は将来の変化が合理的に予想される場合には、過去の貸倒実績を基礎として、足元や将来の情報を引当に反映することで、融資ポートフォリオの信用リスクをより的確に引当に反映できると考えられる。

他方で、足元の情報や将来予測情報を勘案しても重要な見通しの違いが生じない場合には、単純な過去実績率等に基づいて引当を見積もることもあり得る。

以下では、現状で考えられる情報の類型毎に、引当への反映に当たっての考え方の例を挙げる。なお、以下はあくまでも例であり、形式的・表面的に各調整例による引当を行うよう求めるものではなく、自主的な取組みを行う金融機関において、自らの個性・特性に応じて、以下の例に限らず信用リスクに応じた見積りを行うことを想定している。

①内部環境の変化

近時では、目まぐるしく変化する経営環境に適応するため、各金融機関が、融資方針、融資審査態勢、期中管理態勢、再生支援態勢等を見直すケースがある。このような内部環境の変化が生じた場合、過去の情報だけでは、特定グループの信用リスクを引当に適切に反映できないことがあり得る。

その場合には、過去の情報から見積もられた確率をベースに必要な修正を行うことで、足元の内部環境の変化によるリスクの変化を引当に反映することが考えられる。

このような見積りは、上記の基本的な視点に基づいて、各金融機関の適切かつ合理的な経営陣の判断によって行われるものであり、特定の方法に限られるわけではないが、例えば貸倒実績率法を採用している金融機関においては以下のような調整が考えられる。

《調整例》

・新たにミドルリスク先融資を推進する方針を採用した場合や、支店長権限を拡大する等により融資審査を迅速化した場合には、当該貸出先を切り出してグルーピングし、調整の要否を検討することが考えられる。

　その際、例えば、正常先下位について、正常先全体の貸倒実績率ではなく、当該下位格付の貸倒実績率を算出して債権残高に乗じる等、当該グループの

実態に即した引当率を採用することが考えられる。

　また、当該ミドルリスク先融資を別類型の融資商品を用いて行うこともあり得るが、例えば、既存の融資に比べて超長期の約定弁済期間を設定した証書貸付や、具体的な返済財源が予定されていない期日一括返済型の長期融資等、相対的にリスクが高いと考えられる融資商品をグルーピングした場合には、リスク特性が類似する貸出先の引当率を採用することも考えられる（リスク特性が類似することから、貸出先の引当率として要管理先の引当率を適用した事例も存在する。また、外部の共通データベース（CRITS、SDB等）を利用することができる場合には、類似の事例のデータを入手して参考にするといったことも考えられる。）。

・新たに地元から離れた地域での融資を推進する方針を採用した場合には、当該貸出先を切り出してグルーピングし、調整の要否を検討することが考えられる。

　もっとも、このような融資方針の変更の場合、地元での関係性が深い貸出先に比べて信用リスク情報が不足し、同じ内部格付の貸出先でも突発破綻等による貸倒れの増加につながるケースもあれば、地元外では高格付の貸出先に絞って融資を行うことにより、有意に貸倒れの増加につながらないケースもあるため、グルーピングによる調整が適切かどうか、調整を行うとしてどの程度の調整が適切かについては、信用リスクの実態に照らして検討する必要がある。

　調整を行う場合、金融機関が保有している情報によって様々な方法が考えられるが、例えば、過去に別地域に進出した際の貸倒実績を参考にすること

現状の実務における取組事例（創業資金融資・ミドルリスク先融資）

新たに取り組む創業資金融資先や改善支援先（ミドルリスク先）に対する新たな貸出を、別途他の貸出と区分した上で、当面は貸出当初から要管理先と同じ引当率を適用し、倒産実績等のデータが蓄積したところで、当該実績に基づく引当率に代替（信金）	
考えられる 融資行動と リスクの 分析方法	✓ 地域の創業支援ニーズに応えるために、新たに創業資金融資に取り組んでいる ✓ 財務諸表上信用状態がやや悪化している先であっても、事業を見て改善が見込まれる先に対し、本業支援とセットで資本類似の長期ローンに取り組んでいる ✓ 従来の融資商品・顧客層とは異なるリスクを適切に把握
引当への反映	✓ 新たに取り組む融資であるため過去の貸倒実績がないものの、相対的にリスクが高い分野に取り組むため、グルーピングして当該リスクに応じた引当を計上している

や、地元外グループと地元グループとの直近の倒産件数の比較結果を参考にすること等が考えられる。また、外部の共通データベース（CRITS、SDB等）を利用することができる場合には、類似の事例のデータを入手して参考にするといったことも考えられる。

・新たに再生支援態勢を強化して、要注意先のうち一定のグループの貸出先を支援対象とした場合に、他の貸出先よりも当該対象先の経営改善が進みやすくなったケースでは、当該貸出先を切り出してグルーピングし、調整の要否を検討することが考えられる。

その際、例えば、一定期間での当該グループと他の貸出の上方遷移率、下方遷移率を比較する等の方法により、当該支援態勢の実効性を評価し、その実効性の程度に応じて、引当率を調整することが考えられる。

なお、当該支援対象先のグループにおける過去の貸倒実績等の情報が十分に蓄積されたことにより、他の貸出と切り離して合理的に当該グループの信用リスクを評価することができるに至った場合には、当該貸倒実績率によることも合理的である。

②外部環境の変化

過去の景気サイクルの中では、特に既に景気が悪化しているか、悪化が見込まれる局面において、過去の貸倒実績等により、信用リスクを評価するだけでは、将来の損失を適切に見込むことができないことがあった。

その場合には、過去の情報から見積もられた確率をベースに必要な修正を行うことで、足元の外部環境の変化や、損失見込期間にわたって見込まれる将来の外部環境の変化による影響を評価し、引当に反映することが考えられる。

外部環境の変化を示す指標には、相対的にミクロなもの（例：特定地域の賃貸不動産の空室率や賃料水準、船舶種別用船料、魚種別漁獲量等）とマクロなもの（GDP成長率、金利、為替、失業率、住宅価格指数等）が考えられるところ、指標の採用や組み合わせに関しては、将来の損失を的確に見積もるという目的に照らして、各金融機関の融資方針や融資ポートフォリオの特性等を考慮しつつ検討することが重要である。

また、どの時点の情報を用いるかという問題に関しては、既に判明している足元の情報を適切に引当に反映させることがまずは重要であると考えられる。

これに対し、さらに進んで将来の指標の変動を予測した上で引当に反映することも考えられる。ただし、足元の情報と異なり、将来の情報は予測を伴うため、このような予測を引当に反映させるに際しては、予測が合理的な根拠に裏付けられていることを要する（その際にも、過大なコストや労力を掛けずに利用可能な情報を偏りなく考慮する必要があると考えられる）。

《調整例》

・経営改善支援先に対しては条件変更も含めて長期的な関係を維持する方針の金融機関が地元の重要な産業である一定の漁業者の経営を継続的に支援しているケースにおいて、足元の兆候や過去の統計等から貸出の損失見込期間内に当該魚種の不漁が合理的に見込まれる場合には、当該セグメントを切り出してグルーピングし、当該不漁による損益への影響を見込んで引当率を算出することが考えられる。

　　具体的には、直近期間の平均による貸倒実績率に代えて過去に同種の不漁の影響が貸倒れに表れた時期を含む期間の貸倒実績率を採用することが考えられる。

・特定地域の不動産賃貸業に注力する方針の金融機関において、当該セグメントが景気変動の影響を受けやすい場合には、当該セグメントを切り出してグルーピングし、過去の貸倒実績率をベースに、足元や将来の外部環境の変化による影響を見込んで引当率を調整することが考えられる。

　　調整の方法には様々な方法が考えられるが、例えば、当該セグメントの貸倒れのトレンドと高い相関が認められる指標（当該地域の同種不動産の空室率の推移、賃料水準等）を特定した上で、その足元の指標の推移等に基づいて、引当率を調整することが考えられる。

③貸出先の信用状態に大きな影響を与え得る出来事

　　貸出先の信用状態に大きな影響を与え得る突発的な出来事（イベント）を適時に把握し、対応を検討することは、融資業務全般において重要である。

　　イベントとして捉え得るものとしては様々なものが考えられるが、典型的な例を挙げれば、大規模な災害の発生、技術革新等による特定産業の構造変化、特定業種の経営に重大な影響を与える規制の導入、特定地域の事業者の売上に重大な影響を与える競合他社の参入等が考えられる。

現状の実務における取組事例（外航船貸渡業）

	外航船貸渡業について、今後数年間で予想される収支マイナス額を現在保有している現預金で賄えないと判断され、かつ、貸出条件変更を申し出る可能性が高いと判断された場合、要注意先であっても要管理先と同等の引当金を計上（銀行）
考えられる融資行動とリスクの分析方法	✓ 特定の産業に対する融資を推進しているが、他方、当該業種の担保の価格変動が大きく、担保不足となるおそれがあるため、担保処分ではなく主にキャッシュ・フローから回収する方針 ✓ そのため、傭船料の変動等による顧客の事業の将来キャッシュ・フローの変動を早めに把握し、リスクを適切に管理
引当への反映	✓ 金融機関の貸出ポートフォリオに占める割合が相対的に高く、かつ景気変動による将来キャッシュ・フローへの影響が大きい産業についてフォワードルッキングに将来キャッシュ・フローの変動によるリスクを把握し、引当に反映している

　引当との関係でも、イベントが個々の貸出先の信用状態に与える影響が明確になっている段階では、内部格付や債務者区分を通じて信用リスクを引当に反映することが可能になると考えられる。他方で、イベントによる影響が個々の貸出先の財務諸表に現れるまでには、一定期間を要することが多いため、報告日現在ではその影響が明らかでないことがある。

　その場合には、過去の情報から見積もられた確率をベースに必要な修正を行うことで、足元で発生しているイベントによる影響を引当に反映することが考えられる。

　このような見積りは、上記の基本的な視点に基づいて、各金融機関の適切かつ合理的な経営陣の判断によって行われるものであり、特定の方法に限られるわけではないが、例えば貸倒実績率法を採用している金融機関においては以下のような調整が考えられる。

　なお、イベントによる影響は、あくまで一時点の見込みであり、確定した影響ではないため、当該イベントによる個々の貸出先への影響を継続的にフォローアップしていくことが重要である。

《調整例》

・特定の地域における大規模な災害が発生した場合には、当該災害の影響が見込まれるエリアの貸出先をグルーピングして、過去の同種・同規模の災害発生時の貸倒実績情報を収集し、貸倒実績率法による当該グループの引当額を上回る額を追加的な引当として計上することや、過去の同種の災害発生時の貸倒実績率を算出し、通常の貸倒実績率に代替すること等が考えられる。

なお、特定の金融機関においては、災害発生時の実績データが十分でないことも考えられるため、今後、CRITS等の外部の共通データベースにおいて情報を蓄積し、これを各金融機関において活用することも考えられる。

・足元での新種の製品の普及により既存製品の特定の部品を製造している業者に対する発注が将来的に大きく減少する見込みとなった場合、影響を受け得る貸出先をグルーピングした上でどのくらい発注が減少するか、その場合どの程度経営に影響があるかを見積り、引当に反映させることが考えられる。

現状の実務における取組事例（自動車部品製造業）

自動車メーカーの協力会社に対する融資を行う際に、経済状況や産業構造の変化に起因する受注量の増減見込みに応じて債務者区分を変更するなど、機動的に引当を実施（信金）

考えられる融資行動とリスクの分析方法	✓ 自動車産業への貸出割合が高く、景気急変時に大きな影響を受ける顧客が多いため、景気急変時には早めに影響を察知し、事業者に与える影響を最小化するために適切な支援を行う方針 ✓ 自動車産業は部品の商流が明確であり、受注量の増減を見込みやすいため、各部品メーカーのリスクを踏まえた融資を行っている ✓ 早く支援を行うために、早くリスクを認識
引当への反映	✓ 経済状況や産業構造の変化に起因する影響が個別の債務者の損益に反映されていない段階であっても、特に影響を受ける部品メーカーのグループについて、受注量の増減を見込んでリスクを認識し、引当に反映

※経済状況や産業構造の変化による個別債務者への影響を見込んで債務者区分を変更している事例であり、引当率や引当額を全体として調整している事例ではない

（4）大口与信先債権についての考え方

　上記（2）のように、引当の見積りに関しては、集合的な見積りを原則とするため、大口与信先に関しても、個別の産業の動向が複数の事業者に波及する等の場合に、リスク特性が類似する先をグルーピングして、集合的に引当を見積もることが考えられる。

　他方、要管理先や景気変動等の影響を受けて債務者区分が変動しやすい貸出先等であって、経営に大きな影響を与えるような大口与信先等、他の貸出先とリスク特性が異なる場合は個別に引当を見積もることが考えられ[8]、実際にそのような取組みを行っている金融機関も見られるところである。

---

[8]　なお、上記のように大口与信先のリスク特性と他の債権のリスク特性が異なる場合において、大口与信先が破綻懸念先以下に下方遷移した場合に、直ちにその他の全ての債権に対して同様の予想損失率の引上げを行う必要はなく、個々の金融機関のポートフォリオの性質に照らして判断されるべきものと考えられる。

　大口与信先の個別見積りの方法については、以下を含め、いくつかの方法が考えられるが、与信額、ボラティリティ等を考慮した経営上の重要性、個別貸出のリスク特性や金融機関の方針等に照らして、適切な方法を選択すべきと考えられる。

①DCF法（ただし、現行のDCF法[9]に関しては、過度に複雑な見積過程を要するとの指摘もあるため、債務者の実態に近づける観点から、一定数以上の個別見積りを行うために適した方法について、日本公認会計士協会においてさらに検討・研究が行われることが期待される。）

②PD法（集合的な見積りにおいて貸倒実績率法を採用している金融機関であっても、大口与信先に関しては、上記（1）①のとおり、過去・現在・将来の信用リスク情報（業種特性、景気感応度等）を勘案した倒産確率（Probability of Default）と倒産時損失率（Loss Given Default）を用いて個別に予想損失額を算出することが考えられる。）

③債権額から市場における売却可能見込額を減じる方法

　また、個別に将来のキャッシュフローの見積りを行う場合であっても、貸出先の財務情報や定性情報に限らず、過去・現在・将来の信用リスク情報を合理的に可能な範囲で勘案することが適切である。

　その際、大口与信先といっても、例えば、長年の関係性がある地元の大手企業で経営が悪化してもできる限り支援する方針の貸出先を評価する場合と、関係性の薄い投資目的の貸出先を評価する場合で、信用リスクの特性が異なるため、それぞれの貸出先のリスク特性を勘案して見積りを行うことが重要である。具体的には、得られる情報や金融機関の方針等の違いによって、見積もることができる将来のキャッシュフローの水準や期間が異なることが考えられる（BOX 3 も参照）。

　特に、正常先であっても他の貸出とリスク特性が異なる貸出先には、足元の財政状態や経営成績に問題がなくとも、景気サイクルの影響を受けやすく将来のキャッシュフローの変動性が高い貸出先も含まれると考えられるため、その

9　現行のDCF法に関しては「銀行等金融機関において貸倒引当金の計上方法としてキャッシュ・フロー見積法（DCF法）が採用されている場合の監査上の留意事項」（平成15年2月24日、日本公認会計士協会）を参照。

ような場合には将来のキャッシュフローの変動性も考慮した見積りを行うことが適切である。

3．個別貸倒引当金の見積りにあたっての視点

（1）個別貸倒引当金の対象となる債権の的確な把握

　当局は、融資ポートフォリオの損失の認識が遅れることを防ぐために、各金融機関が個別貸倒引当金の対象となる債権を的確に把握し、回収不能見込額について適時に償却・引当を計上する態勢を整備しているかどうかを検証する。このように、金融機関が個別の貸出を適切に評価できているかどうかの検証は引き続き重要である。

　その際には、例えば以下のような点にも着目する。

・経済合理性のない追い貸しがなされていないか

・貸出先の状況を把握できているか

・正常先や要注意先からの突発破綻が不自然に増えていないか[10]

　過去の検査では、当局が、金融機関の貸出先が実質債務超過に陥っていることを重視して、破綻懸念先が相当であるという指摘を繰り返し行ってきたこともあり、金融機関の融資行動にも一定の影響が生じたと考えられる。

　確かに、貸出先の信用状態を評価するに際して、貸出先が保有する債権の回収可能性や資産の含み損を考慮し、実質的に債務超過状態に陥っているかどうかを把握することは重要であるが、最終的には、元本及び利息の回収に重大な懸念があり、貸出の全部又は一部の貸倒れに至る可能性が高いかどうかが重要であると考えられる。

　そのため、破綻懸念先かどうかの判定においては、貸出先の過去の経営成績や経営改善計画だけでなく、事業の成長性・将来性や金融機関による再生支援[11]等も勘案した、実質的な返済可能性（将来のキャッシュフロー）の程度を重視

---

[10]　なお、現状の実務では、正常先や要注意先に区分されていても、適切な期中管理を怠っていたために突発破綻に至る事例も認められるところであるが、このような場合には、金融機関は債務者の信用状態の悪化を適時・的確に把握するよう、態勢整備に取り組むことが重要である。

[11]　金融機関の再生支援を勘案するにあたっては、再生支援態勢の整備状況や顧客の経営改善実績等に加えて、顧客支援のためにどのようなリスクテイクを行う方針なのか、リスクテイクのためにどのように資本配賦を行う方針なのか等といった金融機関の支援の持続可能性の観点からも実効性に留意する必要がある。

して、貸倒れに至る可能性が高いかどうかを評価すべきである。

　なお、現状の実務では、実質債務超過に陥っている貸出先については、事業継続可能な先であっても、保守的に破綻懸念先に区分した上で、再生支援等を積極的に行う方針を採用している金融機関も存在するが[12]、当局が事業継続可能な破綻懸念先に対する貸出を検証する際には、当該金融機関が再生支援等の取組みを進めやすくなるような対応が必要である。例えば、破綻懸念先に対する追加融資がなされていることのみを理由に融資審査態勢に問題があるといった指摘を行うのではなく、当該金融機関の経営理念や融資方針との整合性の観点から個々の融資審査に問題がないか、最終的な資金の回収可能性はどうかを検討することが重要である。

（2）個別貸倒引当金の見積方法

　破綻懸念先、実質破綻先、破綻先に対する各債権に関しては、個々のリスク特性が他の債権と異なると考えられるため、個別に引当を見積もることが適切である。

　破綻懸念先債権の引当の見積方法については、現状の実務において、以下を含めいくつかの方法が定着しており、個別貸出のリスク特性や各金融機関の方針等に合った方法を採用すべきである。例えば、倒産時に金融機関の健全性や収益に及ぼす影響が大きいと認められる大口与信先に対する引当を見積もる際には、個別に将来のキャッシュフローを見積もる方法が、信用リスクの実態を引当に反映しやすいと考えられる。

①予想損失率法（個別の債権毎に担保・保証等による回収見込額を考慮した上で、貸倒実績等の確率を用いる方法）

　なお、現状の実務では、予想損失率の算出に当たって今後3年間の損失を見込めば足りるとしているが、より長期にわたって損失が発生すると見込まれる場合には、当該期間の損失を見込むことも考えられる。

②DCF法

---

[12] このように破綻懸念先に事業継続可能な先が含まれている金融機関において予想損失率法により個別貸倒引当金額を見積もる場合には、当該債務者区分の中でも、事業継続が見込まれる先とそうでない先をグルーピングする等により、それぞれの信用リスクに合った適切な予想損失率を検討することも考えられる。

③キャッシュフロー控除法（個別の債権毎に担保・保証等による回収見込額を考慮した上で、合理的に見積もられた将来のキャッシュフローにより回収可能な部分を除いた残額を予想損失額とする方法）

④債権額から市場における売却可能見込額を減じる方法

現状の実務における取組事例（破綻懸念先の長期的な支援と損失見込期間の長期化）

	破綻懸念先のⅢ分類額に対する引当率を算出する際に長期の損失見込期間を設定し、当該期間の貸倒実績に基づき引当率を算出（複数）
考えられる融資行動とリスクの分析方法	✓ 顧客と長期的な関係を維持したいという方針であり、顧客が破綻懸念先に区分されても、できる限り継続的な関係を維持する方針 ✓ 他方、長期間を通じた顧客のリスクを把握したいが、3年間の損失のみを見込むのではリスクの過小評価になってしまうおそれ
引当への反映	✓ 3年間の損失のみを見込んで引当率を計測すると、引当が過小となってしまうおそれがあるため、貸出の実質的な残存期間を考慮し、当該期間の貸倒実績を集計し、貸倒実績率を算出

〈BOX 3〉金融機関の方針・行動と引当との関係

　特定の顧客に複数の金融機関が融資を行っている場合の引当に関しては、金融機関の方針・行動によってそれぞれの金融機関の引当の見積額に違いが生じ得ると考えられる。例えば以下のような場面が考えられる。

・再生支援が貸出先の将来の返済可能額に与える影響

　貸出先の信用状態が悪化していても、事業継続が見込まれる場合には、金融機関の融資、再生支援等の方針やそれに基づく行動が貸出先の事業継続可能性や返済可能額に影響を与え、全体の返済額自体が拡大することもあり得る（これに対し、貸出先の事業継続が困難で破綻が具体的に見込まれる場合には、金融機関の方針や行動によって当該貸出先からの全体の回収額に大きな違いが生じることは考えにくいが、個別の金融機関の回収行動によって回収額の差異は生じ得る）。

　例えば、実効的な再生支援態勢を整備し、信用状態が悪化した貸出先についても、できる限り融資取引関係を維持して支援する方針の金融機関では、当該支援による事業継続可能性も勘案して、引当を見積もることが考えられる（注）。また、自行では再生支援のために割く人員を抑えて、信用状態が悪化した貸出先については事業再生支援を行っている第三者に債

権売却を行う方針の金融機関では、当該債権売却に伴う損失を勘案して、引当を見積もることが考えられる。

（注）当局としては、仮に金融機関による再生支援が実効性を欠き、損失先送りのために合理的でない追い貸しを行うことで貸出先の事業継続可能性が仮装されているような場合には増大した与信を含めて適切に把握し、当該貸出先の実態に即した償却・引当の見積りについて再考を促す。

・貸出先への影響力の違いに起因する引当の見積額の相違

　信用状態が悪化した特定顧客への貸出の引当を見積もる場合、実効的な再生支援を行っているメインの取引金融機関と、取引を維持しているものの再生の成否はメイン行次第という非メインの金融機関では、貸出先の事業継続可能性に関する見通しがそれぞれ異なることが考えられる。

　具体的には、メイン行の支援継続如何によって貸出先の事業継続が可能かどうかが左右されるようなケースにおいて、情報量が多く貸出先の事業継続可能性への影響力が大きいメイン行は、自行が支援継続方針を採用していることを前提として、貸出先の事業継続に懸念は少ないとして引当を見積もることが考えられるが、情報量が少なく貸出先の事業継続可能性への影響力が小さい非メイン行は、事業継続に懸念があることを前提に引当を見積もることが考えられる。

〈BOX 4〉正常な運転資金と引当の見積り

　債権の回収可能性を引当に反映するという観点からは、破綻懸念先債権の引当の見積りにあたっても、担保・保証による回収見込額のみならず、資金繰り等を継続的にモニタリングすることを前提として、正常な運転資金と認められる貸出金のうち回収の確実性が合理的で裏付け可能なものをも勘案して引当を見積もることが考えられる。

　この考え方に基づき、将来のキャッシュフローを見積もる方法を採用する場合には（例えば上記②、③等）、上記の正常運転資金額を将来のキャッシュフローに織り込んで評価すれば足りると考えられる。

　このほか、予想損失率を用いる方法を採用する場合には（例えば、上記①等）、上記の正常運転資金額を担保・保証等による回収見込額に含めて

見積もる方法や、担保・保証による回収見込額以外の将来のキャッシュフローが見込まれる貸出先をグルーピングして、正常運転資金の回収見込みを織り込んだ予想損失率を用いて引当を見積もる方法等が考えられる。

〈BOX 5〉融資に関する検査・監督と金融機関の創意工夫との関係の具体例

　金融機関が、経営理念・戦略に沿って、融資についての自主的な創意工夫や、引当の見積りを含め信用リスクの特定・評価のプロセスを改善に取り組もうとしても、当局が特定のビジネスモデルを想定した一律の検査・監督を行えば、金融機関の取組みを制約する可能性がある。そのため、当局としては、金融機関の自主的な創意工夫を制約しないよう、当該金融機関の個性・特性に即した形で融資に関する検査・監督を進めていく。

　具体的には、以下のような場面が考えられる。

例①

過去
✓ 当局による個別貸出の査定の際に、金融機関が、地元の再生支援対象の貸出先の事業の将来性等を説明しても、当局がこれに理解を示さず、実質債務超過だから破綻懸念先ではないかとの指摘を行えば、金融機関内部でも、当該先に対する経営改善支援や追加融資に消極的になる可能性がある。

新たな姿
✓ 個別の債務者区分が間違っているかどうかの検証に注力するのではなく、当該金融機関が経営理念に沿ってどのように顧客の再生支援に取り組んでいるのかを把握し、顧客の経営状況や再生支援の合理性等を検討した上で、今後支援をさらに行っていく上での課題について議論する。

例②

過去

✓ 当局が、金融機関による恣意的な引当の見積りを過度に懸念して、過去の貸倒実績率に依拠した見積りを一律に強制すれば、金融機関によってはかえって信用リスクに対して適切な引当を見積もることができず、ひいては当該金融機関の健全性を適切に評価することが困難となる可能性がある。

新たな姿

✓ 関係者との議論を経て、様々な融資ポートフォリオの特性に合った引当の見積方法を今後蓄積・公表していくことで各金融機関の取組みを進めやすくするとともに、

✓ 個別の金融機関に対しては、引当の見積りプロセスの検証を重視し、例えば、当該金融機関の経営陣が、支援対象先をグルーピングした上で当該グループのリスク特性を考慮して引当を見積もるといった取組みを尊重する。

例③

過去

✓ 地元の中小企業向け融資の貸出残高が、金融機関が想定していたように伸びず、一時的に収益が悪化している場合に、当局が金融機関の経営理念に理解を示すことなく、本業赤字であることを単に指摘し、ビジネスモデルの持続可能性に疑問を呈する。

新たな姿

✓ 当該金融機関の経営理念・方針を起点として、リスクに見合ったリターンをどのような時間軸で見込んでいるのかを理解し、当該金融機関の健全性の程度も勘案しつつ、時間軸を意識してモニタリングする。

　このように、金融機関の個性・特性に即して、優先課題の対話を行っていくことは、金融機関において、改善の取組みを制約されることがなくなり、自らの経営理念に沿った形での様々な創意工夫に取り組みやすくなることに加え、健全性の適切な評価にも資するものと考えられる。

〈BOX 6〉開示債権との関係

　我が国においては、法令上開示が要求されている債権として、銀行法等に基づくリスク管理債権及び金融機能の再生のための緊急措置に関する法律（以下「再生法」という）に基づく開示債権がある。なお、令和元年5

月に、リスク管理債権と再生法開示債権の開示を一本化するための銀行法施行規則等の改正について、意見募集がなされた。

・リスク管理債権…貸出金を対象として、「破綻先債権」、「延滞債権」、「3カ月以上延滞債権」、「貸出条件緩和債権」に該当するものを区分して開示

・再生法開示債権…貸出金、貸付有価証券、支払承諾見返、外国為替、金融機関保証付私募債、その他資産中の未収利息及び仮払金を対象に、「破産更生債権及びこれらに準ずる債権」、「危険債権」、「要管理債権」、「正常債権」に区分して開示

これらの債権の開示は、法令上の要請であり、その区分の正確性や比較可能性は、引き続き重要である。

ただし、不良債権区分の運用が、金融機関の融資行動に影響を与えるとの指摘もあるため、今後も正確な開示を行っていく上で例えば以下の点の見直しを検討する必要がある。

・再生法開示債権の「危険債権」は、「債務者が経営破綻の状態には至っていないが、財政状態及び経営成績が悪化し、契約に従った債権の元本の回収及び利息の受取りができない可能性が高い債権」をいう（再生法施行規則第4条第3項）。

かかる定義に照らせば、区分にあたって重視されるべきは、返済可能性の程度である。しかし、これまでの運用の中では、財政状態のみを重視して将来のキャッシュフローを見込むことができる貸出先までが危険債権に区分され、結果的に経済合理的な融資行動を妨げていた事例も見られた。今後は、上記「3.（1）個別貸倒引当金の対象となる債権の的確な把握」において触れたように、本来重視すべき返済可能性の程度を踏まえるよう、区分の運用を改善していくことが考えられる。

・リスク管理債権の「貸出条件緩和債権」は、「債務者の経営再建又は支援を図ることを目的として、金利の減免、利息の支払猶予、元本の返済猶予、債権放棄その他の債務者に有利となる取決めを行った貸出金」をいう（銀行法施行規則第19条の2第1項第5号ロ（4））。

現状の枠組みでは、金利の減免等が行われた場合であっても、基準金

利が適用される場合と実質的に同等の利回りが確保されている場合には、「債務者に有利となる取決め」には該当せず、貸出条件緩和債権に該当しないという解釈が示されている（主要行等向けの総合的な監督指針Ⅲ－3－2－4－3　リスク管理債権額の開示等）。

　しかし、当該基準金利自体の解釈が複雑化している一方で、現在の低金利環境下においては、複雑な基準に当てはめて貸出条件緩和債権該当性を判断する意義が乏しいとの意見がある。

　このような意見を踏まえ、貸出条件緩和債権該当性における基準金利の考え方については今後見直しを含め、検討を行う。

　その際、現在の金利環境だけでなく、現状の金融機関の実務、貸出条件緩和債権を開示債権とした法の趣旨、基準金利抵触の有無が回収可能性に与える影響の有無等も考慮する。

（以下略）

自己査定・償却・引当の現状の枠組み

1. 自己査定

　債権の査定に当たっては、原則として、信用格付を行い、信用格付に基づき債務者区分を行った上で、債権の資金使途等の内容を個別に検討し、担保や保証等の状況を勘案のうえ、債権の回収の危険性又は価値の毀損の危険性の度合いに応じて、分類を行う。

　なお、債権とは、貸出金及び貸出金に準ずる債権（貸付有価証券、外国為替、未収利息、未収金、貸出金に準ずる仮払金、支払承諾見返）をいう。

【債務者区分】

正常先		業況が良好であり、かつ、財務内容にも特段の問題がないと認められる債務者
要注意先		金利減免・棚上げを行っているなど貸出条件に問題のある債務者、元本返済若しくは利息支払が事実上延滞しているなど履行状況に問題がある債務者のほか、業況が低調ないしは不安定な債務者又は財務内容に問題がある債務者など今後の管理に注意を要する債務者
	要管理先	要注意先の債務者のうち、当該債務者の債権の全部又は一部が要管理債権（「3カ月以上延滞債権」又は「貸出条件緩和債権」）である債務者
破綻懸念先		現状、経営破綻の状況にはないが、経営難の状態にあり、経営改善計画等の進捗状況が芳しくなく、今後、経営破綻に陥る可能性が大きいと認められる債務者（金融機関等の支援継続中の債務者を含む）
実質破綻先		法的・形式的な経営破綻の事実は発生していないものの、深刻な経営難の状態にあり、再建の見通しがない状況にあると認められるなど実質的に経営破綻に陥っている債務者
破綻先		法的・形式的な経営破綻の事実が発生している先をいい、例えば、破産、清算、民事再生、会社更生、手形交換所の取引停止処分等の事由により経営破綻に陥っている債務者

【実抜計画や合実計画などによる債務者区分のランクアップ】

計画の種別	合実計画（合理的かつ実現可能性の高い経営改善計画）	実抜計画（実現可能性の高い抜本的な経営再建計画）
ランクアップ	破綻懸念先⇒要注意先	要管理先⇒その他要注意先
内容	監督指針を参照	監督指針や貸出条件緩和債権関係Q＆Aにおける貸出条件緩和債権の解釈を参照

【十分な資本的性質が認められる借入金】
・「債務者の実態的内容」の把握にあたり、十分な資本的性質が認められる借入金は、新規融資の場合、既存の借入金を転換した場合のいずれであっても、負債ではなく資本とみなすことができる。

【中小零細企業等への貸出】
・中小・零細企業等の債務者区分については、当該企業の財務状況のみならず、当該企業の技術力、販売力や成長性、代表者等の役員に対する報酬の支払状況、代表者等の収入状況や資産内容、保証状況と保証能力等を総合的に勘案し、当該企業の経営実態を踏まえて判断する。

【債権分類】

債務者区分	優良担保の処分可能見込額、優良保証による回収可能額	一般保証による回収可能額	一般担保の処分可能見込額	優良担保・一般担保の評価額と処分可能見込額の差額	担保・保証なし
正常先	Ⅰ（非分類）				
要注意先	Ⅰ	Ⅱ			
要管理先	Ⅰ	Ⅱ			
破綻懸念先	Ⅰ	Ⅱ		Ⅲ	
実質破綻先	Ⅰ	Ⅱ		Ⅲ	Ⅳ
破綻先	Ⅰ	Ⅱ		Ⅲ	Ⅳ

※決済確実な割引手形等及び特定の返済財源により短期間のうちに回収が確実と認められる債権もⅠ分類（非分類）となる。
※要注意先の場合、原則として正常な運転資金と認められる債権もⅠ分類（非分類）となる。
※破綻懸念先、実質破綻先、破綻先のⅡ分類には、経営破綻に至った場合の清算配当等により回収が可能と認められる部分を含む。
※一般担保とは、優良担保以外の担保で客観的な処分可能性があるものをいい、不動産担保、工場財団担保、動産担保、債権担保等が一般担保に含まれ得る。
　動産担保や債権担保に関しては、担保管理の状況、担保の処分方法、担保

に関する法的な瑕疵の有無、第三債務者の信用状態等を総合的に勘案して実質的な回収可能見込額が算出されているか否かに着目する。例えば、債権担保に関しては、現行民法下では、譲渡禁止特約が付されていることが法的な瑕疵となり得るが、改正民法の施行後は、その改正の趣旨をも踏まえた実質的な回収可能額を算出すべきであり、一律に一般担保として認められないわけではない。

２．償却・引当

【一般貸倒引当金（正常先、その他要注意先、要管理先)】

・算定方法

　・貸倒実績率法または倒産確率法により債務者区分毎に算定

　・大口の要管理先に対するＤＣＦ法の適用

　・ポートフォリオの構成内容（業種別、地域別、規模別、債権の金額別、個人・法人別、商品の特性別、債権の保全状況別など）に応じて、グループ別に一般貸倒引当金を算定することが望ましい。

・損失見込期間（算定期間）

　・原則：実態の貸出期間に対応した平均残存期間

　・簡便法：正常先債権については今後１年間、要注意先債権のうち要管理先債権については今後３年間、その他の要注意先債権については今後１年間の損失を見込めば足りる。なお、上記取扱いは、貸倒実績等のデータの整備・蓄積状況が十分でないことや取引形態が様々であることにより、平均残存期間の損失を見込むことが困難であるとの事情を考慮したものである。

・予想損失額の算定

　・正常先、その他要注意先、要管理先のそれぞれについて、少なくとも過去３算定期間の貸倒実績率又は倒産確率の平均値を算出し、これに将来の損失発生見込に係る必要な修正を行い、予想損失率を求め、それぞれの債権額に予想損失率を乗じて算定する。

　・予想損失率は、経済状況の変化、融資方針の変更、ポートフォリオの構成の変化（信用格付別、債務者の業種別、債務者の地域別、債権の金額別、債務者の規模別、債務者の個人・法人の別、債権の保全状況別等の構成の変化）等を斟酌の上、過去の貸倒実績率又は倒産確率に将来の予測を踏ま

えた必要な修正を行い、決定する。

・特に、経済状況が急激に悪化している場合には、貸倒実績率又は倒産確率の算定期間の採用に当たり、直近の算定期間のウェイトを高める方法、最近の期間における貸倒実績率又は倒産確率の増加率を考慮し予想損失率を調整するなどの方法により、決定する。

【個別貸倒引当金】

《破綻懸念先》

・個別の債務者毎に担保・保証等による回収見込額（Ⅰ・Ⅱ分類）を控除した上で、残額（Ⅲ分類額）に対して必要な引当を設定

（Ⅲ分類額に対する引当の算定方法）

　・予想損失率法

　・キャッシュフロー控除法

　・債権額から市場における売却可能見込額を減じる方法

　・大口与信先に対するDCF法の適用

《実質破綻先・破綻先》

　・Ⅲ分類額に対して引当

　・Ⅳ分類額に対して引当又は償却（部分直接償却）

《未収利息の資産不計上》

　破綻懸念先、実質破綻先及び破綻先に対する未収利息を原則として資産不計上とする。

一般社団法人 金融検定協会認定

資産査定2級検定試験模擬問題集　24年度試験版

2024年3月20日 発行
　1刷　2024年3月20日

編　者　金融検定協会

発行者　星野広友

発行所　<svg>BB</svg> 株式会社 銀行研修社

東京都豊島区北大塚3丁目10番5号
電話　東京 03(3949)4101(代表)
振替 00120-4-8604

印刷／株式会社キンダイ
製本／株式会社中永製本所
落丁・乱丁はおとりかえいたします。
ISBN978-4-7657-4707-3 C3033

謹告 本書の全部または一部の複写、複製、
転記記載および磁気または光記録媒体への入
力等は法律で禁じられています。これらの許
諾については弊社・秘書室(TEL03-3949-4150
直通)までご照会ください。

2024 ©Printed in Japan